马克思主义理论研究和建设工程重大项目、国家社科基金重大项目"全面提升中国文化软实力研究"（批准号：2015MZD045)阶段性成果

教育部哲学社会科学系列发展报告

MOE Serial Reports on Developments in Humanities and Social Sciences

# 中国文化软实力发展报告2017

Report on Development of Cultural Soft Power in China 2017

张国祚 主编

北京大学出版社

PEKING UNIVERSITY PRESS

图书在版编目(CIP)数据

中国文化软实力发展报告.2017/张国祚主编.—北京:北京大学出版社,2018.12
ISBN 978-7-301-30033-6

Ⅰ.①中… Ⅱ.①张… Ⅲ.①文化事业—建设—研究报告—中国—2017 Ⅳ.①G12

中国版本图书馆 CIP 数据核字(2018)第 256207 号

| | |
|---|---|
| 书　　名 | 中国文化软实力发展报告 2017<br>ZHONGGUO WENHUA RUANSHILI FAZHAN BAOGAO 2017 |
| 著作责任者 | 张国祚　主编 |
| 责任编辑 | 胡利国 |
| 标准书号 | ISBN 978-7-301-30033-6 |
| 出版发行 | 北京大学出版社 |
| 地　　址 | 北京市海淀区成府路 205 号　100871 |
| 网　　址 | http://www.pup.cn　新浪微博　@北京大学出版社 |
| 电子信箱 | minyanyun@163.com |
| 电　　话 | 邮购部 010-62752015　发行部 010-62750672　编辑部 010-62753121 |
| 印刷者 | 北京虎彩文化传播有限公司 |
| 经销者 | 新华书店 |
| | 730 毫米×980 毫米　16 开本　13 印张　240 千字<br>2018 年 12 月第 1 版　2018 年 12 月第 1 次印刷 |
| 定　　价 | 59.00 元 |

未经许可,不得以任何方式复制或抄袭本书之部分或全部内容。
**版权所有,侵权必究**
举报电话: 010-62752024　电子信箱: fd@pup.pku.edu.cn
图书如有印装质量问题,请与出版部联系,电话: 010-62756370

# 总　　序

哲学社会科学的发展水平,体现着一个国家和民族的思维能力、精神状态和文明素质,反映了一个国家的综合国力和国际竞争力。在社会发展历史进程中,哲学社会科学往往是社会变革、制度创新的理论先导,特别是在社会发展的关键时期,哲学社会科学的地位和作用就更加突出。在我国从大国走向强国的过程中,繁荣发展哲学社会科学,不仅关系到我国经济、政治、文化、社会建设以及生态文明建设的全面协调发展,而且关系到社会主义核心价值体系的构建,关系到全民族的思想道德素质和科学文化素质的提高,关系到国家文化软实力的增强。

党的十六大以来,以胡锦涛同志为总书记的党中央高度重视哲学社会科学,从中国特色社会主义发展全局的战略高度,把繁荣发展哲学社会科学作为重大而紧迫的任务进行谋划部署。2004年,中共中央下发《关于进一步繁荣发展哲学社会科学的意见》,明确了新世纪繁荣发展哲学社会科学的指导方针、总体目标和主要任务。党的十七大报告明确指出:"繁荣发展哲学社会科学,推进学科体系、学术观点、科研方法创新,鼓励哲学社会科学界为党和人民事业发挥思想库作用,推动我国哲学社会科学优秀成果和优秀人才走向世界。"2011年,党的十七届六中全会审议通过的《中共中央关于深化文化体制改革、推动社会主义文化大发展大繁荣若干重大问题的决定》,把繁荣发展哲学社会科学作为推动社会主义文化大发展大繁荣、建设社会主义文化强国的一项重要内容,深刻阐述了繁荣发展哲学社会科学一系列带有方向性、根本性、战略性的问题。这些重要思想和论断,集中体现了我们党对哲学社会科学工作的高度重视,为哲学社会科学繁荣发展指明了方向,提供了根本保证和强大动力。

为学习贯彻党的十七届六中全会精神,教育部于2011年11月17日在北京召开全国高等学校哲学社会科学工作会议。中共中央办公厅、国务院办公厅转发《教育部关于深入推进高等学校哲学社会科学繁荣发展的意见》,明确提出到2020年基本建成高校哲学社会科学创新体系的奋斗目标。教育部、财政部联合印发《高等学校哲学社会科学繁荣计划(2011—2020年)》,教育部下发《关于进一步改进高等学校哲学社会科学研究评价的意见》《高等学校哲学社会科学"走出去"计划》《高等学校人文社会科学重点研究基地建设计划》等系列文件,启动了新一轮"高校哲学社会科学繁荣计划"。未来十年,高校哲学社会科学将着力构建九大体系,即学科和教材体系、创新平台体系、科研项目体系、社会服务体系、条件支撑体系、人才队伍体系、现代科研管理体系和学风建设工作体系,同时,大力实施高校哲学社会科学"走出去"计划,提升国际学术影响力和话语权。

当今世界正处在大发展大变革大调整时期,我国已进入全面建设小康社会的关键时期和深化改革开放、加快转变经济发展方式的攻坚时期。站在新的历史起点上,高校哲学社会科学面临着难得的发展机遇和有利的发展条件。高等学校作为我国哲学社会科学事业的主力军,必须充分发挥人才密集、力量雄厚、学科齐全等优势,坚持马克思主义立场观点方法,以重大理论和实际问题为主攻方向,立足中国特色社会主义伟大实践进行新的理论创造,形成中国方案和中国建议,为国家发展提供战略性、前瞻性、全局性的政策咨询、理论依据和精神动力。

自 2010 年始,教育部启动哲学社会科学研究发展报告资助项目。发展报告项目以服务国家战略、满足社会需求为导向,以数据库建设为支撑,以推进协同创新为手段,通过组建跨学科研究团队,与各级政府部门、企事业单位、校内外科研机构等建立学术战略联盟,围绕改革开放和社会主义现代化建设的重点领域和重大问题开展长期跟踪研究,努力推出一批具有重要咨询作用的对策性、前瞻性研究成果。发展报告必须扎根社会实践、立足实际问题,对所研究对象的发展状况、发展趋势等进行持续研究,强化数据采集分析,重视定量研究,力求有总结、有分析、有预测。发展报告按照"统一标识、统一封面、统一版式、统一标准"纳入"教育部哲学社会科学发展报告文库"集中出版。计划经过五年左右,最终稳定支持百余种发展报告,有力支撑"高校哲学社会科学社会服务体系"建设。

展望未来,夺取全面建设小康社会新胜利、谱写人民美好生活新篇章的宏伟目标和崇高使命,呼唤着每一位高校哲学社会科学工作者的热情和智慧。我们要不断增强使命感和责任感,立足新实践,适应新要求,以建设具有中国特色、中国风格、中国气派的哲学社会科学为根本任务,大力推进学科体系、学术观点、科研方法创新,加快建设高校哲学社会科学创新体系,更好地发挥哲学社会科学认识世界、传承文明、创新理论、咨政育人、服务社会的重要功能,为全面建设小康社会、推进社会主义现代化、实现中华民族伟大复兴作出新的更大的贡献。

教育部社会科学司

2012 年 7 月

# 目　录

中国大学文化软实力发展报告
　　………………………………………… 洪晓楠　蔡后奇　林　丹 1

网络时代传媒教育与文化软实力发展报告
　　………………………………………… 梅文慧　郭　颂　刘明明 47

2017年中国文化软实力评价研究发展报告
　　……………………………………………………………… 舒　俊 80

中国特色新型智库发展报告
　　……………………………………………………………… 唐顺利 118

"全球治理"视域下中国文化软实力发展报告
　　……………………………………………………………… 王文余 167

# 中国大学文化软实力发展报告

洪晓楠　蔡后奇　林　丹[*]

**摘要**：改革开放以来，中国大学文化建设的历程主要经历了三个阶段：大学文化硬实力的奠基阶段，大学文化硬实力迈向文化软实力的过渡阶段，大学文化软实力的觉醒阶段。

大学文化软实力作为学校综合实力的"魂"，整合着大学里的各种资源，使之成为有机协调、优质循环的文化生态体。大学文化主要体现为物质文化、行为文化、制度文化和精神文化，大学文化软实力的构成要素正与之相应，主要体现为大学形象的文化吸引力、大学行为的文化创新力、大学制度的文化整合力、大学精神的文化凝聚力，以及以上四种力量共同作用形成的大学整体的文化辐射力和影响力，呈现出大学文化软实力"五力互动"的特殊文化结构。

大学是一个研究学问、探索真理的地方。大学是知识精英共同组成的文化生命体，在国家建设中具有举足轻重的作用，它作为人文精神的"蓄水池"、时代精神的播散地、文化播散的辐射源、科技创新的输出口、知识创新的思想库，居于经济社会发展和国家建设的核心区域，担负着"人才培养、科学研究、社会服务、文化传承创新、国际交流合作"的重要使命，人们通过教育来传授已知、更新旧知、开掘新知、探索未知，从而能够更好认识世界和改造世界，更好地创造人类美好的未来。"大学文化，是大学人在对高深知识创造、理解、传授、保存、加工和创新的实践过程中，适应外部环境和整合内部的过程中习得的'共性'。"[①]大学文化不仅积淀、传承、发扬国家与民族文化，也不断创造、引领国家与民族未来文化的发展方向。

## 一、改革开放以来中国大学文化建设的历程

自改革开放以来，我国在经济建设方面取得了巨大的成就，社会主义市场经

---

[*] 洪晓楠，大连理工大学马克思主义学院院长，教授，博士生导师，国家"万人计划"专家；蔡后奇，大连理工大学马克思主义学院讲师，哲学博士；林丹，大连理工大学哲学系讲师，法学博士。

[①] 张德祥、姜雪：《大学文化生成的要素与逻辑》，《大连理工大学学报（社会科学版）》2015 年第 4 期，第 1 页。

济体制已经初步建立,国家和社会对高等人才的需求日益多元;进入21世纪以来,随着中国加入世界贸易组织(WTO),新的时代也对我国高等教育提出了新要求,大学的国际化、现代化、大众化、信息化极大地拓展了我国大学的发展空间。面对发展语境的变化,我国的大学亦在因地制宜地制定新的发展规划。通过梳理近10年高校发展的重心,我们可以发现,我国大学总体的发展趋势是从文化硬实力开始奠基,继而经历从文化硬实力到文化软实力的过渡,最后实现文化软实力的觉醒。由于我国高校的发展层次不同,每个高校所处的发展阶段也不同,大致说来,高职高专类高校、三类本科院校中的大部分院校尚处于大学文化硬实力的奠基阶段,文化软实力的建设力度相对不足;国内大部分市属类高校、部分省属普通高校处于从文化硬实力到文化软实力的过渡阶段,文化软实力呈现出一种雏形状态;国家重点大学、省级重点大学或优势专业高校已经经历文化硬实力的奠基,基本完成从文化硬实力到文化软实力的过渡,实现了大学文化软实力的自觉建构。当然,在建设过程中,有些高校是多元并举、多条腿走路,在重视硬实力建设的同时亦在大力发展文化软实力的建设。

**(一) 大学文化硬实力的奠基阶段**

近20年来,伴随着我国经济的突飞猛进,高等教育步入发展的黄金期。国家层面所主导的"211工程""985工程""2011计划""双一流大学建设",昭示着国家对高等教育的重视程度和资金投入是前所未有的;地方政府也大力发展省管的、市管的重点大学、特色大学、特色高职教育,中国各个层次、各个区域的大学都取得了蓬勃的发展,诸多学校的教学科研条件都取得了明显改善,我国高校先后进入大学硬实力的高速发展期,为我国大学的软实力建设打下了坚实的基础。就全国大部分高校而言,学校对各级政府投入的资金落实到位,使用教育资金的情况良好。在大学硬实力的建设方面,各个高校大力建设图书馆、教学楼、实验室、学生公寓、体育场、教师公寓、办公楼等,使得教师的教学科研条件、学生的学习环境和生活环境、行政人员的办公环境有了较大改善。其中有些高校相互整合资源,进行高校合并,还有一些高校兴建新校区。总体而言,在各个高校大力发展硬实力阶段,主要凸显出两种热潮:大学合并的热潮,以及兴建大楼、新校区或办分校的热潮。

1. 大学合并的热潮

自20世纪90年代以来,随着中国特色社会主义市场经济的确立和发展,在总体的高度上激发起各个行业的良性竞争行为,中国大学之间的竞争也随之而起。为提升我国高等教育的质量和国际竞争力的水平,我国政府也进行了相应的高等教育的体制改革,以"共建、调整、合作、合并"为指导方针,在1992年至2006年之间掀起一股高校合并的热潮。据教育部官方网站统计,在此14年间共有431所高校进行了合并。① 尤其是在 2000 年,有 230 余所大学进行了合并,掀起了大学合并的高潮。

大学合并主要体现为强强联合、强弱联合、弱弱联合三种方式。强强联合的案例主要有:1995 年 9 月,北京农业大学和北京农业工程大学合并为中国农业大学;1998 年 9 月,浙江大学和原杭州大学、浙江农业大学、浙江医科大学合并为新的浙江大学;2000 年 4 月,北京大学和北京医科大学合并成新的北京大学;2000 年 4 月,西安交通大学和原西安医科大学、陕西财经学院合并为新的西安交通大学;2000 年 5 月,复旦大学和上海医科大学合并为新的复旦大学;2000 年 6 月,山东大学和山东医科大学、山东工业大学合并为新的山东大学;2000 年,哈尔滨工业大学和哈尔滨建筑大学合并为新的哈尔滨工业大学;2000 年 8 月,武汉大学和湖北医科大学、武汉水利电力大学、武汉测绘科技大学合并为新的武汉大学;2000 年 4 月,湖南大学和湖南财经学院合并为新的湖南大学;2001 年 10 月,中山大学和中山医科大学合并为新的中山大学。强弱联合的案例主要有:1994 年,南开大学和天津对外贸易学院合并为新的南开大学;2010 年 5 月,中国旅游管理干部学院划转到南开大学的建制之下,成立旅游与服务学院;2000 年,重庆大学和重庆建筑大学、重庆建筑高等专科学校合并为新的重庆大学;2000 年 4 月,中南工业大学、湖南医科大学与长沙铁道学院、长沙工业高等专科学校合并为中南大学;2000 年 5 月,华中理工大学、同济医科大学与武汉城市建设学院、科技干部管理学院合并为华中科技大学。弱弱联合的案例主要集中在市一级的地方性高校,比如:1999 年 3 月,枣庄师范高等专科学校、枣庄教育学院、枣庄广播电视大学合并为新的枣庄师范高等专科学校,后于 2004 年 5 月更名为枣庄学院;2004 年菏泽师范专科学校、菏泽教育学院、菏泽广播电视大学、菏泽师范学校、菏泽农业学校合并为菏泽学院;2005 年柳州师范高等专科学校和柳州财经学校合并,后于 2015 年更名为广西科技师范学院。

针对这次高校合并的浪潮,国内教育界争论很多,热点事件和凸显出的问题也很多,但总的来看,高校合并之后的硬实力显著增强,尤其是强强联合和强弱联合的高校,都在大学之"器物"的层面上夯实了基础,主要表现为校园占地面积的扩大、教学设施和科研设施的完善、师资的扩大、生源的增多等等,在此强劲的硬实力基础上建构出更为宏观的大学软实力形态,合并之后的高校经过数年循序渐进的磨合期,在组织文化、行政管理、科学研究等诸多方面取得了更大的建树,"共同愿景"作为合并后的高校的价值导向,激发起高校内部各个组织的生机活力和

---

① 数据来源于教育部官方网站统计:http://www.moe.edu.cn/srcsite/A03/moe_634/200605/t20060515_88440.html,2017 年 4 月 11 日访问。

创造力,极大地提升了科研水平和教学质量,大大增强了学校的影响力和辐射力。

2. 兴建大楼、新校区或办分校的热潮

从 1999 年教育部发布《面向 21 世纪教育振兴行动计划》到 2012 年教育部出台的《全面提高高等教育质量的若干意见》的 13 年时间,直到 2015 年,我国的本专科院校招生规模逐年扩大,录取率也是逐年攀升,详见表 1。

表 1　全国 1999—2015 年参加高考人数和录取率①

| 序号 | 时间(年) | 参加高考人数(万人) | 录取人数(万人) | 录取率(%) |
| --- | --- | --- | --- | --- |
| 1 | 1999 | 288 | 160 | 56% |
| 2 | 2000 | 375 | 221 | 59% |
| 3 | 2001 | 454 | 268 | 59% |
| 4 | 2002 | 510 | 320 | 63% |
| 5 | 2003 | 613 | 382 | 62% |
| 6 | 2004 | 729 | 447 | 61% |
| 7 | 2005 | 877 | 504 | 57% |
| 8 | 2006 | 950 | 546 | 57% |
| 9 | 2007 | 1 010 | 566 | 56% |
| 10 | 2008 | 1 050 | 599 | 57% |
| 11 | 2009 | 1 020 | 629 | 62% |
| 12 | 2010 | 946 | 657 | 69% |
| 13 | 2011 | 933 | 675 | 72% |
| 14 | 2012 | 915 | 685 | 75% |
| 15 | 2013 | 912 | 684 | 75% |
| 16 | 2014 | 939 | 697 | 74.3% |
| 17 | 2015 | 942 | 700 | 74.3% |

随着招生规模的不断扩大,原先各个高校的"硬件"和"软件"都不足以满足正常教学科研的需要,原先校区比较充裕的高校则大力兴建图书馆、教学楼、实验室、学生公寓、体育场、办公楼等基本设施;有些高校出于校园文化生态保护的目的,对原先的教育基础设施不加拆除,选择在学校空地上兴建教育基础设施。原先校区不充裕的地方则要在郊区或异地发展自身的教育领地,于是在全国范围内掀起一股兴建大楼、新校区或办分校的热潮,这也是大学硬实力发展的必要路径之一。

关于兴建大楼的热潮,在教育学界和文化学界掀起了一场大讨论,这就是"大

---

① 数据根据教育部官方网站统计:http://www.moe.edu.cn/。

楼"和"大师"之争。我们认为,这场争论的主要原因是针对国内个别高校过度注重面子工程和形象工程,刻意追求排场、规格、气势和派头,使之和大学精神背道而驰,对于这种大学追求"奢华"的现象,是需要接受社会各界的批评。但是对于国内大部分的高校,其兴建大楼的目的是为了更好地发展教育事业,从某种程度上讲,大学＝大楼＋大师＋大学生＋"大精神",大楼是一所大学所需的基本物质条件,是广大师生教学科研的重点领地,优异的教学环境和科研环境,处于时代前沿的实验室是筑巢引凤、吸引人才的必要条件,同时也是大学扩招后广大学子能够全面发展的重要条件。所以从这个层面上讲,大楼和大师之间并不存在冲突关系,大楼和大师都是大学需要的核心要件,大楼为大师和莘莘学子而建,大楼是大学硬实力的表现形式之一,同时也是大学文化软实力的建构基础之一。在大楼的基础上,大师开拓时代前沿和科技前沿的知识,而后传道授业解惑,培养符合时代和社会需要的大学生,继而在大楼、大师和大学生之间回荡起具有时代感、使命感的"大精神"。

关于兴建新校区或分校,也是大力发展大学硬实力的表现形式之一。据不完全统计,我国高校在建新校区和已建成新校区的数量有200余所,限于篇幅限制,在此仅以985大学的新校区和分校为案例进行分析,详见表2。

表2 原"985工程"大学校区分布情况①

| 985高校 | 校区数量 | 本地校区 | 异地校区(分校) |
|---|---|---|---|
| 北京大学 | 7 | 燕园、医学部、昌平校区、大兴校区、圆明园校区 | 深圳校区、牛津校区(拟建) |
| 中国人民大学 | 4 | 校本部、东校区(通州) | 苏州校区、深圳(拟建) |
| 清华大学 | 3 | 校本部、美术学院 | 深圳国际校区(拟建) |
| 北京航空航天大学 | 4 | 学院路校区、沙河校区 | 青岛校区(拟建)、合肥校区(拟建) |
| 北京理工大学 | 3 | 中关村校区、良乡校区 | 秦皇岛分校 |
| 中国农业大学 | 3 | 东校区、西校区 | 烟台校区 |
| 北京师范大学 | 3 | 新街口、沙河校区、昌平校区 | |
| 中央民族大学 | 2 | 校本部、新校区(青龙湖) | |
| 南开大学 | 2 | 八里台校区、津南校区 | |
| 天津大学 | 2 | 卫津路校区、北洋园校区 | |
| 大连理工大学 | 3 | 大连凌水主校区、开发区校区 | 盘锦校区 |
| 东北大学 | 3 | 南湖校区、沈河校区、浑南校区 | |

① 该表由大连理工大学WISE实验室胡志刚博士整理、提供。

(续表)

| 985 高校 | 校区数量 | 本地校区 | 异地校区（分校） |
| --- | --- | --- | --- |
| 吉林大学 | 6 | 前卫、南岭、新民、朝阳、南湖、和平 | |
| 哈尔滨工业大学 | 3 | 哈尔滨校本部 | 威海校区、深圳校区 |
| 复旦大学 | 4 | 邯郸路校区、江湾校区、枫林校区、张江校区 | |
| 同济大学 | 5 | 四平路校本部、沪西校区、沪北校区、嘉定校区、南校区 | |
| 上海交通大学 | 6 | 闵行校区、徐汇校区、法华校区、七宝校区、卢湾校区 | 深圳校区（拟建） |
| 华东师范大学 | 2 | 中山北路校区、闵行校区 | |
| 南京大学 | 2 | 鼓楼校区、仙林校区 | |
| 东南大学 | 3 | 四牌楼校区、丁家桥校区、九龙湖校区 | |
| 浙江大学 | 8 | 紫金港校区、玉泉校区、西溪校区、华家池校区、之江校区 | 舟山校区、海宁国际校区、宁波校区（拟建） |
| 中国科学技术大学 | 2 | 校本部（含东西南北四区）、新校区（拟建） | |
| 厦门大学 | 3 | 思明校区、漳州校区、翔安校区 | |
| 山东大学 | 9 | 中心校区、洪家楼校区、趵突泉校区、千佛山校区、软件园校区、兴隆山校区 | 威海校区、青岛校区、章丘主校区（拟建） |
| 中国海洋大学 | 4 | 崂山校区、鱼山校区、浮山校区、黄岛校区（拟建） | |
| 武汉大学 | 3 | 主校区、医学部 | 深圳校区（拟建） |
| 华中科技大学 | 2 | 主校区、同济医学院 | |
| 湖南大学 | 2 | 南校区、北校区 | |
| 中南大学 | 6 | 主校区、南校区、铁道校区、新校区、湘雅医学院老校区、湘雅医学院新校区 | |
| 国防科学技术大学 | 4 | 一号院、二号院、三号院、四号院 | |
| 中山大学 | 5 | 康乐园、医学院、大学城校区 | 珠海校区、深圳校区 |
| 华南理工大学 | 3 | 五山校区、大学城校区、广州国际校区（拟建） | |
| 四川大学 | 4 | 望江校区、华西校区、江安校区、龙泉驿校区 | |
| 电子科技大学 | 3 | 清水河校区、沙河校区、九里堤校区 | |
| 重庆大学 | 4 | A校区、B校区、C校区、虎溪校区 | |

(续表)

| 985 高校 | 校区数量 | 本地校区 | 异地校区(分校) |
|---|---|---|---|
| 西安交通大学 | 3 | 兴庆校区、雁塔校区、曲江校区 | |
| 西北工业大学 | 2 | 友谊校区、长安校区 | |
| 西北农林科技大学 | 2 | 南校区、北校区 | |
| 兰州大学 | 3 | 校本部、榆中校区、医学院校区 | |

由表2可见,我国39所原"985工程"大学共有校区和分校140余所,占全国所有高校新校区的比重较大。这些新校区和分校的建设和发展极大地缓解了高校办学的压力,但是由于有些校区地理位置较为偏远、生活设施不健全,甚至交通问题也比较突出,给教师和学生的生活带来种种不便。针对这些问题,我们应认识到,这是高校发展过程中不可避免的阵痛,高校和地方政府都在积极地解决相关问题,配套的生活设施和交通工具都在积极推进,经过数年的建设和发展,会形成极具经济、文化活力的"大学经济生态圈"。从地方发展的角度讲,一所新校区或分校的落成,会成为一个城市或地区靓丽的文化名片,在很大程度上促进当地的科技、文化和教育事业发展;从高校发展的角度讲,新校园或分校的建设大大提升了自身的区域影响力,一所高校有一所或几所新校区与分校,会形成多点共同辐射的文化生态圈。所以,从这个角度讲,新校区和分校的建设是高校硬实力的重要表现形式,同时也是发展高校文化软实力的重要载体。

### (二) 大学文化硬实力迈向文化软实力的过渡阶段

通过上述分析可以看出,我国高校在发展过程中经历的大学合并潮、兴建大楼潮、兴建新校区或办分校的热潮,是属于大力发展高校规模、教育基础设施等硬实力的范畴。那么,随之而来的高校更名的热潮和硕士点博士点申报的热潮则属于从大学硬实力迈向文化软实力的过渡阶段,即这两种热潮不再单纯地追求大学的"器物"层面,而是逐步地向"组织""制度"层面迈进,是作为大学硬实力和大学文化软实力的"桥梁"而存在。

1. 高校更名的热潮

从2000年至2015年,我国高校掀起一股高校更名的热潮,就这一热潮而言,是在大学扩招和大学合并的基础上发生的,主要体现为以下六种类型:第一类是学院升格为大学,包括学校规模不变、只是因办学层次提升由学院升格大学,学院并入其他大学,新建大学这三种类型。据教育部官方网站资料初步统计[①],在此15年中,此种更名类型的高校数量约有210所。第二类是学院更名为学院,此种类型办学的层次不变,只是从提升冠名的地域级别(如从地市级提升为省级)或

---

① http://www.moe.edu.cn/s78/A03/ghs_left/moe_634/.

提升专业特色和领域（如从教育学院提升为师范学院），其中亦有同层次的院校并入共同更名为新的学院。此种更名类型的高校数量约有240所。第三类是专科院校升格为本科院校，比如全国各地的师范专科学校升格为学院或师范学院，或专科学院并入其他本科院校。此种更名类型的高校数量有230所左右。第四类是职业院校升格为本科院校，比如诸多地方的职业学院升格为学院，或职业学院并入其他本科院校。此种更名类型的高校数量有80所左右。第五类是"三本"升为"二本"，主要是原知名高校编制之外的独立学院脱离其主办院校，独立设置为普通本科类院校，如原东北大学东软信息学院独立为大连东软信息学院。此种更名类型的高校数量有50所左右。第六类是中专学校、职业学校升格为大专院校，或新建大专院校。此种更名类型的高校数量最多，有1200所左右。

针对高校更名这一热潮，国内教育学界掀起一场大讨论，有些学者认为此举弊大于利，认为高校更名只是注重高校的外部建设，而破坏了高校自身的文化生态，更名行为在很大程度上割裂了自身的历史沿革，极容易破坏已经形成的民众认同力和社会影响力，在千篇一律的跟风浪潮中迷失自身的办学特色和价值定位。我们认为这是一种怀有文化乡愁情结、过度务虚的高校保守主义。因为，任何一所大学的发展均根植于当时的经济社会发展状况，当下由于社会主义市场经济的逐步完善，经济结构出现新的变化，新的行业、新的业态如雨后春笋不断涌现，高校要与时俱进。就此而言，高校的更名对于拓宽学科的专业面，尤其是原先一些单科专业院校在更名之后发展成为综合性高校，能够很好地催生交叉学科和新兴专业，从而满足社会日趋多元化的需要。同时我们还要看到，高校更名在很大程度上意味着高校的升格，升格之后意味着更大的发展空间，在教育经费的拨付、招生的规模、办学的质量、职称的评定上都将拥有更大的权限。从社会认同的角度讲，大学更名不仅不会使高校的社会认同力下降，反而会使之有较大的提升，更名之后的高校会吸引更多的优质生源和教学科研人才，一所高校只有在充分的师资和充足的生源的基础上，才能谈及长远发展。因此，我们认为，高校更名深深植根于社会发展和大学的硬实力这一器物基础，是属于更高层次的大学组织文化和制度文化建设，也只有在此基础之上，才能更为长远地、持续地建设大学文化软实力。

2. 硕士点博士点申报的热潮

纵观新中国的研究生教育，在改革开放之前发展得较为缓慢和曲折，改革开放之后渐入佳境，在步入21世纪以后进入了高速发展期。我国的研究生教育始于1951年，中国科学院和教育部联合发布《1951年暑期招收研究实习员、研究生办法》，这标志着我国研究生教育制度的开始。后因"文化大革命"中断，直到1977年9月，国务院批准了中国科学技术大学研究生院的申请。1984年8月至2003

年8月,教育部先后批准5批共计57所研究生院,自此形成58所研究生院的固定规模。其他还有诸多部属高校、省属高校和市属重点高校设立研究生教育机构。但是进入21世纪以后,随着研究生逐年扩招,我国的研究生教育申请机制也随之发生变化,呈现出一种动态生成的情形:此前设有一级学科博士点和一级学科硕士点的高校在积极申请更多的博士点和硕士点;此前只有二级学科博士点和二级学科硕士点的高校在积极申请一级学科博士点和硕士点;此前没有硕士点和博士点的高校在积极申请硕士学位授权单位。我国高校硕士点和博士点的申报,在2004—2015年间掀起一波又一波的申报热潮。

此次申报硕士点和博士点的热潮,使我国的研究生教育取得了突飞猛进的发展,尤其是在高校的组织文化和制度文化建设中发挥了重要的作用。从某种程度上讲,一所学校硕士点和博士点的数量是衡量该校发展水平高低的尺度之一。这次申报的热潮,使得我国500余所高校拥有研究生教育的资格。虽然此次申报博士点硕士点的热潮略显浮躁,相应的师资没有匹配到位,但是相应的组织文化和制度文化正逐步显现,这是吸引人才的重要形式,为师生的科研热情提供了发挥的空间,也是提升人才培养、凸显师资学术水平的重要平台,能够以此为载体扩大高校的影响力,使学校声誉得以明显提高。

### (三) 大学文化软实力的觉醒阶段

我国大学经过高校合并、兴建新校区或办分校,在建设硬实力方面奠定了坚实的物质基础。同时又经过高校更名,传递出高校管理者的教育抱负,高校更名亦意味着在组织层面和制度层面进行了重新的规划和整合,让人们通过更名后的高校校名就能知晓该校的特色专业、办学层次和教育类型,为以后的大学软实力建设提供了制度保障和建构愿景。由此,高校经过数十年的硬实力建设的奠基阶段和组织制度建设的过渡阶段,也就从重视高校规模、高校硕士点博士点数量等可以量化的建设重心,自觉转向了"回归高等教育本身"、重视人才作用、重视学风建设、重视科学研究等隐形软资源的阶段,大学的文化软实力随之涌现。2004年,由教育部和共青团中央联合发布了《关于加强和改进高等学校校园文化建设的意见》,标志着我国大学进入文化建设的新时期。文件指出:"高等学校校园文化是社会主义先进文化的重要组成部分。加强校园文化建设对于推进高等教育改革发展、加强和改进大学生思想政治教育、全面提高大学生综合素质,具有十分重要的意义。"这也意味着,我国大学下一轮的竞争重心,将由高校硬实力的竞争转向高校文化软实力的竞争,这就需要各个高校在教育体制、人才机制、大学精神、大学风气上下足功夫。

国家综合实力的提升呼唤着我国大学文化软实力的提升。经过近40年的改革开放,国家在经济实力、军事实力、科技实力等硬实力方面取得了极大的提升。

但同时和西方发达国家的软实力的差距仍然很大,相较而言,我国的文化事业和文化产业仍处于刚刚起步的阶段,文化的影响力和传播力相对而言仍处于劣势。对此,党的十七大报告、十八大报告从时代前沿的高度做出了"提高国家文化软实力"的战略决策,这一战略决策内在地要求中国大学必须大力发展大学文化软实力。同时,国内大学还需承担在引领时代精神、大力推动科学技术发展、引领社会风尚等方面发挥应有的作用,这就决定了中国大学文化作为整个社会的文化软实力的输出源之一,在国家文化软实力建设中占据着极为重要的位置。

## 二、中国大学文化软实力的时代内涵

大学文化是一所大学的灵魂,蕴含着学校的精神内核和学术传统,凝聚着大学的发展目标、办学理念和价值追求,是大学赖以生存与发展的内在支撑力和驱动力。大学的文化软实力是一种精神生产力,是一种文化播散力,是一种价值凝聚力,是一种社会服务力,是一种实践创造力,它是一所学校的精神和灵魂,蕴含着高校的发展潜能和价值选择。大学的文化软实力的发生发展过程,绝非类似于自然规律一样不需要主体实践就能产生,而是一种需要主体创造、实践积淀的社会规律范畴,它深深地植根于主体的实践能力和时空环境之中。在当前经济全球化、文化多样化、教育国际化的时代语境之下,我们可以将中国大学文化软实力规定为,作为文化实践主体的中国大学在时代前沿和竞争语境之下逐步建构出来的,并且在教学实践创新、科学技术研究、校园制度规范等环节通过吸引、同化、渗透、感化等方式生产出的一种可感知、可控制的隐形精神力和文化熏陶力。大学文化软实力是被时代、国家和大学共同建构出来的,中国实施"科教兴国"战略、"人才强国"战略、"双一流"大学建设等,为我国大学文化软实力提供了广阔的发展空间,同时也反映着国家和社会对优质高等教育的需求高涨。由此可见,大学文化软实力是处于时代前沿的问题,我国大学的文化软实力建设相较于美国大学和欧洲大学,是处于一种后发的态势。我国大学要发展,就必须理清大学文化软实力和大学硬实力之间的关系,进一步明确大学文化软实力的构成要素和内在特征。

### (一) 中国大学文化硬实力和软实力的关系

中国大学文化软实力和硬实力的关系是既有联系又有区别。二者的区别主要体现在表现形态、实力来源、作用机制和组成部分的不同。第一,就二者的表现形态而言,大学硬实力是相对比较具体的"器物",且有固定的表现形态,一般多是一种静态的显性存在,且可以被量化的显性实力;而大学软实力相对而言则比较抽象,是属于文化的精神层,是一种不可观察、难以计量的隐形实力,大学的办学精神、大学的历史传统、大学的发展理念、大学的管理制度、大学的校风综合在一起反映着大学的总体风貌,是属于一所大学重要的隐形资源。第二,就实力来源而言,大学的硬实力主要来自于各级政府对大学资源的控制力,或大学自身出于刚性发展对内使用的硬手段;而大学软实力则是来自高校历史文化传承物的时代穿透力,或师生互动形成的文化播散力,多是属于自发、自觉地涌现。第三,就作用机制而言,大学硬实力凸显出的是工具理性的作用机制,体现出一种"力"的震慑;而大学软实力则是表征着价值理性的作用机制,体现出的是"力"的吸引力和"理"的渗透力。第四,就组成部分而言,大学硬实力主要包括大学的物质资源、经济力量和科技力量;而大学文化软实力则包括大学精神的凝聚力、大学教育的感染力、大学制度的整合力、大学风气的辐射力、大学创新的吸引力。

大学硬实力和大学文化软实力又是相互联系相互作用的。大学硬实力是大学文化软实力建设的基础,大学文化软实力深深地植根于大学的硬实力之中,有人觉得大学文化软实力是处于大学文化最高层的"道",只可意会不可言说,其实不然,大学文化软实力不仅可以通过校风、校歌、校训、校徽、校旗等文字媒介和图像媒介表达出来,而且可以通过校园建筑、园林环境、实践设备等有形的物质载体体现出来。大学本身作为一种文化载体,其土地和活动场所不仅是人才和知识的汇聚地,更是各种思想体系、价值谱系、创新意识、实践智慧相互激荡、回响的重要场所。

比如校园建筑,从表面上看是属于大学硬实力的重要组成部分,承担着满足学生生活与求学、教师科研与教学的刚性需要,同时它亦有一种悄无声息的教化功能,大学里的建筑,尤其是一些年代比较久远的老建筑,更是沉淀着大学的历史记忆,是一幅幅生动的历史切面。

比如美国麻省理工学院,当我们步入校园,就不难发现在其主楼上方镌刻着许多著名科学家的肖像(有爱因斯坦、牛顿、爱迪生等人),由此,我们马上就会感觉到麻省理工学院是一所世界著名的工科院校,其主体建筑中渗透了浓厚的科学精神和工匠传统。

再比如清华大学的"工字厅",因其前后各有两座殿厅,中间以走廊相连,总体呈现出"工"字形而得名。作为校园建筑,本是属于清华大学硬实力的组成部分,但是随着时间和历史事件的沉淀,这所建筑的文化传播学意蕴已经远远超越了其作为硬实力的存在。1914年,梁启超先生曾经在此处"赁馆著书",许多著名的历史文献就是在此撰写而成的,在此期间,梁启超先生外出演讲时讲到"天行健,君子以自强不息;地势坤,君子以厚德载物",后被清华大学选取其中的八字"自强不息、厚德载物"作为校训。1924年,泰戈尔亦在此下榻。所以,大学建筑是大学人文精神和历史文化传统的现实凝结物,是作为大学文脉延绵不息和学者思想薪火相传的有机载体。

同时,大学建筑能作为记载学校重大历史事件的"活的书页"。比如北京大学鼎鼎有名的"红楼",曾一度成为北京大学的代名词。1919年五四运动期间,当时的爱国学生就是以红楼作为出发点到天安门,掀起了一场伟大的反帝国主义、反封建主义的爱国运动。红楼里的208房间曾经是蔡元培先生的办公室,蔡元培先生正是在此提出了"思想自由、兼容并包"的办学方针,奠定了北京大学的文化精神;李大钊先生也曾经在此处担任北京大学图书馆的馆长一职,并成立了第一个马克思主义研究小组和北方第一个共产党早期组织,当时取名为"共产党小组";毛泽东同志在北京大学做图书馆管理员期间,也曾经在此处工作。后来抗日战争爆发,北京大学被日军占领,将此楼用作牢房关押爱国志士;抗日战争结束以后,此楼又变成北京大学的教师公寓,许多著名教授都在此居住过。

再如复旦大学的第3教学楼一楼的第八间教室,简称3108教室,是复旦大学的讲座中心,在时间的慢慢积累中,3108教室逐渐变成了复旦大学的精神高地,从美国前总统里根,到诺贝尔物理学奖获得者李政道……许多国际著名学者、思想家都在此对复旦的学子们做过讲座,时至今日,3108教室已然成了复旦大学的精神象征物之一。

此外,大学的校门、校徽、校旗、图书馆、实验设备,甚至包括某个讲台、某本书、某个仪器,虽是大学的"器物",但是在时间沉淀和实践的积累中,文化软实力的意蕴渐渐渗入其中,更多的文化符号学的意义会"赋予"此物,在某种条件下到达某个时间节点,此物的文化软实力意义会大于其作为大学硬实力的意义,就此层面上讲,大学文化软实力和硬实力是可以相互转化的。同时大学文化软实力亦能反作用于硬实力。一所大学的文化软实力强,可以吸引更多的人才汇聚于此,可以申请到更多的科研经费改善、升级实验设备,能极大地促进大学硬实力的提升。

### (二) 中国大学文化软实力的构成要素

大学文化软实力作为学校综合实力的"魂",整合着大学里的各种资源,使之成为有机协调、优质循环的文化生态体。大学文化主要体现为物质文化、行为文化、制度文化和精神文化,大学文化软实力的构成要素正与之相应,主要体现为大学形象的文化吸引力、大学行为的文化创新力、大学制度的文化整合力、大学精神的文化凝聚力,以及以上四种力量共同作用形成大学整体的文化辐射力(影响力),呈现出大学文化软实力"五力互动"的特殊文化结构。具体来说,大学精神的文化凝聚力处于大学文化软实力结构的最深层次,属于校园文化软实力的核心动力源,主要体现为大学的历史传统、办学特色、价值理想和文化创新;大学制度的文化整合力居于大学文化软实力结构的中间层次,它是大学文化软实力得以践行的重要保障,主要体现为核心制度、一般制度与具体制度;大学行为的文化创新力处于大学文化软实力的浅层,它是大学文化软实力的活力得以保证的重要源泉,主要由教学改革、实验创新、学术前沿探索等组成;大学形象的文化吸引力居于大学文化软实力的表层,它是大学文化软实力建设成果的形象展示,主要是由校园环境、学校标识系统(校徽、校歌、校旗等)、学校宣传体系(宣传策略、微信、微博等网络媒体)以及学校风气等组成。大学整体的文化辐射力是以上四种力共同作用的结果,主要体现为在区域、国家和国际上的认可度,它可以作为一种整体的镜像映现着大学文化软实力取得的成果、存在的问题和不足,是大学文化软实力得以继续发展的应激机制。

1. 大学精神的凝聚力

"精神文化"是大学文化的内核和最高表现形式,是大学在长期的发展过程中形成的独特气质和价值规范体系,大力弘扬精神文化应以大学精神和学校办学理念为指导,找准学校自身定位,为大学文化建设的升华奠定坚实的基础。

大学精神主要包括大学办学的科学精神、生成制度的民主精神、关切师生的人本精神、学术研究的批判精神、科技实践的创新精神、追求宏大境界的自由精神等,这些精神有些源自于历史传统、有些属于新时代的生成,这些精神渗透在办学特色、价值理想和文化创新等环节,具有重要的凝聚和向心作用。就办学特色而言,它主要体现在对办学定位、目标规划、学科结构、专业特色、优势资源的理性认知,引领着大学的发展方向,同时亦能在"共同愿景"的高度回答要建成何种形态的大学、培养何种知识结构的人才、怎样培养人、为谁培养人等重大问题。这些都悄无声息地渗透到学校具体工作中的所有环节,共同吸引和引领着全校朝向既定目标前行。学校领导有特色就会表现出巨大的感召力,教师有特色就会表现出巨大的吸引力,学生有特色就会表现出巨大的社会竞争力。就价值理想而言,它亦是作为一种隐形机制凝聚着全校师生意志,从而保证其在价值追求、价值选择上的一致性。需要指出的是,社会主义核心价值观作为整个国家和社会的"最大公约数",同时也是大学价值理想的重要组成内容。就大学文化创新而言,它能最大限度地保证大学精神源远流长、生生不息,保证大学精神的与时俱进和开拓创新,以马克思主义的文化创新观引领着大学文化创新,能最大限度地凸显出中国大学文化软实力的自身属性。

2. 大学制度的整合力

制度文化是学校在制定、贯彻执行各项制度的实践活动中形成的关于大学制度的价值观念等文化因素的总和,不断完善制度文化建设有助于培育师生自觉规范的行为、良好文明的习惯、遵规守纪的意识,以及共同的价值取向。

大学制度是指学校的各种规范章程对全校师生产生的规范机制,是在高校长期办学实践的过程中渐渐摸索、总结出来的制度文化的稳定外显,同时也是高校落实办学特色、践行价值理想、探索大学文化创新的重要保障。究其表现形态而言,主要体现为核心制度、一般制度与具体制度。一所大学的核心制度和大学精神的关系最为密切,大学的核心制度往往是抽象的大学精神的制度化显现,主要体现为自主自制的特色办学制度、学术自由的科学研究制度、严谨务实的治学制度等;大学的一般制度主要是指学校内部普遍采用的约束机制,主要体现为日趋多元化的入学制度,学生选课制度(专业必修课、专业选修课、公共必修课、公共选修课等),学科院系制度、社会参与制度、教学实践制度等。大学具体制度主要是指大学的各个职能部门因自身的专有属性,在科研管理、学籍管理、教学管理等具体环节制定的规范性机制,比如综合性大学所实行的文理分开考核的科研评价制度。由此可见,不论是何种形态的大学制度,都发挥着巨大的整合作用,大学制度的整合力是践行文化软实力的制度保障,同时也是增强高校活力、提升办事效率的重要保障。

3. 大学行为的创新力

行为文化是大学师生员工在教育教学、科学研究、学术交流、学习生活、文化活动中所表现出的精神状态、文化品位,以及能够彰显文化品位的品牌活动等,全面提升行为文化有助于打造学校特色鲜明的文化品牌,营造学校浓郁的文化氛围、提升公众对学校的认识,影响学校的发展方向、办学行为、育人质量和学术成就等。

大学行为的创新力是在大学精神外化过程中塑造大学形象,在大学制度落实的过程中发展大学实力的实践探索能力,主要表现为大学教学改革的创新,高校实验探索的创新、高校学术前沿的开拓。就教学改革而言,主要包括招生录取方法的改革创新、教学方法的创新、教学手段的创新和教学模式的创新等具体方面的有效实践。比如,上海交通大学在博士研究生的录取方法上,就由原先的"初试——复试"形式改革为"申请——考核"的形式,虽然争议很大,但毕竟是一次大胆改革的尝试;再如大连理工大学马克思主义学院在思想政治理论课的教学课堂上探索出"大班上课、小班研讨"的教学新模式现转变为"中班上课,小班研讨",大连理工大学马克思主义学院的"案例教学"法和江南大学马克思主义学院开展的"宝哥说"脱口秀,能让全校本科生通过喜闻乐见的形式领会马克思主义在中国的伟大探索之途,在全国产生了很大的反响,从某种程度上提升了学校的知名度和影响力,可以将此教学行为的创新视为该校文化软实力的名片之一。

4. 大学形象的吸引力

物质文化是大学文化的物质形态和综合实力的重要标志,承载着大学文化建设的重要使命,积淀了学校师生的思想,深入推进物质文化可以固化学校师生理念,在彰显大学文化的同时,更显现出其内在的文化力量。毋庸置疑,大学的物质文化对于塑造大学形象具有极其重要的作用。

大学形象是全校师生活动于大学空间中映现出的或可视化、或可感知的生动画面或文化符号,是大学文化发展状况的真实反映。良好的大学形象可被视为极具魅力和特色的品牌形象,直接展现着大学文化软实力的发展程度。优异的大学形象,在学校内部能够激发起广大师生的自豪感,能激发广大师生的爱校、护校热情;对外则可以获得良好的口碑,提升全社会对学校的认可度,提升该校的就业率,亦能取得政府更多的财政支持、取得合作企业的信赖,以此为招揽更多的人才、获得更多的优质资源而奠定良好的社会环境和坚实的物质基础。大致说来,大学形象是由校园环境、学校标识系统、学校宣传体系,以及学校风气等有机互动的形象体系。就校园环境来说,这是一所大学的外在形象,主要包括校园历史建筑的保存情况、校园建筑的合理布局、校园绿化程度和怡人程度;就学校标识系统而言,主要包括校徽、校歌、校旗、主体雕塑、文化长廊等;就大学的宣传体系而言,主要包括宣传策略和方法、学校网站建设、学报建设、学校微信公众号建设、学校先进事迹宣传、图书馆对城市的开放程度。在网络媒体格外发达的今天,大学形象的吸引力所建构出的品牌效应能被无限放大,也能被无限缩小。一所大学的一个或几个师生,能够做出触及社会敏感神经的感人事件,该学校的品牌效应会急剧攀升,能够极大地促进该校对校外公众的吸引力和感召力;如果做出进入网络热搜的恶劣事件,该校的品牌效应在短时期内则会断崖式下降。所以,学校应充分调动广大师生的网络传播意识,自觉维护学校形象,并积极地宣传学校的正能量事件,适时把学校的文化亮点通过自己的社交账号推向社会,以此来提升学校的知名度和美誉度,为提升学校的文化软实力增砖添瓦。

### 5. 大学整体的辐射力

大学整体的辐射力是大学精神的凝聚力、大学制度的整合力、大学行为的创新力和大学形象的吸引力共同作用而形成的。主要体现为在区域、国家和国际上的认可度,比如国际上几大高校排名:上海交通大学世界大学学术排名(ARWU)、英国《泰晤士高等教育》杂志 THE 世界大学排名、英国 QS 世界大学排名、美国的 USNEWS 世界大学排名、荷兰莱顿大学世界大学排名,以及中国的武书连每年发布的"中国大学评价"、中国校友会网每年发布的中国大学排行榜、邱均平等每年发布的《中国大学及学科专业评价咨询报告》等。虽然主要是以科学计量的方式评价大学,貌似是硬实力的指标体系,其实其软实力的作用非常明显,从某种程度上来说,高校排名决定着一所大学形象的推广,它可以作为一种整体的镜像映现着大学文化软实力取得的成果,其存在的问题和不足,是大学文化软实力得以继续发展的应激机制。同时,学校运用网络新媒体对外宣传也是极为重要的一个方面,就大学整体的文化辐射力和其他四种要素的关系而言,它和大学形象的文化吸引力的关系最为密切,主要受到大学形象的作用和影响,但也受着大学制度和大学行为的制约,大学精神更是作为一种深层机制决定了大学文化辐射力的范围和韧性。

### (三) 中国大学文化软实力的特征

大学文化软实力的特征主要体现为"有效性、持续性、整合性和创新性"[①]。但这只是文化软实力的共性特征,中国大学文化软实力的建构还需凸显出中国的本土特征,这主要是因为我国大学的发展过程曾一度受到"他者"发展模式的影响,1949年以前主要是受到欧美国家的影响,新中国成立初期主要受到苏联高等教育模式的影响,改革开放以来,我国的大学发展模式逐步探索出一条中国特色社会主义大学的发展之路。但是在此阶段,极容易陷入对西方高校发展经验过度"借鉴"的态势,这对我国大学的健康发展是不利的,我国的大学不可能永远跟着西方大学的模式走,注定要从"跟着走"转化为"自己走"。"办好中国的世界一流大学,必须有中国特色……世界上不会有第二个哈佛、牛津、斯坦福、麻省理工、剑桥,但会有第一个北大、清华、浙大、复旦、南大等中国著名学府"[②]。我国大学文化软实力的建设更是如此,我国大学文化软实力要在世界大学的文化体系中有着正确的价值定位,西方大学的文化建构对我们而言只是处于"器用"的层面,借鉴"器用"之前,首先要对自身的文化传统之"体"有着深刻的认知,能做到传统文化资源在新时期大学文化软实力的建构过程中有效地"创造性转化"。同时要意识到作为大学发展之"魂"的文化软实力亦有自己之"魂",这就是马克思主义文化观的指导性和引领性。自此,我们可以梳理出中国大学文化软实力的特征:强调中国话语权的,服务国家、服务人民、服务社会的,科学发展、创新发展的文化软实力形态。

#### 1. 中国话语权

在改革开放继续深入的开放性语境之下,建设中国特色的大学需要社会主义先进文化的引领,我国大学文化软实力可在马克思主义"综合创新"基础上所倡导的文化观中进行有效的实践,即在"马学为魂,中学为体,西学为用,三流合一,综合创新"的"魂、体、用"三元模式中制定中国大学文化软实力的发展策略,这是凸显出中国话语权的重要保证,也是我国大学文化安全的重要保障。"马学为魂"亦是大学文化软实力发展的灵魂,时刻要凸显出马克思主义文化观的指导性地位、凸显出中国大学为中国社会主义现代文化服务、为广大人民群众服务的宗旨;"中学为体"就需要中国大学文化软实力体现大学精神传统,能将自身学校的优秀传

---

[①] 周倩、吴宏亮、乔丹:《大学文化软实力:中国语境与建设取向》,《国家行政学院学报》,2010年第10期,第61—66页。

[②] 习近平:《青年要自觉践行社会主义核心价值观》,《十八大以来重要文献选编》中,中央文献出版社2016年版,第9页。

统资源"创造性转化"为具有鲜明时代感的文化形象,既能体现大学文化软实力的深厚底蕴,同时又能使其充满生机活力;中国大学文化软实力也要注重"西学为用",但是要在深刻践行"马魂""中体"的基础上使用,否则极易在一种文化无根的状态中陷入西方大学软实力的"软"控制之中,从而使其失去了中国特色和民族特色,凸显出大学文化安全的风险命题。只有在充分了解、领会、践行"马魂""中体"的基础上,西方大学文化发展经验的精华部分才能被批判性地借鉴、创造性地发展,才能真正契合中国语境,才能切实为我所用。

2. *服务国家、服务人民、服务社会*

2016年12月7日至8日,全国高等学校思想政治工作会议在北京召开,习近平同志发表了重要讲话,他指出:"高校思想政治工作关系高校培养什么样的人、如何培养人以及为谁培养人这个根本问题,要坚持把立德树人作为中心环节,把思想政治工作贯穿教育教学全过程,实现全程育人、全方位育人,努力开创我国高等教育事业发展新局面。"[①]这一讲话为我国大学文化软实力的发展指明了方向,即在中国大学文化软实力的建设过程中,要凸显"高校培养什么样的人、如何培养人、为谁培养人"这一根本问题。我国是社会主义国家,我国的大学是为中国特色社会主义建设服务的大学,我国大学的文化软实力要在大学精神文化层面、大学制度文化层面、大学行为文化层面、大学物质文化层面,都要将之深入贯彻,从文化软实力的层面回答我国的高校培养的是社会主义事业的接班人,通过中国特色的高等教育体系培养人,为国家、为人民、为社会建设培养人,由此,我国大学的文化软实力更能体现出强大的文化向心力和精神凝聚力。所以,中国大学文化软实力需凸显出服务国家、服务广大人民群众、服务社会的本质特征。

3. *科学发展、创新发展*

中国大学文化软实力是一种集精神力、制度力、行为力、形象力、整体辐射力为一身的文化生态体,每一种文化力都有自身的发展规律,所以我们大力发展中国大学文化软实力的时候,既要体现出主体的能动性,同时又不能急于求成,不仅要遵从主体创造的规律,更要遵从各种文化力的发展规律。总的说来,中国大学文化软实力的建设有极其深厚的历史底蕴和文化资源,但是这些资源尚未有效地转变为软实力,中国大学文化软实力在世界大学文化软实力体系中的地位不是很凸显。为此,我们更要沉住气、静下心,悉心寻找中国特色大学文化软实力的建构路径,进行有效地规划、科学地发展。所以,在中国大学文化文化软实力的总体规划中,一定要凸显出其科学发展、创新发展的特性,少走弯路或不走弯路,以最大的能量值发展大学文化软实力。

---

① 《习近平谈治国理政》第2卷,人民出版社2018年版,第376页。

## 三、中国大学文化软实力发展现状

由于我国大学的总体实力发展状况不均衡,这就决定了我国大学文化软实力发展状况亦不均衡。从大学总体实力的发展指标上看,我国大学可以粗略分为国家重点大学(包括"双一流"大学),国家特色大学和区域性知名大学(国家特色大学、省属重点大学、省属知名大学),区域性大学(地方性本专科院校),民办大学(民办本专科院校)。

就大学文化软实力而言,总体呈现为一种倒金字塔结构,即国内重点大学数量较少,共有111所,文化软实力处于引领位置,尤其是重点大学的强强联合更是形成了较为强大的文化凝聚力和文化辐射力,其在精神文化层、制度文化层、行为文化层和物质文化层都表现出强大的文化力,所以其在我国大学文化软实力的总体结构中占据大部分的比重。

国家特色大学和区域性知名大学在数量上约有200余所,在文化软实力的发展上有着明确的地位,能突出具有自身特色大学文化软实力,大学文化软实力的生态体系已经初具规模,和城市文化软实力互动较好,其中有些高校的文化软实力的影响范围能超过一些国内重点大学。

区域性大学由于自身实力有限,许多高校尚没有从高校合并热潮、大学更名热潮的硬实力发展模式中走出,大学精神文化、大学制度文化、大学行为文化尚处于建构过程中,这三种文化尚未有机互动为良性循环的文化生态体,所以文化生态、文化软实力表现的不是很明显,但其中有些高校的文化软实力能凸显出强烈的地域文化特征,能够和城市文化软实力互动。

民办大学作为"办人民满意的教育"的生力军,在大学硬实力的建设上取得了诸多显著的成果。但是由于作为一种文化景观呈现的时间尚短,所以在文化软实力的总体表现上偏弱,有些民办大学探索出较为灵活多元的文化软实力建构路径,其中最为重要的特色是和主办企业的文化互动性较好。

以上是对四种层次的大学文化软实力粗线条的勾勒。从微观的大学文化软实力各个构成要素的视角来看,我们就能透视出其中的短板,大致说来,文化凝聚力、文化整合力、文化创新力、文化形象力、文化辐射力五种力建制最全、互动最好的是国内的重点大学、部分国家特色大学和省属重点大学;其他层次的高校或有某种软实力构成要素的短板,或有软实力构成要素"各自为战"的情况发生。所以,国内重点大学代表着中国大学文化软实力发展的最高水平,我们在陈述软实力各个要素发展情况时,也主要是以国家重点大学的文化软实力为主,并以此作为发展尺度,来映现其他层次高校文化软实力的发展短板。

## (一) 中国大学精神的凝聚力发展概况

就现实层面而言，中国大学精神的文化凝聚力主要体现在大学精神的源流一体、生生不息，不仅注重历史与当下的时代性转化，同时也能以开放的视野吸取众家之长，形成了具有历史纵深感与鲜活时代感的大学精神文化，以大学精神家园凝聚全校师生意志，这种大学精神的凝聚力不仅体现在学校内部，对其他高校甚至整个社会都有较大的影响力。其发展理念均能自觉地遵从大学发展的客观规律，对自身所处的大学发展坐标有着理性的认识，能制定合理的发展目标，以此为"共同愿景"凝聚全校师生的实践智慧和服务热情。其核心价值能自觉地以社会主义核心价值观作为指导，培养学生的家国情怀和民族志气。国家重点大学格外关注自身的历史文化传承，基本都设有自身的校史编纂机构，能通过形形色色的教育方式和实践方式培养出学生尊校、爱校、护校的情结。但由于大学自身精神的最"隐"性，我们需要从大学精神的现实生命力、大学发展的目标理念、大学思想政治教育的践行情况来估量中国大学文化凝聚力的发展概况。

就大学精神而言，每所大学都有自己的精神重心，比如，北京大学作为新文化运动和五四爱国运动的发源地，也是传播马克思主义思想和科学民主精神的发祥地，"爱国、进步、民主、科学"的大学精神贯穿中国近现代史，曾一度凝聚全国人民的爱国情怀，新时期的北京大学继往开来，传承北大"思想自由、兼容并包"的大学精神，始终处于大学文化软实力的高峰。清华大学以"爱国奉献、追求卓越"作为大学精神，凝聚了国内最顶尖人才为学校服务。复旦大学的校名"复旦"二字，取自《尚书大传·虞夏传》中的"日月光华、旦复旦兮"，意为自强不息，表达投身教育强国的远大抱负，百年来，复旦大学师生汇聚于"复旦"二字的文化意蕴之下，在发展中取得骄人成绩，就其大学精神而言，自身的特色亦很明显。南京大学秉承"诚、朴、智、勇"的大学精神，汇聚了诸多学术泰斗，提升了大学文化软实力。中山大学秉承"博学、审问、慎思、明辨、笃行"的校训，凝聚了语言文学、哲学、历史学、管理学、医学等大批人才为学校服务。大连理工大学是中国共产党为迎接新中国成立而创建的第一所正规高校，所以在大连理工大学师生身上代代相传着"红色基因"，凝聚着一代又一代的师生为祖国建设服务的热情。厦门大学以"兼容并蓄、海纳百川"作为大学精神凝聚各界人才，将自身学校的文化软实力发展成为该校一张靓丽的名片。浙江大学的大学精神是"'启真厚德'的科学精神、'开物前民'的创新精神、'无咎于宗'的合作精神、'海纳江河'的开放精神、'树我邦国'的爱国精神"。上海交通大学的大学精神是"求真务实、努力拼搏、敢为人先、与日俱进"。湖南大学的大学精神是"实事求是，敢为人先"。中国人民大学的大学精神是"立学为民、治学报国"。吉林大学的大学精神是"求真务实、自由民主、开放兼容、隆法明德、与时俱进"。哈尔滨工业大学的大学精神是"铭记责任，竭诚奉献的

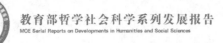

爱国精神;求真务实,崇尚科学的求是精神;海纳百川,协作攻关的团结精神;自强不息,开拓创新的奋进精神"。北京师范大学的大学精神是"爱国进步、诚信质朴、求真创新、为人师表"。西北农林科技大学是我国培养农林技术人才的重要基地,学校以农林科技为发展核心,聚拢起广大师生。西南财经大学是我国四大财经院校之一,以"严谨、求实"为大学精神,凝聚了一大批金融人才、经济人才为学校的发展做出贡献。

在办学理念上,国内大学总体上能自觉地遵从高等教育发展的客观规律,能准确定位自身的发展坐标,制定合理的既定目标,从而勾勒出共同愿景凝聚全校师生的实践智慧。比如清华大学的办学理念是"一个根本——坚持以人才培养为学校的根本任务;两个中心——努力使学校成为'既是办教育的中心,又是办科研的中心';三项职能——履行好教学、科研、社会服务等三项职能"。北京大学的办学理念是"以人为本"。复旦大学以"宽口径,厚基础,重能力,求创新"为办学理念。浙江大学是以"以人为本、整合培养、求是创新、追求卓越"为办学理念。重庆大学以"研究学术、造就人才、佑启乡邦、振导社会"为办学理念。哈尔滨工业大学以"发扬'个性化'的特点,突出国防、航天特色,发展优势学科,取得具有国际影响或对国家有重大意义的标志性成果"为办学理念。华中科技大学则以"育人为本、创新是魂、责任以行"为办学理念等。

高校思想政治教育是大学精神凝聚力的重要表现。"培养什么样的人、如何培养人以及为谁培养人"是对大学治学、办学精神的追问,我国大学的任务是培养为中国特色社会主义建设服务、为实现中华民族伟大复兴的人才,这和我国的大学精神是相统一的。大学作为国家人才的"输出口",思想政治教育不仅需要在宏观上向学生描绘当代中国马克思主义澎湃有力的实践画面、阐述中国特色社会主义的康庄大道,同时也在微观的层次上为中国特色高等教育指明方向。"提升学生的思想水平、政治觉悟、道德品质和文化素养,使学生成为德才兼备、全面发展的人才",不仅是思想政治工作的根本,同时也是中国大学的精神总纲。鉴于思想政治教育的重要性,中宣部、教育部于2015年10月联合印发《普通高校思想政治理论课建设体系创新计划》,总的来看,我国的大学思想政治教育的践行程度很高,各个层次的高校都重视思想政治教育工作,但是就其对内的凝聚力和对外的影响力而言,两批重点马克思主义学院成效更为突出,即2016年1月获批的北京大学、清华大学、中国人民大学、南开大学、吉林大学、复旦大学、山东大学、武汉大学、兰州大学的马克思主义学院和2017年3月获批的北京师范大学、大连理工大学、东北师范大学、华东师范大学、南京大学、浙江大学、福建师范大学、郑州大学、中山大学、四川大学、西安交通大学、新疆师范大学的马克思主义学院,表明这些高校对思想政治教育工作的重视,同时也是这些学校文化软实力的有力展示。

## (二) 中国大学制度的整合力发展概况

大学的整合力主要体现在大学核心制度、一般制度和具体制度在大学实践活动过程中有机互动而形成的整合效应,即大学核心制度基本能反映大学精神的价值诉求和实践旨趣,大学的一般制度能将核心制度合理分工化和职能化,而具体制度是各个职能部门具体工作的细化,三者之间有机互动,凸显出将纷繁复杂的大学事务整理为条理化、清晰化的自我管理的能力。一般说来,大学核心制度的整合力体现在坚持以人为本、学术为先、教授治校、民主管理,强调科学化、制度化和规范化;能制定出符合国情、与学校发展相适应的现代大学制度,并充分发挥大学制度文化在办学、治校过程中的导向、约束和规范作用;一般制度主要体现在学校职能部门的完整性,以及制定一般制度的合理程度、可操作程度、认可程度;具体制度文化是指具体的教学管理制度、科研管理制度、图书馆管理制度、体育场管理制度等。由此可见,在中国大学文化软实力的体系中,大学制度的整合力是作为通达"桥梁"的存在,它既是大学精神和办学理念的客体化表现,又是作为大学行动所必须依据的客观规范,这也决定了大学制度的整合力的两项功能:其一,大学制度能自上而下地将大学精神外化为具体的实践活动,大学制度通过调节和约束,将大学精神和办学理念内化其中,使具体的办事工作人员能按照大学精神和办学理念所指定的方向来进行相关的实践活动,将个人的活动和学校的期望有机统一起来,从而将作为客观存在的大学精神和办学理念转为一种现实的力量。其二,大学制度能自下而上地将大学行为实践的新成果,滋养自身的办学理念,即通过大学行为的主体在工作过程中探索出的新的实践智慧,能通过扬弃办学理念中的不合时宜的部分,催生出新的办学理念,这其中还体现为大学制度对自身的文化整合作用,大学制度不是一个僵化的体系,而是一个在实践探索过程中不断发展的有机生命体。

2010年5月,国务院常务会议审议并通过了《国家中长期教育改革和发展规划纲要(2010—2020年)》,建立现代大学制度是其中的一项战略性任务,国内有些高校经过探索,已经探索出具有中国特色的现代大学制度,并能发挥出现代大学制度的整合力。比如北京大学实施的《北京大学章程》,组建监察委员会、重组校务委员会;坚持依靠师生民主治校,进一步发挥党代会、教代会、学代会以及民主党派等各组织在学校治理和管理中的重要作用;进一步完善学术治理结构;拓展与落实学部职能,完善管理架构;管理重心下移,加强院系职能;优化管理流程,提升行政效能;建立规范行为的制度体系;以社会主义核心价值观、学校的价值追求和使命为指导,明确底线,明确导向,建立健全教师、学生、职员行为规范的制度体系。复旦大学重视深化决策体系和决策机制的改革、推进院校两极管理体系的改革、推动学术治理体系完善和改革、深化财务机制改革等。中国人民大学全面落

实《中国人民大学章程》，推进依法治校；落实和扩大办学自主权，构建政府、学校和社会之间的新型关系；坚持和完善党委领导下的校长负责制，建立健全工作机制；健全学术管理体系与组织架构，保障学术权力规范运行；理顺学校和学院的关系，充分发挥院系主动性和积极性；加强内部审计工作，健全权力约束机制。大连理工大学在大学制度上强调完善内部治理结构；进一步理顺学校纵横两方面的管理链条，强化学部（学院）等二级单位的办学主体地位，有序推动管理重心下移，优化再造机关管理结构流程；准确把握全面推进依法治教，推进管、办、评相对分离的改革要求，积极构建依法办学、自主管理、民主监督、社会参与为基础的学校与政府、社会之间的新型关系。湖南大学在大学制度建设上，突出强调创新管理服务机制；健全保障师生参与民主管理机制；完善校院两级管理办学体系；进一步健全学术管理体系，等等。

通过上述高校的现代大学制度建设，我们可以从中领略到，大学制度整合力凸显高校格外注重大学制度的动态机制，能够将新的问题、新的理念融入大学制度之中，在大学制度实践过程中以一种开放的态度主动应对新趋势。国内重点大学和某些区域性重点大学的大学制度能够将高校中的五种主要权力有效地整合在一起，从而凸显出大学制度的整合力，凸显出大学文化软实力的制度优势。这五种权力主要包括学校党委的领导权、校长负责制的行政管理权、教职工代表大会的民主参与权、学术委员会的学术评定权、学校学术组织和教工组织的自治权；同时在探索院系自治中取得了突出的成果，比如学院决策结构的建立、学院学术委员会和学位评定分委员会的建立、学院教授委员会的建立、学院教职工代表大会制度的建立等等。由此可见，大学文化整合力比较强的高校都建构出一种符合高等教育发展规律的权力谱系图：一方面，大学制度的整合力朝向未来、朝向大学精神和办学理念的与时俱进进行延伸；另一方面，大学制度的整合力朝向基层、朝向去行政化、朝向回归教育本身、回归学术研究本身进行延伸。与此同时，我们也要看到，大部分区域性大学的大学制度并没有体现出这种动态生成的机制，而是处于一种僵化的静态，大学制度的整合力桥梁作用并没有发挥出来。有些区域性大学在此方面需要做的工作还有很多，尤其是高校行政化色彩比较严重，大学发展和地方政绩关系过于密切，大学制度的整合力发挥空间有限，甚至有些高校制度管理松懈导致各种情况多发，有些高校由于建立了一些不符合大学生发展规律、不符合学生成长规律的管理制度，从而在社会上引起广泛的争议，这也有损于大学文化软实力的提升。

（三）中国大学行为的创新力发展概况

大学行为的创新力主要是指大学在教学实践、学术研究和文化创作上表现出的创新能力，并能在同行评议、学生教育、社会认同、国家认可中取得较高的美誉度。人才是其中最为重要的组成部分,人才的创造力、感召力、教学能力能较大地提升一所大学的文化软实力,而文化软实力较强的大学能汇聚更多的人才为学校服务。所以,一所大学所拥有的院士、长江学者、杰出青年的数量不仅是评价一所大学综合实力的重要标准,也是衡量一所大学文化软实力的重要标准。同时,一所大学的国家精品课数量、国家社科基金立项数量(尤其是国家社科基金重大项目)、参与"2011协同创新中心"文化传承类的情况等都是作为大学行为创新力的重要表现,也是衡量一所大学文化软实力的行为层创新情况的尺度之一。

科学技术是推动社会经济发展和进步的第一生产力,提升着社会的经济效益,创造着社会财富,对物质文明的提升起着直接的作用;同时,科学技术本身也是一种"精神生产力",科学技术通过科学思想的传播、科学精神的内化、科学方法的创新,在整个社会的精神文化生产中产生了深远的影响,通过发挥科学技术的功能,实现科技自身的价值,以此促进精神文明的建设和社会文明程度的提升。所以,在提升国家软实力的战略中,提升科技文化软实力是其重要的一个方面。对一所高校而言,两院院士、长江学者特聘教授、国家杰出青年基金获得者是科技文化软实力的生产者和推动者,一所学校拥有杰出科技人才的数量(部分高校的相关情况见表3),在某种程度上可以反映该校科技文化软实力的发展水平。总体来说,科技人才的分布依据大学的层次的不同,总体呈现为一种阶梯状,即科技杰出人才大多汇聚于国家重点大学,国家特色大学和省级重点大学的杰出人才相对较少,区域性大学则鲜见,民办大学则基本没有。

表3 部分高校"两院院士""长江学者特聘教授"
"国家杰出青年科学基金获得者"人数(截止到2015年12月)

| 学校 | 中国科学院院士 | 中国工程院院士 | 长江学者特聘教授 | 国家杰出青年科学基金获得者 |
| --- | --- | --- | --- | --- |
| 北京大学 | 40 | 11 | 149 | 207 |
| 清华大学 | 27 | 36 | 150 | 181 |
| 浙江大学 | 10 | 11 | 81 | 104 |
| 中国科学技术大学 | 20 | 2 | 27 | 96 |
| 复旦大学 | 15 | 7 | 86 | 98 |
| 武汉大学 | 5 | 10 | 51 | 41 |
| 南京大学 | 20 | 1 | 92 | 98 |
| 北京师范大学 | 5 | 2 | 37 | 29 |
| 大连理工大学 | 6 | 4 | 24 | 34 |

"2011协同创新中心"文化传承类是以哲学社会科学为主体,通过高校与高

校、科研院所、政府部门、行业产业以及国际学术机构的强强联合，成为提升国家文化软实力、增强中华文化国际影响力的主力阵营。根据《国务院关于取消非行政许可审批事项的决定》（国发〔2015〕27号）的规定，教育部取消了"2011计划协同创新中心"的认定。但是已经入选的高校，说明在大学文化软实力建设方面取得了突出的成绩（见表4）

表4 "2011协同创新中心"文化传承类的立项

| 中心名称 | 主要协同单位 |
| --- | --- |
| 中国南海研究协同创新中心 | 南京大学、中国南海研究院、海军指挥学院、中国人民大学、四川大学、中国社科院中国边疆史地研究中心、中科院地理资源所等 |
| 司法文明协同创新中心 | 中国政法大学、吉林大学、武汉大学 |
| 国家领土主权与海洋权益协同创新中心 | 武汉大学、复旦大学、中国政法大学、外交学院、郑州大学、中国社科院中国边疆史地研究中心、水利部国际经济技术合作交流中心等 |
| 中国基础教育质量监测协同创新中心 | 北京师范大学、华东师范大学、东北师范大学、华中师范大学、陕西师范大学、西南大学、中国教育科学研究院、教育部考试中心、安徽科大讯飞信息科技股份有限公司等 |
| 中国特色社会主义经济建设协同创新中心 | 南开大学、南京大学、中国人民大学、中国社会科学院经济学部、国家统计局统计科学研究所等 |
| 出土文献与中国古代文明研究协同创新中心 | 清华大学、复旦大学、安徽大学、北京大学、湖南大学、吉林大学、首都师范大学、中国人民大学、中国社会科学院历史研究所、中国文化遗产研究院、中山大学等 |
| 两岸关系和平发展协同创新中心 | 厦门大学、复旦大学、福建师范大学、中国社会科学院台湾研究所等 |

国家社会科学基金是在1991年设立的，由全国哲学社会科学规划办公室负责管理。设有马克思主义·科学社会主义、党史·党建、哲学、理论经济、应用经济、政治学、社会学、法学、国际问题研究、中国历史、世界历史、考古学、民族问题研究、宗教学、中国文学、外国文学、语言学、新闻学与传播学、图书馆·情报与文献学、人口学、统计学、体育学、管理学等23个学科规划评审小组以及教育学、艺术学、军事学三个单列学科，已形成包括重大项目、年度项目、特别委托项目、后期资助项目、西部项目、中华学术外译项目等六个类别的立项资助体系。国家社会科学基金还注重扶持青年社科研究工作者和边远、民族地区的社会科学研究。国家社科基金自设立以来，推出了一大批有深度、有分量的研究成果，培养了一大批功底扎实、锐意进取的学科带头人，国家社科基金项目的导向性、权威性和示范性作用越来越明显。所以每个高校获得国家社科基金的情况，也是衡量大学

文化软实力行为层创新的依据之一，尤其是获得国家社科基金重大项目（前八名见表5）。

表5　2010—2015年国家社科基金重大项目主要高校的立项情况

| 学校 | 2010年 | 2011年 | 2012年 | 2013年 | 2014年 | 2015年 | 总计 |
| --- | --- | --- | --- | --- | --- | --- | --- |
| 北京大学 | 9 | 6 | 12 | 11 | 9 | 10 | 57 |
| 中国人民大学 | 6 | 10 | 11 | 9 | 10 | 6 | 52 |
| 复旦大学 | 4 | 13 | 16 | 3 | 5 | 11 | 52 |
| 武汉大学 | 2 | 9 | 5 | 7 | 11 | 9 | 43 |
| 浙江大学 | 7 | 3 | 6 | 7 | 11 | 7 | 41 |
| 北京师范大学 | 3 | 4 | 7 | 9 | 11 | 7 | 41 |
| 南京大学 | 6 | 9 | 5 | 3 | 9 | 6 | 38 |
| 清华大学 | 5 | 3 | 2 | 3 | 6 | 9 | 28 |

国家高层次人才特殊支持计划（"万人计划"）是一项涵盖领域广、涉及部门多、实施周期长的宏大计划，是经中央批准，中组部、人社部等11个部委联合推出的准备用10年时间，面向国内分批次遴选1万名左右自然科学、工程技术和哲学社会科学领域的杰出人才、领军人才和青年拔尖人才给予特殊支持。加快培养造就一批为建设创新型国家提供坚强支撑的高层次创新创业人才，主要分为科技创新领军人才、科技创业领军人才、哲学社会科学领军人才、教学名师、"百千万"工程领军人才。能够入选"国家万人计划"，就能够在很大层次上提升一所学校的文化软实力。此外，根据《教育部、财政部关于"十二五"期间实施"高等学校本科教学质量与教学改革工程"的意见》（教高〔2011〕6号）、《教育部关于国家精品开放课程建设的实施意见》（教高〔2011〕8号）、《精品资源共享课建设工作实施办法》（教高厅〔2012〕2号）等文件精神，自2013年以来，教育部共分四批批准了2911门"国家级精品资源共享课"（包括教师教育、本科教育、高职教育、网络教育课程）立项建设，建设课程陆续在"爱课程"网免费向社会开放。参与课程建设高校和课程团队为推进高等教育开放，促进优质教育资源共享，服务学习型社会建设做出了重要贡献，同时也提升了该校知名度，使之成为一张大学文化软实力的名片。就国家"万人计划"和国家精品课程而言，入选高校较多，且打破了高校层次的限制。对此，我们只能随机选取不同的地理区域（全国各地），不同门类的高校（综合类、理工类、军事类、师范类等），不同的发展层次（本科、专科），不同办学类别（公办、民办）的高校，对中国大学获得"万人计划"支持和国家精品课程支持的高校做最粗线条的勾勒（见表6），以呈现出其较为立体的结构。

表6 部分高校入选国家"万人计划"人数和国家精品课程数量
（数据统计截至 2016 年年底）

| 学校 | 入选国家"万人计划"人数 | 国家精品课程数量 |
|---|---|---|
| 北京大学 | 29 | 27（本科精品课）+5（网络教育精品课） |
| 中国人民大学 | 10 | 5（本科精品课） |
| 大连理工大学 | 10 | 19（本科精品课）+2（网络教育精品课） |
| 国防科学技术大学 | 8 | 20（本科精品课） |
| 中国传媒大学 | 2 | 3（本科精品课）+3（网络教育精品课） |
| 合肥工业大学 | 1 | 9（本科精品课） |
| 东北财经大学 | 3 | 10（本科精品课）+3（网络教育精品课） |
| 安徽师范大学 | 1 | 6（本科精品课） |
| 湖州师范学院 | 1 | 2（本科精品课） |
| 辽宁省交通高等专科学校 | 1 | 6（高职高专精品课） |
| 山东英才学院 | 1 | 1（高职高专精品课） |
| 黑龙江农业工程职业学院 | 1 | 6（高职高专精品课） |

在中国大学文化软实力的行为层面，人才的数量和获得高层次基金支持的情况代表着一所大学学术创新的能力，入选国家精品课可以反映一所大学教学实践的能力。通过对上述情况的简单汇总，我们不难发现，国家重点大学在各个领域都处于绝对领先的位置，这说明在大学行为的创新力方面，国家重点大学仍具有引领性的作用。不过可喜的是，我国区域性大学和民办大学在教学实践中取得了广泛的认同，这说明这些高校已经有了在大学文化软实力的行为层面的自觉建构。

（四）中国大学形象的吸引力发展概况

大学形象的吸引力主要是由学校环境、学校标识系统、学校文化设施和师生表现出的文化素质等组成部分洋溢出的文化感染力。学校环境主要是指作为物质文化层面的校园建筑，整所大学拥有较为合理的规划和布局，在新老校区之间有着较为完整的文化生态，没有表现出因学校搬迁、高校合并和高校更名而造成的文化断裂现象。就人文环境而言，学校拥有较为宽松怡人的工作环境，允许不同思想、不同观点、不同文化、不同流派学说的存在和竞争；就学术环境而言，能够充分发挥学术民主，鼓励专家学者进行探索和创造，保证他们有发表不同意见的自由，有批评辩论的自由。学校标识系统主要是由校徽、校训、校歌等组成。学校的文化设施主要是指图书馆，还包括对外开放的读书会、学术报告、公益讲座和专业技能培训等方面。

就学校环境而言，我国经过一次大规模的新校区和办分校建设的热潮，学校环境得以改善，许多大学城经过数年的发展，已经形成较为完整的生活保障体系，新校区或分校经过数年的教学实践,师生的生命意志和实践热情在此凝聚,每栋大楼的文化符号学意义开始呈现。但是需要指出的是,每一所新的校区或分校,其文化生态的建构是一个和缓且漫长的过程,需要时间的慢慢沉淀和实践的慢慢累积,所以就此而言,那些整体搬迁到新校区的高校在此方面的文化软实力要大打折扣,那些主校区没有搬迁但是有许多分校的高校,需要注意各个校区之间的文化连接,以此建构出一校多区、文化统一的文化生态观。就此而言,许多高校已经有了文化生态建构的自觉,比如北京大学在"十三五"规划中提出,"提升校园历史文化和生态环境品质;提升校园文化品质,建设人文校园;建设绿色校园;以物联化、集成化、智能化为主要技术路线,以服务创新为导向,将智慧导入校园各个系统、过程和基础设施中,将信息化深植于教学、科研、管理和生活的各个方面,全面构建智慧校园;做好昌平校区学科规划和校园规划工作,推动部分新兴学科以及重大科学、技术、文化基础设施向昌平校区布局"。就学校的人文环境而言,国内重点大学的思想交锋锐度要比普通大学激烈得多,并且经常举办公益性、开放性讲座,课余文化生活也较为丰富多彩,以大连理工大学为例,大连理工大学推出的名师讲堂,现已举办到第 95 期;大连理工大学每年举办一次"校园文化节";通过集中开展研究生学术科技先进典型宣传及表彰、科技竞赛交流、科普知识展、学术科技作品征集、名师讲堂、学术沙龙、校际学术交流、研究生学术先进典型访谈、参观实验室等精彩学术活动,为广大同学带来一场场知识盛宴。同时,"大工嘉年华"作为校园文化节的一部分,已经变成大连所有高校学子的狂欢节,从某种程度上已经变成大连市文化软实力的一张名片。通过开展此类活动,极大地提升了大学形象的吸引力。

据教育部官方网站统计[①],截至 2017 年 5 月 31 日,目前我国共有普通高等学校 2631 所(含独立学院 265 所),这其中的绝大多数学校都建立起比较完善的标识系统(主要是由校徽、校训、校歌等组成)。但是这其中大部分的标识系统属于近 20 年的新生事物,其文化的意蕴尚未被时间和实践赋予,校训重合率较高、校歌传唱度不够、校徽特色不明显。总体而言,我国大学的校园标识系统在国家重点大学、国家特色大学和省级重点大学的文化意蕴比较深厚,尤其是重点大学,其校徽、校训、校歌(见表 7)都有浓郁的文化意蕴,其最大的特点是在时间的流变中不失传统特色,并能做到时代性的转化,能巧妙地做到古典美学和新时代美学的有机统一。每一个校徽展开的都是一部文化符号学的发展史,每一个校训都凝聚着无数师生的实践智慧,每一首校歌传唱开来都能回荡在巨大的历史空间中,和激起遥远的回响。这些历史悠久的大学的校徽、校训、校歌彼此辉映,共同交织成一幅绚

---

① http://www.moe.gov.cn/jyb_xwfb/s5147/201706/t20170616_307075.html.

烂的文化图景,不仅吸引着在校师生,同时吸引着广大校友和国外友人的关注目光,成为城市文化软实力、甚至是国家文化软实力的有力表现形式之一。

表7 国家重点大学校训、校歌、校徽

| 高校 | 校训 | 校歌 | 校徽 | 高校 | 校训 | 校歌 | 校徽 |
|---|---|---|---|---|---|---|---|
| 北京大学 | 爱国进步 民主科学 | 燕园情 | | 中山大学 | 博学审问慎思 明辨笃行 | 山高水长 | |
| 清华大学 | 自强不息 厚德载物 | 清华大学校歌 | | 华南理工大学 | 博学慎思 明辨笃行 | 华工之歌 | |
| 厦门大学 | 自强不息 止于至善 | 厦门大学校歌 | | 兰州大学 | 自强不息 独树一帜 | 兰州大学校歌 | |
| 南京大学 | 诚朴雄伟 励学敦行 | 南京大学校歌 | | 东北大学 | 自强不息 知行合一 | 东北大学校歌 | |
| 复旦大学 | 博学而笃志 切问而近思 | 复旦大学校歌 | | 西北工业大学 | 公诚勇毅 | 西北工业大学校歌 | |
| 天津大学 | 实事求是 | 天津大学校歌 | | 哈尔滨工业大学 | 规格严格 功夫到家 | 哈工大之歌 | |
| 浙江大学 | 求是创新 | 浙江大学校歌（大不自多） | | 华中科技大学 | 明德厚学 求是创新 | 记忆中 | |
| 南开大学 | 允公允能 日新月异 | 南开校歌 | | 中国海洋大学 | 海纳百川 取则行远 | 海大之歌 | |
| 西安交通大学 | 精勤求学 敦笃励志 果毅力行 忠恕任事 | 西安交通大学校歌 | | 北京理工大学 | 德以明理 学以精工 | 北京理工大学校歌 | |
| 东南大学 | 止于至善 | 东南大学校歌 | | 大连理工大学 | 团结进取 求实创新 | 大连理工大学校歌 | |
| 武汉大学 | 自强弘毅 求是拓新 | 武汉大学校歌 | | 北京航空航天大学 | 德才兼备 知行合一 | 北京航空航天大学校歌 | |
| 上海交通大学 | 饮水思源 爱国荣校 | 上海交通大学校歌 | | 北京师范大学 | 学为人师 行为世范 | 北京师范大学校歌 | |
| 山东大学 | 气有浩然 学无止境 | 山东大学校歌 | | 中南大学 | 经世致用 | 热土中南 | |
| 湖南大学 | 实事求是 敢为人先 | 湖南大学校歌 | | 同济大学 | 严谨求实 团结创新 | 同济之歌 | |

(续表)

| 高校 | 校训 | 校歌 | 校徽 | 高校 | 校训 | 校歌 | 校徽 |
|---|---|---|---|---|---|---|---|
| 中国人民大学 | 实事求是 | 中国人民大学之歌 | | 中国科学技术大学 | 红专并进 理实交融 | 永恒的东风 | |
| 吉林大学 | 求实创新 励志图强 | 吉林大学校歌 | | 中国农业大学 | 解民生之多艰 育天下之英才 | 金色的希望 | |
| 重庆大学 | 耐劳苦尚俭朴 勤学业爱国家 | 重庆大学校歌 | | 国防科学技术大学 | 厚德博学 强军兴国 | 国防科学技术大学校歌 | |
| 电子科技大学 | 博约 厚德 自强 拓新 笃行 | 电子科技大学校歌 | | 西北农林科技大学 | 诚朴勇毅 | 西北农林科技大学校歌 | |
| 四川大学 | 海纳百川 有容乃大 | 四川大学校歌 | | 中央民族大学 | 美美与共 知行合一 | 花开盛世 | |
| 华东师范大学 | 求实创造 为人师表 | 华东师范大学校歌 | | | | | |

## （五）中国大学整体的辐射力发展概况

总的而言,我国的重点大学综合实力居于国内大学的上游,其文化软实力发展得也较为完善,大学文化软实力的生态体已经形成,这种隐形的资源力不仅体现在对内的凝聚力和整合力,更体现在对外的吸引力和辐射力。从宏观的视域来看,就其对外作用而言,各个大学都有自己动态扩散的文化疆域,尤其是国内的重点大学体现得最为明显,其中北京大学和清华大学的文化软实力的辐射范围已经覆盖全国,引领其他高校纷纷效仿,同时国内民众对这两所学校的认同力非其他国内高校可以撼动。在我国东北地区,哈尔滨工业大学、吉林大学、大连理工大学、东北大学四点一线,在东北地区连成文化软实力的辐射弧,深远地影响着东北地区大学文化软实力的发展;北京的中国人民大学、北京师范大学、北京理工大学、北京航空航天大学、中国农业大学、中央民族大学,与天津的天津大学、南开大学,以及山东的山东大学和中国海洋大学,在华北平原中高密度地激荡起层层叠叠的文化软实力震波;而南京大学、东南大学、复旦大学、上海交通大学、华东师范大学、同济大学、浙江大学、厦门大学、中山大学和华南理工大学沿着东南沿海一带形成一道耀眼的文化软实力辐射弧;华中科技大学、武汉大学、湖南大学、中南大学、国防科技大学、中国科技大学分别代表着华中大地上的大学文化软实力的巅峰;四川大学、电子科技大学和重庆大学的文化软实力在祖国西南有着广泛的影响;西安交通大学、西北工业大学、西北农林科技大学和兰州大学的文化软实力在祖国西北起着重要作用。

此外,我国重点大学的联盟,比如:"九校联盟"(成员为北京大学、清华大学、浙江大学、复旦大学、上海交通大学、南京大学、中国科学技术大学、哈尔滨工业大学、西安交通大学),"卓越大学联盟"(成员为北京理工大学、重庆大学、大连理工大学、东南大学、哈尔滨工业大学、华南理工大学、天津大学、同济大学、西北工业大学),"北京高科大学联盟"[成员为北京化工大学、西安电子科技大学、北京交通大学、北京科技大学、北京林业大学、北京邮电大学、华北电力大学、哈尔滨工程大学、中国地质大学(北京)、中国矿业大学(北京)、中国石油大学(北京)、燕山大学],"高水平行业特色大学优质资源共享联盟"[成员为中国地质大学、华东理工大学、中国矿业大学、中国石油大学(华东)、东华大学、河海大学、江南大学、南京农业大学、东北林业大学、合肥工业大学、西南交通大学、西安电子科技大学、长安大学],这些重点大学的联盟不仅仅是硬实力上的联盟,更是文化软实力上的共进和互补。

2016年2月,教育部印发《教育部2016年工作要点》的通知要求,制定了加快世界一流大学和一流学科建设的实施办法,吹响了我国大学冲刺世界一流大学的冲锋号,这注定会极大地提升我国大学在国际上的辐射力和影响力。比如,北京大学主动融入国家战略,与"一带一路"沿线国家的高校进行深入的交流和合作,并参与"国际研究性大学联盟"(IARU)、"环太平洋大学组织"(APRU)等国际大学联盟组织的运行和建设,引领"生态文明国际大学联盟"(GAUSF)的发展,提升在国际组织的话语权;发起或主办包括世界哲学大会和世界美术史大会等重要会议。中国人民大学则倡导全力提升科研的国际性、建设具有国际竞争力的师资队伍、培养国际性的创新人才、推进高水平国际合作、服务国家战略来提升学校的国际影响力。大连理工大学则通过促进师资的国际化、培养的国际化、科研合作的国际化来提升学校的影响力。此外,几乎所有的国家重点大学、部分国家特色大学和省级重点大学都制定了较为细致的"双一流"实施方案,争取抓住此战略机遇期,提升自身的国际影响力,在更为宽广的世界舞台上展现自身的文化软实力。

相较于国家重点大学追求国际影响力,部分特色大学和省级重点大学以及区域性大学、民办大学则更多地关注在国内影响力的提升,比如各个人文社会科学优势比较明显的高校,提出主动地对接"文化强国""文化强省""文化强市"的发展规划,以此提升学校的创新能力和文化辐射力,提升在特色区域范围内的文化软实力;有些理工见长的地方性高校,主动对接"科技强国""科技强省""科技强市"的战略规划,在区域范围内提升科技文化软实力,扩大认可度和美誉度。

## 四、中国大学文化软实力的评价体系

如前所述,中国大学文化软实力的构成要素可以划分为:大学形象的吸引力、大学行为的创新力、大学制度的整合力、大学精神的凝聚力、大学整体的辐射力，以上五种构成要素建构起中国大学文化软实力的文化生态体系。为此，我们尝试建立中国大学文化软实力的总体评价体系。①

**（一）中国大学文化软实力评价体系的设计原则**

大学文化软实力是一个可塑的、发展的、动态的系统，建立大学文化软实力综合评价体系是对大学文化建设进行综合分析和评价的基础，应该从整体的角度建立科学的软实力评价体系。为此，在建立大学文化软实力评价体系模型时，需要同时兼顾以下设计原则。

1. 指标筛选的原则

复杂巨系统的综合评价体系模型的建构，面临的大量工作主要是如何科学合理地筛选指标。针对如何科学合理地筛选指标，课题组多次专题研讨，运用"头脑风暴法"，向有关专家与实际工作者征询、咨询，提出了指标选择的"六要素"原则。

（1）范畴规范性原则。指标的内容不能太繁、太小、太细，也不要过于庞杂和冗长，否则会给评价工作带来不必要的麻烦。

（2）指标解释力原则。明确指标对提升大学文化软实力的地位和作用，所选指标能作为评估文化软实力的一种量化标志和说明。

（3）数据可操作原则。不能只考虑应该要有哪些指标要素，同时还要考虑所选择的指标在测评时数据采集的难度、成本。指标体系具有资料易得、方法直观和计算简便的特点，因而具有操作上的可行性。

（4）指标可评估原则。也就是说，指标能用来评估大学各部门在文化软实力构建中的量化标准。一是所选的指标必须能科学地反映大学文化软实力的现实水平，必须具有理论依据，不能够选择没有意义的指标，影响整个指标体系的效用。

（5）标准可实现原则。也就是说，所选的指标切合实际，经过努力可以达到。

（6）资料科学性原则。也就是说，指标的设计要求名称、含义、内容和计算范围、计量单位和计算方法等方面必须科学明确，没有歧义，能方便地进行采集数据与收集信息；同时要考虑现行科技水平。

只有符合以上六个技术要素的指标才可能被选入我们的指标体系。根据指标筛选的"六要素"原则，并且听取了专家的修改意见，我们进行了多轮的筛选。可以说，研制大学文化软实力综合评价体系的过程，也是一个精选指标、规范指标、完善指标的过程。

2. 确立指标权重的原则

我们必须看到，对中国大学文化软实力体系的评价不能像大学硬实力评价体

---

① 参见洪晓楠、林丹:《大学文化软实力评价体系研究》,《文化学刊》2010年第1期。

系一样,通过完全的量化与各个评价指标的相加就能评价大学硬实力的建设状况。大学文化软实力的各个构成要素是相互作用的,或者说各个要素之间的关系不是指标一、指标二的加法关系,如果大学文化软实力的各个构成要素自身发展状态较好且各个要素之间有着生生不息的良性互动,可能呈现出各个要素之间的乘法关系;如果大学文化软实力的某个构成要素发展状况欠佳,而其他构成要素发展状态一般或良好,可能就会危害到整个大学文化软实力生态体的有机协调;如果大学文化软实力的其他要素的发展状态一般,但某个要素表现格外突出,亦可能极大地提升大学文化软实力的综合实力。对此,我们在此评价体系中会设定不同的指标权重。指标权重反映的是每一条指标在整个指标体系中的地位和作用,是指标重要性程度的数量化表示,权重越大,指标在体系中就越重要。假定指标 A 的权重数是 0.5,指标 B 的权重数是 0.4,则指标 A 的重要性高于指标 B。但要形成合理的指标权重,是一项极其复杂的工作。为此,我们通过建立以下原则来解决。

(1) 目标原则。建立大学文化软实力评价体系,其目标是要形成一整套的量化指标来衡量大学文化软实力程度。因此,指标的选择,尤其是指标权重的确立,都要侧重于文化软实力,换句话说,具有文化软实力特征,能反映或揭示文化软实力水准的指标,例如"大学精神""核心价值"等指标,应赋以较高的权重。

(2) 需求原则。指标权重的确立,必须满足文化软实力的不同类型、不同层次的需求。从不同类型的需求来看,"基本指标"是大学文化软实力的最基本要求,也是揭示大学文化软实力程度的最基本的指标;"特色指标"则以大学文化已取得的具有标志性的创建成果,来满足文化软实力所具有的个性、特殊性需求。从不同的需求看,如基本指标的"五个测评项目",其需求明显突出"推动发展、追求领先的文化创新力"和"向外界正确表达意图的文化辐射力"。

(3) 实效原则。为了使大学文化软实力的评估避免形式主义、走过场,在权重的设置上必须体现实效原则。当然,决定一所大学文化软实力并不取决于这所大学历史的长短和文化资源的丰俭,也不取决于这所大学占地面积的大小,而是取决于这所大学文化的贡献力,我们突出强调这种影响力、吸引力和贡献力,从而决定大学文化大发展大繁荣的文化指标。

(4) 平衡原则。在大学文化软实力指标体系中,不同的指标由于其满足评估的需求不同,地位和作用不同,因此具有不同的权重。但是,在不同指标权重的确立过程中,必须兼顾整体的协调与平衡,也就是说,每一部分、每一条指标权重的确立,一方面不能孤立地认定与赋值,必须考虑与其他指标权重的隶属、关联,考虑每一条指标在整个指标体系中的贡献度;另一方面,指标权重高低的差异,尤其是相关度大的指标的差异,不能太大,应有一个合理的认定,以避免指标之间失衡现象的出现。

3. 定性与定量相结合的原则

大学文化软实力评价体系的设计应当满足定性与定量相结合的原则,亦即在定性分析的基础上,还要进行量化处理。研究大学文化软实力,需要定性分析和定量分析相结合,定性分析有助于我们认识问题的本质,定量分析则更有利于我们将问题讲清楚。只有通过量化,才能较为准确地揭示事物的本来面目。对于缺乏统计数据的定性指标,可采用评分法,利用专家意见近似地实现其量化。源于定量分析的难度,目前的软实力研究均采用定性方法。实际上,已经有成熟的定量分析用于衡量硬实力发展水平,有些方法可供我们借鉴。另一方面,应提出一套能够解释大学文化软实力现状的发展指数,其中应包含各类软性指标,以进一步有效确定大学的发展阶段和特性,从而能为大学发展提供衡量标准。

必须指出,上述各项原则并非简单的罗列。也就是说,首先要根据"六要素"原则筛选出科学合理的评估指标,根据设定权重的目标原则,确定赋权的需求性原则,而需求性又要通过实效性来体现,在满足实效性原则之后,还必须满足平衡性原则。最后,上述各项原则都要通过定性与定量相结合的原则才能体现。

(二) 中国大学文化软实力评价体系设计

大学文化硬实力是一种易于量化,可以通过一定指标反映绝对数量大小的能力。而大学文化软实力是一种难以量化,只有通过一定指标来衡量相对大小的能力。影响大学文化软实力大小的因素十分复杂,由此导致了在大学文化软实力领域相关研究的滞后性。另一方面,大学文化软实力这个概念如果使用不当,也会沦为一个大而无用、空洞无实的概念。由于太富弹性,软实力这个概念很难测量与划分,我们要像统计学家那样给出大学文化确切的软实力模型,实非易事,也不可能。因此,有的时候,软实力就如情感一样,着实很难度量其轻重多寡,只能感同身受,可描述但难以展开逻辑分析。

我们通过建立大学文化软实力评价体系的理论模型,将大学文化软实力分为以下五个组成部分(见图1):激励全校师生形成强大向心力的大学精神的文化凝聚力;推动发展、追求领先的大学行为的文化创新力;将文化要素组织成效能最大有机整体的大学制度的文化整合力;获得其他高校仿效的大学形象的文化吸引力;向外界正确表达意图的大学文化辐射力。在此种文化生态体内,大学精神的文化凝聚力是内核要素,大学制度的文化整合力是结构要素或集成要素,大学行为的创新力是倍增要素,大学形象的文化吸引力是基础要素,大学整体的文化辐射力是功能要素。

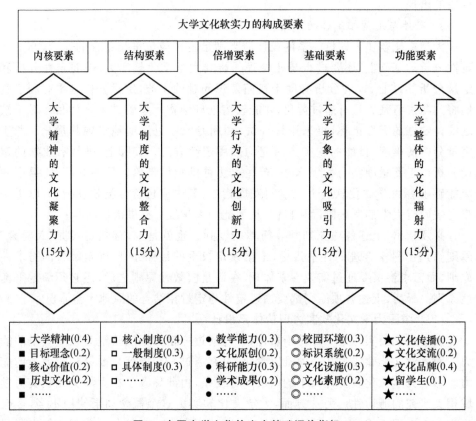

图 1　中国大学文化软实力基础评价指标

大学文化软实力评价体系由"基本指标"和"特色指标"两部分构成,总分值为 100 分。"基本指标"占 75 分,反映了大学文化软实力资源的基本情况,设置了凝聚力、吸引力、创新力、整合力和辐射力等五方面的测评项目,每项占 15 分,20 条具体指标。

1. 大学精神的文化凝聚力

(1) 大学精神:① 遵循现代大学"民主、科学"的普遍精神;② 有明确的、特质性的学校精神;③ 拥有反映大学历史传统、文化品位、特征风貌的精神文化形态,既体现大学的办学理念、办学方向、办学宗旨、校园文化,又体现师生的共同理想、信念和追求。

(2) 目标理念:① 以科学发展观为统领;② 以教育现代化为牵引(包括教育思想现代化、发展水平现代化、教育教学体系现代化、教师队伍建设现代化、条件保障现代化、管理水平现代化)。

(3) 核心价值:① 教师具有从国家、民族发展的需要来思考学术问题的雄心大志;② 学生具有"为民族复兴"的抱负;③ 教师和学生中具有可学习的典型人物和事件。

(4) 历史文化:① 拥有完善的校史建设与编撰常设机构;② 注重学校文物史料资源的发掘、整理、利用和保护;③ 拥有以科学博物馆、校史陈列馆为基础的校情校史教育。

2. 大学制度的文化整合力

(1) 核心制度文化:① 充分发挥大学制度文化在办学、治校过程中的导向、约束和规范作用;② 坚持以人为本、学术为先、教授治校、民主管理,强调科学化、制度化和规范化;③ 拥有符合国情、与学校发展相适应的现代大学制度。

(2) 一般制度文化:① 职能部门的完整性;② 一般制度的合理程度、可操作程度、认可程度。

(3) 具体制度文化:① 校园文化制度;② 科研管理制度、教学管理制度;③ 图书馆、体育馆、博物馆、校史展览馆等文化设施和校内文化园地的制度的合理性和灵活性。

3. 大学行为的文化创新力

(1) 教学能力:① 国家精品课程数量高于同类学校平均水平(门);② 国家教学名师数量高于同类学校平均水平(名/年);③ 出版国家级教科书数量高于同类学校平均水平(部)。

(2) 文化原创:① 具有利于文学创作的政策环境;② 持续地对文学创作进行资金和人力投入;③ 支持和激励开展文学创作研究的科研人员。

(3) 科研能力:① 国家重点基地数量高于同类学校平均水平(个);② 国家重点学科数量高于同类学校平均水平(个);③ 科学研究拥有将文化性的软科学研究成果转化为大学"硬件"(课堂、教材、教学基地等)的能力。

(4) 学术成果:① 拥有国家级及省部级社科课题项目数量高于同类学校平均水平;② 拥有国家级及省部级重点学科数量高于同类学校平均水平;③ 拥有国家级社科研究基地和省部级重点研究基地数量高于同类学校平均水平。

4. 大学形象的文化吸引力

(1) 校园环境:① 校园建筑、合理的布局、较为完整的文化生态;② 拥有宽松的工作环境,允许不同思想、不同观点、不同文化、不同流派学说的存在和竞争;③ 充分发挥学术民主,鼓励专家学者进行探索和创造,保证他们有独立思考的自由,有发表意见的自由,有批评辩论的自由。

(2) 标识系统:① 校徽;② 校训;③ 校歌。

(3) 文化设施:① 公共图书馆年读者数量高于同类学校平均水平(万人次);② 每百人公共图书藏书量高于同类学校平均水平(册);③ 拥有以开展学生公益

文化活动为主的艺术文化馆和学生文化辅导制度。

（4）文化素质：① 强化大学生文化素质教育的第二课堂建设,开展丰富多彩的系列化的文化艺术活动;② 转变教育观点,开展以"文化素质教育"为主题的教育思想讨论;③ 拥有一批各具特色的素质教育典型经验;④ 学生精神文明教育程度较高

5. 大学整体的文化辐射力

（1）文化传播：① 电视台、广播、校报、校园网等学校文化传播体系规划与建设完善;② 校园媒体内容创新与更新速度较快;③ 校园媒体栏目建设丰富多彩。

（2）文化交流：① 与国内外兄弟院校的文化交流频繁,吸引国内外大学文化社团进入校园;② 经常组团赴国内外交流、学习;③ 借助国内外的信息网络和宣传渠道,推广学校文化品牌。

（3）文化品牌：① 从大学内在的学术性出发,着重强调大学的超越性和探索真理、追求知识的责任;② 构建独特的文化传统和学术精神,形成大学核心竞争力;③ 自觉地构建独一无二的文化传统、精神品质和自我形象,就是大学文化品牌。

（4）留学生：① 派出留学生的人数、资助基金、留学国家数量高于同类学校平均水平;② 接收留学生的人数、资助基金、留学生来源国家数量高于同类学校平均水平。

"特色指标"（见表8）采用了加分的方法,最高分值为25分,是反映大学文化软实力创建和管理中的个性和特色的指标,也反映了大学文化获得认可的情况。

表8 特色评价指标

| 指标名称 | 测评内容及标准 |
| --- | --- |
| 文化风貌<br>（5分） | 学校在长期办学过程中积淀形成的、本校特有的,优于其他学校的独特优质的文化风貌。<br>具有一项独特的文化风貌得1分,5项以上(包括5项)得5分。 |
| 特色文化<br>（5分） | 学校特色文化具有一定的稳定性,有一定的社会影响,有公认度;能够吸引其他学校自愿仿效、追随并转化为它们的价值。<br>具有一项有吸引力的特色文化得1分,5项以上(包括5项)得5分。 |
| 技术文化<br>（5分） | 科研技术获得国际、国家的荣誉。<br>每获一项有效荣誉称号得1分,5项以上(包括5项)得5分。 |
| 文化活动<br>（10分） | 拥有优秀的校园文化品牌活动(省级以上)。<br>每获一项有效荣誉称号得1分,5项以上(包括5项)得5分。<br>邀请高水平文艺、体育团体来校演出或比赛,邀请学术大师、文化大家来学校举办讲座、报告。<br>每次活动得0.5分,10次以上(包括10次/年)得5分。 |

### (三) 中国大学文化软实力的个案评估

由于我国高校数量众多,而我们的精力和时间有限,所以只能随机选取不同的地理区域(全国各地),不同门类的高校(综合类、理工类、军事类、师范类等),不同的发展层次(本科、专科),不同办学类别(公办、民办)的高校,通过检索相关文献,研读学校网站的文件,进行仅代表个人观点的评估,详见表9。

## 五、中国大学文化软实力建设面临的问题与提升策略

我国大学的文化软实力在总体上有所提升,大学精神的凝聚力、大学制度的整合力、大学行为的创新力、大学形象的吸引力和大学整体的辐射力都能有醒目亮眼的表现,但就总体发展水平而言,我国的大学文化软实力尚处于建设的起步阶段,存在的问题较多,解决这些问题,将是我国大学文化软实力下一步的实践重心。

### (一) 中国大学文化软实力建设面临的主要问题

我国大学文化软实力的不足之处首先主要体现在大学、大楼、大师的文化定位误区,即将大楼等同于大学本身,行政命令和形象工程问题仍旧凸显得格外明显,甚至有些大楼建好之后没有大师在此工作,更多的大楼建好之后仍不具备培养大师的文化基础,大楼在诸多高校体现为文化意蕴的薄弱和文化符号学意义上的虚空,偏离了大学教育的本质;其次是大学转型过程中的文化断裂,主要体现为办学水平和申办层次的不匹配、新老校区之间的文化断裂、办学特色丢失;再次是教育文化创新偏向工具理性,教育的"有用性"、功利性目的仍是教育的主题,大学教育缺少实践理性和价值理性的引导;最后是全球化、网络化、信息化的新形势之下,我国大学教育存在着意识形态安全的风险,这种教育风险会极大地破坏我国大学的文化安全。

#### 1. 大学、大楼、大师的文化定位误区

从理想的层面来看,大学是大师、大楼和大精神的有机统一,大楼是一所大学硬实力的重要组成部分,同时也是大学文化软实力主要的物质载体。但凡事有度,过之则走向其反面,比如当下仍然弥散的"豪华"风,某大学花费极大财力兴建豪华观光电梯,某大学耗费巨资兴建五星级国际会议中心,某大学耗巨资兴建学校大门……此类行为不胜枚举。如果说这只是个别高校的不合理的行为,那么针对大楼和大师的选择失衡在大部分高校中普遍存在,即追求大楼的盲动性力量大大超越了追求大师的理性力量,在大部分高校中,普遍采取的做法是通过高校合并、新校园或分校的建设、招生规模的不断扩大等外在措施来彰显现代性大学之"大",忽略了作为隐形支撑的科技人才所表征的科技文化软实力和哲学社会科学人才所表征的精神文化软实力,在某种程度上暴露出急功近利、浮躁盲动的发展

表 9 不同层次大学的文化软实力评估

| 大学 | 大学精神的文化凝聚力（15分） | | | | 大学制度的文化整合力（15分） | | | 大学行为的文化创新力（15分） | | | | 大学形象的文化吸引力（15分） | | | | 大学整体的文化辐射力（15分） | | | | 特色指标25分 | 总分100 |
|---|---|---|---|---|---|---|---|---|---|---|---|---|---|---|---|---|---|---|---|---|---|
| | 大学精神 0.4 | 目标理念 0.2 | 核心价值 0.2 | 历史文化 0.2 | 核心制度 0.4 | 一般制度 0.3 | 具体制度 0.3 | 教学能力 0.3 | 文化原创 0.2 | 科研能力 0.3 | 学术成果 0.2 | 校园环境 0.3 | 标示系统 0.2 | 文化设施 0.2 | 文化素质 0.2 | 文化传播 0.3 | 文化交流 0.2 | 文化品牌 0.4 | 留学生 0.1 | | |
| 北京大学 | 6 | 3 | 3 | 3 | 6 | 4.3 | 4.3 | 4.5 | 2.7 | 4.5 | 4.5 | 4.5 | 3 | 4.5 | 3 | 4.5 | 2.7 | 6 | 1.4 | 24 | 99.4 |
| 中国人民大学 | 6 | 2.9 | 3 | 2.8 | 5.7 | 4.1 | 4.1 | 4.2 | 2.5 | 4.3 | 4.2 | 4.5 | 2.7 | 2.5 | 2.7 | 4.3 | 2.5 | 5.7 | 1.2 | 22 | 92.1 |
| 大连理工大学 | 6 | 2.7 | 3 | 2.8 | 5.5 | 4 | 4 | 4.1 | 2.3 | 4.3 | 4.3 | 4.3 | 2.5 | 2.3 | 2.5 | 4.2 | 2.3 | 5.2 | 1.2 | 21 | 88.2 |
| 国防科学技术大学 | 6 | 2.7 | 2.8 | 2.5 | 5.3 | 4 | 4 | 4 | 2.2 | 4.3 | 4.1 | 4.1 | 2.5 | 2.1 | 2.5 | 4.2 | 2.1 | 5.2 | 1.1 | 20 | 85.7 |
| 中国传媒大学 | 5.8 | 2.6 | 2.8 | 2.5 | 5.3 | 4 | 3.9 | 4 | 2.2 | 4.2 | 4 | 4 | 2.4 | 2.1 | 2.3 | 4.3 | 2.2 | 5.1 | 1.1 | 20 | 84.8 |
| 合肥工业大学 | 5.6 | 2.4 | 2.7 | 2.6 | 5.2 | 3.8 | 3.7 | 3.8 | 2 | 4 | 3.7 | 3.8 | 2.3 | 1.9 | 2.1 | 4.1 | 2.1 | 4.8 | 0.9 | 18 | 79.5 |
| 东北财经大学 | 5.5 | 2.4 | 2.6 | 2.5 | 5.2 | 3.8 | 3.5 | 3.7 | 2 | 3.8 | 3.7 | 3.8 | 2.3 | 1.8 | 2.1 | 3.8 | 1.9 | 4.6 | 0.7 | 18 | 77.7 |
| 安徽师范大学 | 5.8 | 2.3 | 2.6 | 2.7 | 5.3 | 3.8 | 3.6 | 3.8 | 2.1 | 3.5 | 3.4 | 3.6 | 2.1 | 1.9 | 2.3 | 3.7 | 1.9 | 4.3 | 0.7 | 18 | 77.9 |
| 湖州师范学院 | 5 | 2.1 | 2.5 | 2.4 | 4.9 | 3.5 | 3.2 | 3.5 | 1.9 | 3 | 3 | 3.4 | 1.9 | 1.6 | 2.1 | 3.2 | 1.7 | 4.1 | 0.5 | 16 | 70.1 |
| 辽宁省交通高等专科学校 | 4.8 | 2 | 2.3 | 2.1 | 4.6 | 3.2 | 3 | 3.2 | 1.5 | 2.8 | 2.8 | 3.1 | 1.8 | 1.4 | 1.8 | 2.8 | 1.4 | 3.2 | 0.0 | 14 | 62.1 |
| 山东英才学院 | 5 | 2.1 | 2.3 | 2.1 | 4.6 | 3.2 | 3.2 | 3.2 | 1.4 | 2.7 | 2.8 | 3 | 1.8 | 1.4 | 1.8 | 2.7 | 1.4 | 2.8 | 0.3 | 14 | 61.4 |
| 黑龙江农业工程职业学院 | 4.5 | 1.8 | 2 | 1.8 | 4.3 | 2.9 | 2.9 | 2.8 | 1.2 | 2.3 | 2.5 | 2.7 | 1.6 | 1.2 | 1.6 | 2.4 | 1.2 | 2.1 | 0.0 | 12 | 53.8 |

模式。这种粗放式的发展模式在当下生命力虽强,但在将来会不可避免地陷入疲软与乏力的不利境地,单纯的物质符号缺失了"大精神"和"大先生"的凝聚性作用,在面对社会环境变化和服务对象的变化时,会因隐形文化韧性的缺失陷入一种教育风险的尴尬境地。尤其是一些区域性大学,大学校长的主要作为是在大兴土木上大做文章,从某种程度上变成了"大楼"校长,投入基础设施建设的时间和精力过多,则没有余暇营造大师生长的人文环境,尤其是在高校人才竞争愈演愈烈的今日,大师资源往往集中在国家重点大学和特色大学,地方性大学唯一可走的道路是把自身培养成为区域建设和发展做出贡献的大师,但大师的成长是一个和缓的、慢性的累积过程,这就需要地方性大学在这方面认真践行和突破。

同时,大部分大学文化软实力的缺失和地方性政府政策的硬指标引导也具有一定的关系。地方政府在大学建设发展的过程中,失却了文化软实力的建构导向和管理职能,为地方性大学更名、合并等改革提供了硬实力过度的政策性导向、制度性保障和财政上的硬指标补贴,而较少地在师资队伍的阶梯形建设、教学质量的稳定性提升、学科建设的健康性发展等软实力的建设上给予应有的帮扶,这注定会助长地方性大学的无序发展之风,从而使我国某些大学的硬实力发展成为地方政府的政绩和形象工程,这也可能会使我国部分地方性大学出现外表无限光鲜、高大全,内在却是空无的尴尬场面。

2. 大学转型和新校兴建过程中的文化断裂

我国大部分区域性大学和民办大学都需经历两次转型,第一次大学转型是2000年左右高职高专院校升格为全日制本科院校,后又经历大学更名、大学扩招、新校区建设,不同程度地影响了大学应有的文化生态,主要体现为办学水平和申办层次的不匹配、新老校区之间的文化失衡、办学特色丢失等文化断裂的现象。在2010年5月,国务院常务会议审议并通过了《国家中长期教育改革和发展规划纲要(2010—2020年)》,提出区域性大学应朝应用型大学的方向进行转型,至此拉开了第二次转型的大幕。由此,短时期内两次急剧的转型使高校的文化生态面临着重大的考验,尤其是区域性大学在发展过程形成的依赖地方政府的惯性和中央政府倡导的急剧转弯之间发生了尖锐的冲突,这就致使大学自身的文脉出现了些许文化断裂的情形,由于第一次的文化断裂尚未解决,如不弥补则会在第二次的转型过程中产生表现形式更为猛烈、内在纵深更为矛盾的文化撕裂,致使大学文化迷失,文化软实力也会大打折扣,所以对第二次大学转型,我们暂且不谈,仅就第一次大学转型过程中的文化问题谈点意见。

首先是办学水平和申办层次的不匹配导致的精神文化、制度文化和行为文化断裂。专科升本科、学院改大学,区域性大学在极短的时间内貌似完成了一次质的飞跃,虽然办学的层次得以很大提升,但是相应办学理念、制度设计、师资情况却没有随之提升,高职高专的传统运行模式在升格为本科大学后仍在运行,行政化主导的色彩依然非常严重,学术权力很难得到应有的保障,相应的制度设计也缺乏应有的活力、缺乏与时俱进的创新。师资资源不匹配情况严重,许多专科升本科的大学教师仍是以先前的老师为主力军,这些高校老师通过在职研究生教育"镀金"之后摇身一变,成为本科生指导教师或硕士生指导教师,但是教学方法依然陈旧,学术的创新性和科学的前沿性问题很难把握,这就导致了本科教育的质量欠缺。

其次是新老校区文化的断裂。有些区域性高校作为当地的"独苗",在漫长的发展过程中积淀出具有浓郁地方特色的高等教育文化,培育出有机运转的文化生态系统,大学也彰显出和城市软实力相对应的地方大学软实力。但是随着兴建新校区的热潮,随着高校部分搬迁,致使老校区的文化功能有所偏废,而新校区则缺少文化的沉淀,新老校区内部的文化传输工作极不到位。更为严重的是区域性大学的整体搬迁,老校区被商业集团拆除、开发、利用,致使区域性大学文化载体断根的情形时有发生。这不得不引起我们的注意,老校区作为大学历史传承物的物质载体,具有重要的文化社会学意蕴,拆迁老校区会致使新校区在某种程度上陷入无根的飘零状态,在此意义上讲,极大地削弱了地方性大学的历史文化软实力。这种情形不仅在区域性大学存在,在国家重点大学也时有发生。

最后是办学特色的迷失,导致大学文化软实力的建设失去有力的支点。有些区域性大学在由专科学院升格为本科大学之后,开始在新的起点上找寻新的发展路径,过度地学习国家重点大学或特色性大学的办学模式,至此就摒弃了以往的办学传统和特色,再也不注重和地方性经济环境、文化环境的有机联系,而在盲目的跟风中追求所有学科的完整性,努力发展区域性综合性大学,这就不可避免地导致地方高校发展千篇一律,导致当下与特色文化传统的中断,使当下的文化软实力建设失去了历史智慧的支点,陷入了一种无所适从的状态。专业的设置可以学习,学科的发展模式可以学习,但需在了解自身特色的基础之上学习,过度的学习和借鉴会使文化软实力的建设"漂浮无根"。

3. 大学教育创新偏向工具理性

在我国大学实践发展的过程中,高等教育创新一直是一个核心的议题,但是在当下的高等教育体系创新的过程中,出现了一种滑向工具理性深渊的趋势,即在教育创新的中心环节,追求一种大学教育的"有用性",从而追求创新效果的最大功效,致使我国大学的师生陷入一种教育功利化的状态之中。这就不可避免地偏离了高等教育价值理性的本质,即遗忘了大学教育的最终目标是实现人的全面发展、实现人格结构的完善。这就使我们教育创新的目的转向一种功利性的陷阱,从而使我们的大学精神遭受到蚕食,影响大学文化软实力的健康运行。从大学教师的视角来看，施教的目的是为了追求高就业率；从学生的视角看来，受高等教育的目的是为了寻求更好的回报，即找到好工作、挣更多的钱、考公务员等等，由此，大学教育变成了一种培养社会"有用性"的工具，而学生则把大学视为提升个人价值的培训工具，学生变成了"精致的功利主义者"。

同时，在大学教育的实践创新中也掀起一股高等教育市场化的运动，为了追求教育创新效果的最大功效，一些低就业率、低"有用性"的专业被砍掉，诸多大学甚至是综合性大学都表征出一种重理工、轻人文，重知识教育、轻素质教育的改革趋势。诸多高校都以社会实用性和社会需求量作为教育创新的核心环节，在专业设置和课程的设置上无限弱化了高等教育的全面性，就教师而言，是在教书的环节中丢掉了育人；就学生而言，是在成才的环节中丢掉了志趣。教育实践创新在绩效评价的环节也凸显出工具理性的趋向，比如我国的研究型大学，在绩效考核环节格外凸显出科学研究和学术研究的重要性，而轻视了教学环节的绩效考核。这使绩效考核陷入单向度化的境地，即当下的绩效创新主要凸显出的考核的鉴定功能，却忽视了其激励与发展功能。尤其是人文社会科学的发展具有其自身的规律，这种强调量化的考核指标使高校中的教师陷入一种普遍的焦虑状态，这无疑会大大削弱大学文化软实力的健康生成。

所以，我们要认识到大学教育创新单向度化强调工具理性的做法是断不可取的，我们还要认识到价值理性的重要性作用，认识到二者之间是相辅相成的，工具理性只是价值理性的实践支撑，而价值理性则是工具理性的精神动力。在大学教育中，我们要依赖工具理性实现师生的本质性力量，同时更要在精神的最高层体现人生价值。尤其就大学文化软实力发展而言，将工具理性和价值理性创造性地结合在一起，才是教育创新的核心环节，以此从根本上更正纯粹功利主义的趋势，建构起一种全面发展的教育价值观。比如，重视人文学科在文化软实力建构中的作用，在教学环节中既要传播知识也要重视育人的作用，在绩效考核中，能够做到多维度、多元化的评价。

4. 教育实践中存在的"淡化意识形态"现象

我国大学最为基本的发展定位是建设中国特色的高等教育，我国大学的主要职能是为人民服务，为中国共产党治国理政服务，为巩固和发展中国特色社会主义制度服务，为改革开放和社会主义现代化建设服务。我国高等教育的使命就是培养德智体美全面发展的社会主义事业建设者和接班人。就此而言，我国大学先天具有一种意识形态的属性。但是，在教学实践环节中，有些高校教师对此采取了淡化、漠视或者回避的态度，有些教师针对我国大学曾经存在教育政治化现象，对此大加批判，过度地强调高等教育的"非意识形态化"，甚至有的教师或在公开场合，或运用新媒体技术，大肆批评社会主义的意识形态，认为他们应该退出大学,让大学成为一个教育自由的圣地、学术研究的自由场所。还有一些教师采取一种迂回的策略,不直接批判学校的意识形态属性,而是伪装成一种中立者的角色,以自由主义的视角大力倡导要反思我国现有的教育体制,提出"回归教育的本身",日复一日地微观地否定高等教育的意识形态属性,试图将中国的意识形态赶出课堂,却悄无声息地"迎来"西方发达资本主义国家的意识形态。这种观点的表达形式更为巧妙,对广大学生而言更有迷惑性。比如,在我国大学的课堂上,曾出现过一种历史虚无主义的趋势,嘲弄英雄人物、戏说革命故事,将一部血与火、意志与决心、牺牲与奉献的中国革命史勾勒成一场场由"段子"合成的滑稽曲目。这无疑会引起广大学生的思想秩序混乱,使大学文化安全面临着巨大的风险。我们认为,这种行为是极为不当的,影响也是极其恶劣的,这是从根本上颠覆一所大学的核心精神和价值观,这无疑会弱化大学精神的凝聚力,从源头上遏制一所大学文化软实力的健康生成。对此,我们必须高度警惕。

思想政治教育作为一种隐形的软力量,是大学文化软实力中重要组成部分。同时,在经济全球化、文化多样化、信息网络化的时代背景下,我国大学的思想政治教育工作面临着很大的挑战,但也迎来很好的发展机遇。仅以网络思想课堂为例,网络是意识形态宣传的重要阵地,高校可以利用网络教育来巧妙地推行、展开思想政治工作,通过建构一种巧妙的、创造性的、微观的表述机制使学生在无形的影响中产生深远的心理认同。

**(二) 中国大学文化软实力的提升策略**

1. 建构大学文化"五力互动"的生态观

针对大学文化软实力表现出的大学、大楼、大师的文化定位误区、大学转型和新校兴建过程中的文化断裂、大学教育创新偏向工具理性、教育实践中的"淡化意识形态"现象等问题,我们建构起一种大学文化"五力并举、五力互动"的大策略,试图从整体的视角把握大学物质文化、大学行为文化、大学制度文化、大学精神文化相互作用而成的文化生态体。我国在提升大学文化软实力的过程中,之所以出现这样那样的问题,究其原因,就是缺乏这种大学文化总体观。

所谓大学文化软实力的"五力并举、五力互动",主要是指大学精神的凝聚力、大学制度的整合力、大学行为的创新力、大学形象的吸引力、大学整体的辐射力五种力量共同发力,形成一种彼此滋养、循环不息的生态体系,当其中的一个环节出现问题的时候,其他的几种力可以通过内部调节的方式进行一个自我修复机制,这就是一种总体的"五力互动"的文化生态观。大致说来,大学精神的凝聚力是内核性要素,即在其他四种力中都充分地体现大学精神,使之紧紧凝聚在大学精神的周围,以此受大学精神的观照,同时大学精神是文化软实力的核心动力,其他几种力都是大学精神凝聚力生发到一定层次的时候,渐次外化的结果。大学制度的整合力是作为一种"桥梁"机制,即它需要将大学精神外化为制度的方式,源源不断地将之传递到大学行为之中;而大学行为在创新实践的过程中生成的新的实践智慧,也可以通过制度创新的方式将之传达到大学精神层面,以此来滋养大学精神的与时俱进,所以,大学制度也是一种文化生命的有力表现。大学行为的创新力是大学文化软实力生命体的倍增机制,在"五力互动"中的生态体中处于中间地带,它既是大学精神的充分外化,也是大学制度的实践主体;同时还直接作用于大学形象的生成,是大学辐射力外放的行为动力,所以大学行为的创新力属于大学文化软实力在现实实践上的落脚点。大学形象的吸引力承载着大学精神的凝聚力、大学制度的整合力、大学行为的创新力,属于以上三种力量的物质载体,同时以上三种力量赋予大学物质以灵动的色彩,能够吸引在校师生、社会人士关注的目光,也只有当大学形象的吸引力生发到一定层次的时候,大学的品牌效应自会涌现,这就是第五种力——大学整体的辐射力。根据"双峰对称"理论,其他四种力和大学整体的辐射力呈现出一种内化的对称结构,也只有四种内部的力量有机协调起来的时候,大学整体的辐射力才会发生,其他四种力量互动得越好、良性循环运转得越快,大学整体的辐射力就越强。由此可见,解决大学文化软实力提升过程中遇到的种种问题,最为根本的办法是需要我们建构这种流转不息、循环不止、"活的"文化生态观,而绝不能把大学文化软实力的各个构成要素视为一种绝对静止的僵硬模型。

下面以大连理工大学为例,重点谈谈提升大学文化软实力的具体措施。[①]

(1) 大力弘扬精神文化

加强红色基因主题教育。设计载体,充分挖掘展示大工的红色基因及时代内涵,弘扬伟大的长征精神,不忘初心,走好新时期的长征路,发挥红色基因在学校"双一流"建设中的重要作用。

强化发展战略。深入贯彻学校建设一流大学的发展目标,立足高校"人才培养、科学研究、社会服务、文化传承与创新"四大功能,以学校发展定位与目标为牵引,把握高等教育发展形势,抢抓学校发展机遇,不断提升教育质量,促进学校又好又快发展。

提升办学理念。加大教育教学工作改革,将社会主义核心价值观教育融入育人全过程,全面提升师生科学素养、人文素养和创新精神,全力培养精英人才。

弘扬大工精神。大力弘扬大工精神,不断丰富大工精神展现手段与宣传方式,做到全校师生人人知晓大工精神、人人自觉践行大工精神,切实提升大工精神的引领与辐射作用。

---

[①] 以下参见《大连理工大学世界一流大学建设方案》,在此表示感谢。

传承大工历史。坚持发扬优良校风和学风并赋予新的时代内涵。保护并深入挖掘学校历史文化资源。加强校史校情教育,发挥校史育人作用。

熔铸大工校训。凝练体现本校特色、历史感深厚、时代感鲜明、全校师生高度认同的校训。积极探索校训内容的物化形式,强化校训潜移默化的精神激励作用,发挥校训的感召力与影响力。

繁荣哲学社会科学。从学科建设、研究队伍建设、基地建设等方面着手,全面提升本校哲学社会科学研究水平。加强哲学社会科学基础研究,加强哲学社会科学优秀成果在校内外的推广普及,注重哲学社会科学的文化哺育功能发挥和文化生态营造,推动本校哲学社会科学优秀成果和优秀人才走向世界。

(2) 深入推进物质文化

加强文化景观建设。编制《大连理工大学校园文化环境与艺术景观修建规划》,加强文化景观建设与改造。加强学校整体规划改造,发挥校内师生及广大校友的智慧、力量,积极建设与校园环境相融合、彰显大学精神与办学理念的文化景观,建设人物雕像,着力打造高层次、高品位、精细化的文化校区。

完善文化设施建设。推进公共文化活动场馆的建设,加强文化场馆的管理,加快体育文化设施及网络基础设施建设,建设校史博物馆,提升学校文化内涵。

强化传播体系建设。加强校内媒体建设,使其成为展示学校风貌、加强对外交流、开展宣传教育、活跃文化生活的重要载体。充分发挥新媒体在大学文化建设中的重要作用。

注重品牌形象建设。完善《大连理工大学视觉形象识别系统管理办法》,规范使用文化标识,加强学校文化产品的开发、使用、推广及管理。做好学校楼宇及道路修缮、命名工作,注重彰显学校精神文化内涵。

大力发展文化产业。充分发挥出版社的文化与科学传媒职能,展示学校学术成果、大学文化建设以及校史研究成果,传播、彰显学校品牌。依托产业优势成立文化传播机构,全面推进学校文化形象产品的开发与推广,不断提升学校文化产业的品牌和实力。

(3) 不断完善制度文化

完善现代大学管理制度。按照《大连理工大学章程》实行学校事务管理,完善各方面规章制度,建立完备的运行规则体系,推进依法办学和依法治校。

完善民主管理机制。坚持和完善教职工代表大会制度,坚持校务公开制度,充分发挥学术委员会的作用,发挥民主党派和无党派人士的积极作用。保障教职员工对学校管理的知情权、参与权和监督权。建立并完善学生参与学校民主管理的制度。

健全学校典仪制度。健全学校各类活动仪式规范,设计并规范重要典仪、大型活动的标准流程,使学校形象个性突出、富于内涵,统一协调、品位高雅,延伸育人功能。

确保制度高效、有力执行。加强宣传,营造氛围,进一步提高学校成员对学校制度文化的认同感和理解力。

(4) 全面提升行为文化

营造浓郁学术氛围。完善学术报告制度,扩大学术交流的层次与范围。加强科技创新团队建设,提高科技文化活动水平。加大创新教育力度,促进学生科技创新能力提高。加强学风建设,不断增强全校师生学术道德和学风修养的自律意识。强化知识产权保护意识。构建求真守信、兼容并包、鼓励创新、和谐健康的学术生态。

加强师德师风建设。在教师群体中弘扬正视名利、甘为人梯、爱岗敬业、无私奉献的职业精神,健全教师行为规范、职业道德规范及考核评价办法。在管理服务人员中倡导爱岗敬业、恪尽职守、勤政廉洁、务实深入的工作作风,强化管理育人、服务育人意识,形成健康向上、和谐团结的工作氛围。

丰富文化育人内涵。坚持以社会主义核心价值观为宗旨,学生工作部门深入开展大学生思想道德教育,引领学生培养努力奋斗、诚实守信、热爱集体、敢于担当的优秀品质。进一步巩固加强我校国家大学生文化素质教育,不断完善课堂教学、校园文化与社会实践"三位一体"的文化素质教育体系。落实"实施精英教育,培养精英人才"的教育理念。

提升大学文化品位。以文化品牌活动为依托,广泛开展形式多样、内容健康、格调高雅的校园文化活动。积极推动国际、校际文化交流,积极借鉴有利于我校大学文化建设的有益经验,不断提升大学文化的含量与品位。

培育文化活动品牌。坚持开展好现有品牌文化活动,打造一批反映学校核心价值观和师生价值追求的文化活动品牌,构建大学文化品牌体系,打造文化建设的新平台、新亮点。

除了上述五种最为主要的内部文化力,大学文化软实力还有其外在的表现形式,这些表现形式可操作性更强,可以极大地提升大学文化软实力。比如,加强校际之间的交流合作,提升大学竞争力;大力兴办科技文化产业和文化事业,提升大学的社会服务力;充分开发校友资源,提升大学的感召力。

2. 充分开发校友资源,提升大学的感召力

就充分开发校友资源、提升大学的感召力而言,校友在社会实践的过程中,就是母校的一张生动的"名片"和"品牌",大学优秀的校友的创业成功的案例不仅能提升母校在社会上的美誉度,对广大在校学生也有巨大的感召力。同时,校友与母校之间的物质文化交流,也能在某种程度上给学校与社会带来可观的收益,推

动着学校和社会良性互动、共同发展,以形成一种健康、绿色的"校友经济",比如全国闻名的"浙大校友圈",不仅在物质的层面支持浙大的发展,同时也是浙江大学文化软实力的有力展示。

3. 大力兴办科技文化产业和文化事业,提升大学的社会服务力

就大力兴办科技文化产业和文化事业,提升大学的社会服务力而言,各个有实力的高校可以兴办科技产业园,这不仅能为大学提供经济财力的支撑,而且也能为地方经济的发展做出贡献,并能以此来提升大学的社会服务力,提升大学文化软实力。同时,也可以通过大学与企业的合作的方式,来实现大学的社会服务力,将知识产业化、前沿科技实体化。此外,校企合作的方式,也能在实践的层面提升师生的参与程度,就教师而言,能丰富教学内容;就学生而言,能将知识实体化,从而提升教育质量,为以后毕业生走向工作岗位打下坚实的基础,而高质量的毕业生也能使学校获得良好的口碑,扩大学校的影响力和社会认同力。

4. 加强校际之间的交流合作、提升大学竞争力

就加强校际之间的交流合作、提升大学竞争力而言,我们可以在区域合作和国际合作两种模式下运行。加强高校之间的区域合作,能使我国优质的高等教育资源循环利用,避免因学科与专业重复设置,而发生资源浪费的现象,在某一固定区域内,通过高校合作的方式实行学分互换与课程认证制度,可以实现教育资源的共享。比如我们生活的大连,高校众多、性质各异,既有教育部直属的高校(大连理工大学),有国家交通运输部直属的高校(大连海事大学),有国家财政部和省政府共建的大学(东北财经大学),还有省政府直接管理的大学(辽宁师范大学、大连医科大学、大连外国语大学、大连海洋大学、大连工业大学、大连交通大学),也有市政府主管的大学(大连大学)。学校性质呈现出多元化的状态,有理工类、海事类、财经类、师范类、医科类、语言类、海洋类、交通类、综合类等,这些高校可以充分地利用网络资源,通过开展视频共享课的方式将师资最大化利用,还可以实现学科交叉、协同发展的良好愿景,能极大地提升办学效益,对城市的文化软实力、对各个高校文化竞争力的提升,都有促进作用。其次,还可以寻求大学国际上的合作,通过讲座教授、参加国际会议、学术合作、学术前沿共同探索等方式得以实现,能极大地提升大学的影响力,实施大学文化软实力"走出去"战略。

# 网络时代传媒教育与文化软实力发展报告

梅文慧 郭 颂 刘明明[*]

**摘要:**软实力概念提出者约瑟夫·奈(Joseph S. Nye)早在 1990 年就将传媒系统纳入了国家软实力范畴,传媒是国家文化软实力的传播载体与智库支撑,传媒文化软实力是国家文化软实力的核心要素。一个国家或民族若想提升国际形象和打造文化品牌,至为关键的一点,就是通过媒体及时有效地传达自己的文化信息。中国应该立足现有的文化资源基础,通过文化软实力构建中国话语,运用作为传媒软实力的信息服务体系,让中国文化软实力与其大国经济一并崛起。

传媒为国家文化软实力提供国际传播力与问题解释力。文化魅力借助媒体精彩塑造与展示,文化影响力借助媒体不断形成与提升。传媒发展离不开传媒教育,传媒教育是各国提升文化软实力的重要手段,文化软实力建设与传媒教育发展相辅相成,互为促进。

网络时代媒体概念已被颠覆,新媒体科技迭代运用,拉动传媒教育的创新发展,人人都是传播者,智能机器人也是传播者,全民传播力成为影响文化软实力的重要因素。本报告的"传媒教育"是一个广义的概念,但限于篇幅,主要探讨高校新闻传播教育,包括新媒体与网络舆情专业方向。

传媒作为国家发声平台,通过议程设置等传播功能,有效发声,引导舆论,应对各种突发危机,优化国家与各级组织的声誉管理,通过有效发声,做好机构、政府甚至国家的声誉管理。有效传播信息,通过议程设置而引导舆论,声誉管理亦属于文化软实力的范畴,与形象传播的联系密不可分。从全球化视域来看,重大事件节点传播是形象管理的最佳时机。

## 一、文化软实力发展背景下的传媒教育现状分析

在世界多极化与经济全球化的大背景之下,"文化软实力"之争已成为国际竞争的重要一环。文化软实力的培育已经引起越来越多的国际关注。

---

[*] 梅文慧,湖南大学新闻传播与影视艺术学院副院长、教授,大瀚舆情与全媒体应用机构创始人,首席专家。郭颂、刘明明,湖南大学新闻传播与影视艺术学院研究生。

邦富舆情监测系统显示,以"新媒体""教育""软实力"为关键词,对从 2016 年 3 月 1 日至 2017 年 2 月 28 日互联网上的相关舆论进行分析,共有 92 291 篇相关舆论。舆论来源分别为新闻、手机网站、纸媒、博客等。其中,媒体和网民的讨论,报道集中在新闻和手机网站,数据分别是 70 257 条和 8 062 条,分别占 76.1% 和 8.7%。如图 1。

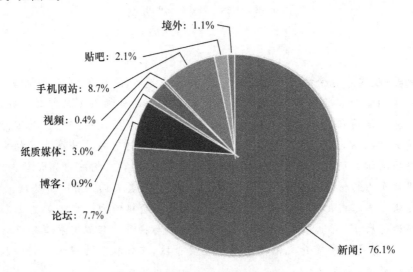

**图 1　传媒教育软实力舆情传播载体**

数据来源:邦富舆情监测系统。

在所有的舆论中,正面舆论居多,为 74.7%。如图 2。

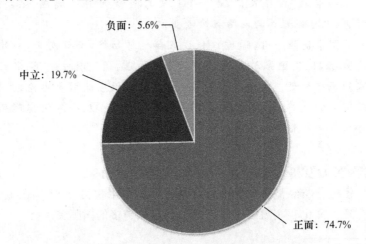

**图 2　传媒教育软实力舆论性质**

数据来源:邦富舆情监测系统。

中国境内,对传媒教育软实力话题讨论较多的地区以发达地区为主,北京、浙江、广东三地居前列。如图3。经济发展水平是文化软实力发展的必要前提。

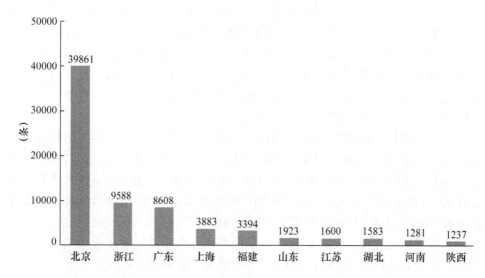

图3 相关舆情地域分布

数据来源:邦富舆情监测系统。

网络时代,主导性媒介已经历史性地从报纸、电视转向深度融合的智媒时代,传媒人、传媒学子相应失去了作为专业传播人才的某些优势,放眼国际传播学发展现状,从施拉姆时期到20世纪80年代"第三人效果"的提出,传播学科理论成果的世界影响力不足,这也影响了传媒教育的创新发展。种种变化深刻影响传媒教育发展,在此背景下,如何回应现实需求,关注大数据变革,推动实践教育全球化,使传媒教育的提升成为促进国家软实力发展的重要力量,是国际社会的重要课题。

**(一)传媒教育发展进程的阶段性回顾**

中国传媒教育早在20世纪初就已经产生,是中国政治、经济、文化发展到一定阶段的产物,又是传媒事业、教育体系、传媒学等发展到一定阶段的必然要求。中国传媒教育开端可追溯至1918年10月北京大学新闻学研究会的成立,这是中国传媒教育的发端。总的来说,中国近代传媒教育萌芽后,困顿与发展并存,现已成为朝阳产业。以传媒为代表的文化产业成为朝阳产业,象征着国家综合实力增强,相较于军事、经济等硬实力,软实力的作用更加被提上重要日程。

中国传媒教育的初期探索阶段,在磕绊与荆棘中踟蹰前行。民国时期,风雨飘摇的中国社会,激发了知识分子救国救民的情怀,一批传媒先驱顺应时代而生。民国时期的传媒事业,对于社会的推动有二:一是揭露黑暗社会现实,二是传播外国通讯社的信息促使国人开眼看世界。中国的传媒教育正是在这样的环境中探索起步的。如民国著名报人邵飘萍,创立《京报》,是中国传播马列主义、介绍俄国十月革命的先驱者之一,是中国传媒理论的开拓者,成为推动中国近代社会发展进程的重要力量。1918年,时任北京大学校长蔡元培创立北京大学新闻学研究会,徐宝璜和邵飘萍为导师。徐宝璜被誉为"传媒教育界第一位大师",是最先在国内开设传媒学课程的大学教授,主张报纸应具有独立的社会地位,应代表国民提出建议和要求,是第一个将西方的传媒学思想系统地介绍到中国的学者。所著《传媒学》(发表时曾名《传媒学大意》,后又改名《传媒学纲要》)一书,于1919年11月出版,是中国最早的传媒学专著,有着很大的启蒙意义。至此,中国的传媒教育正式起步。这一时期,中国传媒界与国际传媒界的交往开始增多。多名西方传媒界知名人士来华讲学,1921年10月,中国传媒界代表6人参加檀香山世界报界第二次大会,这是中国学者第一次出席国际传媒界会议。这一时期,中西报纸的经验交流也开始增多。传媒事业的发展与传媒研究教育的发展是互伴互生、互相影响的。传媒研究教育的发展培养了一大批有理想有志气的进步青年领袖。在中国共产党的开国元勋中,不少人都有着参与传媒事业的相关经验。

我国高校建立新闻传播专业的历史最早应该追溯到20世纪20年代,发展至今,一直受到国家和社会的高度关注。我国新闻传播教育专业的开办,一直都由办学实力较强和历史底蕴丰厚的综合类大学所承担。新中国成立初期,我国相继开办了40多个新闻教育机构,教育基地设施简陋,规模较小。20世纪70年代,教育部召开了第一次新闻工作座谈会,提出制定符合新时期社会发展现状的教育发展计划,新闻传播教育进入了飞速发展的阶段。1983年后,新闻教育机构从原来的40多家激增至100多家,培养出新闻传媒人才6 000余人,新闻传播教育由此呈现全面发展态势。到2000年年底,经教育部批准开设有新闻类本科专业的普通高等院校已达57所,有新闻学学士学位点的56家,广播电视新闻学学士学位点31家、广告学学士学位点67家、编辑出版学学士学位点的16家,硕士点27个,博士点5个,博士后流动站1个。进入21世纪,各大高校纷纷开展新闻传播教育,旨在研发先进的新闻传播技术,培养综合新闻传播人才。截止到2010年,据相关数据统计,我国新闻教育机构已有1 356个,涉及的专业也逐渐增多。2011年年底,我国新闻传播教育的学科点总数已达到了982家。

随着社会和技术的发展,新闻传播的外延和内涵不断扩展,形成广义上的传媒教育。在20世纪90年代之前,报学特征明显的新闻教育,学科比较单一,内容比较固定,管理比较集中,新闻教育点的数量比较少,大家的认识趋于相同。90年代后新闻传播教育出现了新变化,人们对新闻传播教育的认识和态度也发生了变化。

## (二) 传媒教育的主要问题

当代传播学科从结构体系到教研教改面临多重困扰,传媒教育理念滞后,课程设置范围狭窄,新兴学科专业师资缺乏,院系管理松散,对学生实习过程的监督和实践效果鉴定容易流于形式,直接影响了专业实践的效果。评价体系不利于培养师生的创新思维能力,最终制约了教育质量的提升,对社会输送的毕业生,难以达到网络时代发展与全媒体行业要求,国际传播竞争力不强,主要存在以下问题。

### 1. 评价体系不合理,专业设置不全面

新时期国家对话语权以及软实力不断提出新要求,作为传媒软实力、国家话语权的信息服务体系,传媒教育扮演着重要的角色。与此同时,作为支撑传媒发展的基石,传媒教育在教学理念、逻辑、框架、手段,尤其评价体系方面亟待跟进。现阶段传媒理论与实务的教学体系,与新时期网络时代的发展趋势不尽一致,教育部在教改举措上做了不少探索,但实施过程低效与执行不力。

因为各种条件制约,尤其传媒科研成果、职称评聘上,激励机制的不合理,在陈旧的理念与评价机制下,不重视网络形态的科研成果及媒体影响力,没有制定契合时代现实需求的专业能力评价标准。人才培养与市场需求脱轨,真正与时俱进的教师往往难以获得及时认可,培养的学生难以胜任媒体融合传播专业要求与相关社会服务。同时,亟须重视创新实践培养机制,完善科学化、系统化的新型教学培养方案。

多学科交叉渗透是一种发展趋势,新闻与传播更是一门理论性与实践性并重的跨学科式、渗透式的社会科学。软实力发展需要综合型人才,媒体大融合需要一专多能的全媒体人才,而很多高校没有实质性地打通传媒传播学科与各学科之间的壁垒,教学体系不能契合当下的媒介融合趋势,课程设置陈旧、片面,培养系统缺乏广泛性,导致学生专业知识和技能过于狭窄,相关学科知识及新闻规则较为缺失。

现代记者往往是"全媒体编辑"、网站写手,在视频剪辑、数据分析、图片处理能力和审美趣味等方面都有一定的要求,要为不同媒体形态提供不同风格的内容,协同完成采集、编写和后期处理以及发布等流程。相对业界要求,高校专业方向设置简单,学生被不合理地限制在各自的狭窄领域。新闻传播学缺少数据分析、视频生产实训,学生在新闻摄影、广告审美、平面设计等方面技能较低;播音主持专业的学生则更加流于表面,缺少文化内涵与媒体素养;新媒体专业跟不上新媒体业界实务,专业技能水平偏低,新媒体营销缺失。传媒教育体系的缺失,造成学生对于新闻素养与传播者角色把握不到位,又缺少专业媒体人的"匠人"素质。

另外,不同高校在课程设置上没有明显的差别,部分高校没有将自己的其他优势学科与传媒传播学科有机结合,未能形成自己的独特优势,培养的传播人才

不具备差别竞争力。目前传媒教育开设的基础性课程门类众多,专业选修课及关联课程针对性与专业契合度不强,与传媒传播门类关联不大,存在宽泛而不精到的现象。

2. 师资结构不均衡,授课方式不鲜活

教师授课跟进最新最前沿的学术动态不够,缺少鲜活的第一手资料,教学形式和内容并不足以引起学生兴趣,授课内容流于表面,过于形式化,大多照本宣科,一味地对学生进行传媒传播基础理论的教育,分享不了以"第一人称"表述的实践体会。教师往往不能示范操作技术模拟,剖析国内外关键事件不透彻,较少带领学生进行体验式教学与实战演练,解读传媒产品不够深入,需要强化以互联网思维改变单向传播的传播者思维,以互动设计提升学生参与度。

另外,近年来,国际传播学界缺乏带动性学术成果,多数成果只是在原有基础上作解读性阐释,这也导致媒体课堂的新鲜度、深刻度与认可度降低,学生很难将书本和老师教授的内容运用自如。

近年来,大多数传媒传播院系适应大局势,开设了"新媒体"专业,但其教学研究仅仅集中在宽泛的介质形态,对一些前沿发展与关键问题难以把握,没有提起学生深入学习的兴趣。因为新媒体师资力量缺失,新媒体课程只是生硬加入网络技术的知识,缺少互动、操作与体验式教学,学生难以掌握系统的互联网思维与人工智能、大数据应用方面的技术,走上工作岗位后,很难适应瞬息万变的新媒体环境。

随着媒介融合趋势的不断加强,传媒传播学科对师资队伍的专业结构及能力要求不断提升,师资力量的强弱是衡量传媒传播院校合格与否的重要标准。合理的师资结构,将发挥教师团队各自的优势,有效提升学生的专业素养与现代技能。近年来,随着社会发展对新型传媒人才的需求增多,我国的传媒传播院系纷纷设立,从该学科走出来的毕业生越来越多,但因院系师资力量有限,传媒传播学科毕业生逐渐呈现出量大于质的超常规发展现状。新媒体时代的师资队伍,既要求理论知识与实践经验的完美结合,又需要多学科的合理交叉应用。智媒时代强调利用计算机发掘信息的内在价值,而非简单地在报道中使用计算机,要求教师具备基本传媒技术应用能力,而目前"学科型+技术型"的教师缺失,在教学源头阻碍学生的全面发展。

依据传媒传播学科当前的师资状况,拥有博士学历的教师占全部教师中的比例越来越高,但在媒介融合背景下,师资队伍的整体问题仍然显著:其一,大多数教师以专注于学术理论研究为主,却缺乏相应的业务能力和实践经验;其二,大多数教师致力于一门细分学科的研究,对其他相关的交叉学科知识知之甚少。这直接对学生的学习和所接受的知识面造成了影响,致使学生实践能力不强,知识技能水平极不平衡，交叉学科研究能力弱，与传播的现实要求相差甚远，无法适应媒介融合时代的发展。

3. 管理模式不先进，理论实际不接轨

教育管理有如改革最后滞留的堡垒，顶层设计存在不符合传媒发展规律、不解决传媒教育当前问题的漏洞。开门办学流于形式或走样，一些院系守着"一亩三分地"窝里耗，没有形成有效治理、高效运转的管理模式，团队执行力较差。不少教师坐井观天、自我散漫。院系领导存在观念落后、管理经验不足的现象，尤其改革魄力与责任担当不够，缺乏国际视野、分享境界与团队凝聚力。

复旦大学等一些著名高校引进媒体业界领导当院长甚至校领导，这批拥有丰富的团队经营和管理经验的资深媒体人更富有大局观念、开阔视野、媒体情怀、人格魅力、责任担当与服务意识，他们以其丰富的资源与广泛的影响力，推进传媒教育的创新发展。媒体人成功转型担任院系领导，也缘于媒体业界强调媒体的产业属性，除了完成报道任务，还得完成系列经济指标，领导有较强的媒体经营意识及生存危机。作为传媒教育导向的领头人，院长也应该具备这种"企业家精神"，不妨将自己培养的学生和输出的文化产品视为产品，这个特殊产品可以包括毕业生、科研成果、传媒作品等，而且应该以用户的角度检视，这些产品不仅要质量优良，胜任国家话语担当，而且要有广泛市场及巨大的发展空间。如果院长多一些企业家意识，多一些"经营"理念，将生存法则引进管理，或许就能让传媒理论更贴近实际，为传媒教育的改革发展探出一条新路。

传统的传媒教育，在实践、操作性方面存在较大欠缺，理论教育与业界的脱节现象较为严重，目前尚未形成科学完善的学生实践能力与社会服务能力培养体系。学校对社会服务重视程度不一，认定的理论成果不乏纸上谈兵、脱离实际。校媒共建流于形式，传媒专业技能培训和实践基地较少，没有形成完整的理论与实务相结合的教学链，专业实践环节缺乏完整的课程进行设计，项目式教学与体验式实操运用不够，难以充分熟悉传媒生产与运作的专业流程与主要环节。

部分学生自身的惰性使然，沉溺学校"象牙塔"而不愿与社会接轨，导致新闻学子社会实践参与度不足，在学生实践方面，传媒传播院系应更加注重发挥学生的主动性和创造性，让他们更加自觉地进行社会调研，以实战经验丰富传媒理论，并适应相应的职业要求。

4. 国际视野不开阔，对外传播不给力

在全球化大趋势下，我国的传媒发展虽正在努力向国际水平靠拢，但仍存在着国际视野不够开阔的欠缺，传媒传播从理念到实践都存在一定的滞后，当前国际传播人才培养有拼盘化和简单化倾向，传媒教育体系未能紧跟时代潮流。主要表现在，对于世界性的政治事件报道和从传媒角度分析明显不够全面，无法为全球受众传递和展现一个有公信力的传播者形象。这造成的直接后果就是,在世界话语权和传媒软实力上,我们还不能与其他传媒大国匹敌。这折射了我国传媒教育对学生国际化视野和国际化传媒生产能力培养的严重不足。

美国传播教育注重实践,为学生提供国际化、专业化的平台,其在实践中自然养成了全球视角的思考习惯,这是我国目前传媒教育中缺失的,尤其在双语教学及对外传播实践培训上有待大幅度跟进。

国内不少传媒传播院系定期派出学生与教师赴国外留学交流,但这种合作交流形式在全局范围内是远远不够的。中国的传媒机构起步较晚,相比发达国家而言处于相对落后的阶段,所以并不算先进。而我国的传媒传播学科在某些方面仍存在自我优越感浓厚、故步自封的倾向。即使有国际交流,也往往流于形式,交流方式单一滞后。部分高校的师生安于稳定环境,缺乏上进意识,损失了很多向其他国家学习先进的传媒生产与传播经验的机会。在这样的体制下培养出来的对外传播人才,既不能满足时代需要,也缺乏国际视野。

### (三) 国外几种传媒教育模式

中国新闻传播的基础教育比较扎实,但在实践教学等方面可以借鉴国外相关做法。放眼国际,国外传媒教育模式有所不同,各自带有本国的地域特色。

英国秉承"统合主义"理念。[①] 高校新闻传播院系主张新闻传播教育与人文、艺术、社会学等传统强势学科院系统合而设,以促进学科交叉,便于吸收传统优势学科深厚的知识底蕴,学位设置多样且层次分明,不论专业设置均强调跨学科交叉,注重拓宽学生的知识面,凸显英国高校"博雅教育"的传统。如今英国新闻传播教育依旧以影视课为核心,传承历史文化。同时,随着媒体技术的改革,英国新闻传播教育在传统教育中加大数字媒体内容,培养数字媒体领域的新兴人才,为英国传统媒体转型提供强大智力支撑,适应媒体融合发展的潮流。

德国的"记者学校"较有特色。在德国高校中,大约每四所高校就有一所可以找到传媒相关专业。但能为媒体青睐直接输入人才的机构,大都并不是一般大学的新闻传播学院,而是另外一种"记者学校"(也有称为"新闻学校"或"新闻工作者学校")。德国的"记者学校"把"师傅带徒弟"从媒体内移植到了社会上,使记者学校成了专门的教育机构。

日本提倡业界"师傅带徒弟"的传统方式。日本高校的新闻传播教育,最初主要以培养记者为目标,重在实务能力的培养,现在一般强调理论与实践并重。日本新闻与传播教育机制至今仍保持一个突出的特点:主要靠传媒自身(而非学校),即传媒仍采取"师傅带徒弟"的"传帮带"方式,对年轻职员进行系统的、以实

---

[①] 张迪:《媒体变革背景下的海外新闻传播教育现状与发展趋势》,《国际新闻界》2014 年第 4 期。

务为主的职业训练。

美国重视新闻实践能力的培养。以威斯康星大学与哥伦比亚大学的传媒教育为例,威斯康星大学新闻传播学教育开始于1905年,由威拉德·G.布莱耶(Willard Grosvenor Bleyer)创立。布莱耶曾被誉为威廉姆斯之外的另一位新闻学之父。他主张新闻教育要"坚持技能教育与学术研究并举"。在四年制新闻本科课程体系中,规定新闻学的课程只占四分之一,其余的四分之三应当是经济学、政治学、法学、历史和语言文学等其他人文社会科学的内容。他的这一主张后来对美国新闻教育也产生了重要的影响。哥伦比亚大学新闻传播研究生教育设有报纸、广播电视、杂志、新媒体4个专业方向,招收有新闻实际工作经验的人员,不招收旨在专门学习研究新闻理论的研究生,注重实践能力。美国部分电影学院规定,学生的剧本或摄制作品如果有人投资并取得一定的绩效,可以毕业。硕士学位论文也不要求写理论性文章,可以是专业作品。

## 二、全球化视角下传媒教育与文化软实力的能动关系

互联网的发展将全球连结成一个整体,政治全球化、经济全球化、技术全球化凸显,三者间的能动效应使传媒教育与软实力的能动关系更加紧密,媒体影响力是决定国家文化传播力的关键因素,传媒教育面临全球化的新语境,传媒教育在国家文化软实力提升的过程中更显重要。政治全球化随着经济全球化呈现出愈来愈强的相关性,而由于国与国之间经济实力的差异,国家之间的软实力与话语权,也出现了严重的不均衡现象。发展中国家亟待通过提高媒介能力的方式,优化自身的话语权表达,使其观点在世界话语环境中占有一席之地。

在媒介融合的大背景下,媒介经济同样发展迅速,媒介资源已成为文化软实力发展的重要一环。据统计,发达国家以媒体为代表的文化产业总值占GDP的比重是我国的近十倍,这说明中国文化产业发展空间巨大,诸多丰富的属于软实力范畴的文化资源值得开发。

以网络科技为支持的"数据新闻"成为西方争夺舆论引导权的手段之一,中国也正利用移动媒体与相关创意领先的技术优势,使深度媒体融合取得了突破性实质进展,同时也在深刻地改变当代传媒传播体系。在技术全球化与信息需求量激增的双重背景下,文化软实力建设与传媒教育发展相辅相成,互为促进。

(一)文化软实力建设倒逼传媒教育改革

长期以来,西方凭借其在经济上的优势地位,抢夺国际话语权,推行西方文化价值,形成了"西强东弱"的舆论格局。新时期我国已将发展文化软实力提升到战略高度,在中国话语体系和提升传播能力等方面取得显著的成效。在实现中华民族伟大复兴的历史进程中,中国的文化影响力与文化自信越来越强。

面临国家文化软实力建设的新课题，传媒教育在抓住新机遇的同时，正在接受诸多"适应性挑战"。中国文化软实力发展的崭新态势，为传媒教育改革传递了明确的信号与改革方向，文化软实力建设给传媒实践带来了多种层面的改变，这些改变直接导致传媒教学的理念、逻辑、框架，包括手段的一系列变化。倒逼着传媒教育必须从制度、内容、手段等方面展开全面变革，抓住机遇，着力搭建具有国际影响力的融合传播平台，培养相应的高素质的创新型传播人才。高校应积极参与国家大力提倡的国际传播力建设，加强传媒教育、培养新时期复合型传媒人才，为提升我国教育软实力提供智库支撑与传播基础。

新技术与媒介融合的纵深发展，也要求传媒教学和实践以及研究要做出相应的解决方案，形成相应的行动逻辑，以互联网思维进行全面数据化、信息化教学，在教学、教改方面创新发展。应用新媒体技术引领传媒教育的发展，摸清未来媒体传播规律，改革传统传媒教育的弊端。

1. 科技文化软实力成为传媒教育新变量

科技文化是国家文化软实力的核心要素和重要支撑，科技文化软实力借助科技注入新活力，"文化＋科技"成为传媒教育研究的重要课题，融合科技创新形成的新型文化业态，使得传媒教育行业更加注重"文理结合"，让"文理结合"的教育方向更加明确，以适应时代发展需求。

当前，传媒科技教育对外文化传播的方式具体体现在三方面，一是利用数据技术定位品牌传播识别体系，二是进行深度挖掘和数据分析，三是以可视化方式呈现。因此，这也对传媒人才提出了数据挖掘、分析、可视化呈现等新的技术要求。

同时，传媒智能化的发展在一定程度上代替了传统媒体生产力，信息的爆炸性增长让受众被海量数据包围。科技引领的大数据思维对传统媒介生产及操控产生了很大影响，"新闻＋数据"成为传媒软实力的新型生产方式之一。信息的精准化、智能化筛选与推送，可以增强对外话语的创造力、感召力、公信力。

2. 培养传媒人才为传媒教育提供智库支撑

必须指出的是，当前我国传统的传媒教育体系中强化培养学生辩证思维不够，文化自信与自身价值迷失，媒体观容易偏移。此外，传统的课堂式传媒教育模式培养出来的只是单一型人才，无法适应和满足时代变化、发展对复合型传媒人才的需求。

如何更好地继承与创新传媒教育，打造具有国际竞争力的传媒教育体系，培养更多能讲好"中国故事"的新闻人才，让中国话语权与正确的价值观占据国际舆论场，从而扩大国际影响力，这是提升我国文化软实力需要传媒教育改革的重点之一。

## (二) 传媒教育影响因素的动态分析

### 1. 传播环境复杂化

网络时代对国家治理体系造成了相应的冲击,世界范围内的经济与政治争端日趋激烈,从而引发了媒介环境在总体平稳局势下的动荡,当今的媒介传播环境日趋复杂。同时,以网络技术与大数据为双翼驱动的现代传播语境,改变了原有的传媒生产话语方式,由文本化生产向数据化生产转变,由定性分析向定量分析转变,由冗长烦琐向简单明了转变。网络技术迅速发展,使媒体人与媒介技术之间的交互性大大增强。媒介融合趋势逐渐加强,各类信息可以短时间内在广阔多样的媒介平台上进行飞速高效的传播。在受众即时接收信息不再困难的同时,所接收信息的质量与观点倾向性,也容易导致传播环境无法弥补的骚动。

自媒体活跃的时代,传播和受众之间的壁垒逐渐被打通,受众能够进行及时的反馈,同时,也可以利用自身所在的媒体平台进行发声。万物皆媒,人机共生,媒介新业态应运而生,传播环境的治理已成为值得认真探讨的问题,传播生态直接影响传媒教育的意涵与走向。

### 2. 传播主体多元化

互联网的发展,改变了传媒业传播主体的成分,过去的单一化已转变为今天的多元化,主体传播的权威性也发生了游移与偏向。

这主要表现在两个方面:首先是新闻机构的构成多元化,传统媒体之外出现了自媒体等新的媒体平台。自媒体的阵地主要以微信、微博为主,相较传统媒体,准入门槛较低,且互联网上"把关效应"较传统媒体弱化,发表言论所受的框架限制较小。其次是新闻发布者的身份构成日趋多元化。原来的传媒业,只有职业记者能够发布新闻。传媒业发展到一定阶段后出现"Citizen Journalism"(产生于20世纪90年代的美国,译为"公民新闻",也称为"参与式新闻"),指普通民众参与新闻的生产、信息的传递并发挥积极作用。"参与式新闻"这种新的内容生产方式的出现,促使了后来UGC(用户生产内容)的发展,拓宽了新闻报道的呈现形式,信息传播主体向多元化的趋势发展,传统新闻业的权威性与垄断性也发生了变化。

### 3. 受众需求个性化

随着媒介形式的多样性发展,各式各样的信息在宽松的媒介环境中,肆意进行着"病毒"式扩张。受众由于精力有限,将会对层出不穷的信息进行选择性的理解和接纳。另外,不同类型的受众,其所倾向的媒介形式、阅读习惯、阅读时间、接受能力不同,这就导致了全体范围内受众需求的个性化。这样的信息需求方式,影响着传媒传播学科相关专业的发展趋向,极速传播时代,精准化推送与内容定制成为传媒热点,国家话语的传递和表达方式也要注重精准传播。

#### 4. 传媒技术智能化

在新媒介时代,传媒科学技术、互联网运营与大数据、人工智能研判占据了传媒行业的重要发展空间。近年来,关于人工智能取代人类的声音总是不绝于耳。在未来很长一段时间里,人工智能与新闻业的结合更多的将是交互式的结合。

网络社会人工智能和媒体的相遇与碰撞,早就打造出了无人机、写作机器人传媒等智能化产品,形成人工智能技术在传媒行业的落点,呈现传媒新生态。高盛在 2016 年关于人工智能的生态报告中提到,就目前的表现而言,"人工智能和机器学习带来的自动化及效率提升在各领域普遍都缩减了约 0.5%—1.5%的劳动工时"①。在人工智能应用较多的传媒领域,传媒人的工作更容易被人工智能替代。可见,新时代的传媒从业者,既要对传媒技术有熟练的掌握,又要对新兴媒介时代的传播规律能理解能运用,让数据化与媒介技术具有可操纵性,这也是当今时代对传媒从业者的全新要求。

媒介技术的进步为传媒发展带来了新的机遇与变革,也对传媒人才提出了新的时代要求,倒逼当下的传媒教育、人才培养模式进行变革,以便培养出更能适合时代发展需求的传媒人才。

#### 5. 传媒教改分散化

目前,中国各个学校的传媒教育的改革进度及教改效果相差甚远,形成各自为政的分散状态。整个国际传播学界,缺乏公认的带动性的教改成果,与主流传播理论与学术成果的广泛认可度一样,呈现出的只是一些局部的、零散的教改进展。亟待规范传媒教改领域的范式,建设传媒类优质精品课程和教改科研项目的学术库,搭建国内规模化的在线教改交互平台,搭建传媒教改在线开放研究、成果转化应用的资源共享平台。

传媒教育改革将不仅限于高校,校内校外改革的同步进行,会有益于加快改革步伐,使传媒教育模式更好地适应时代发展的要求。校内的改革,更多的会着眼于优化课程设置与人才培养方式,进行全能型媒体人才建设。校外的变革,则表现在如下方面:在职媒体人,要系统接受新培训,敢于应用新知识、新技能,进一步提升媒体人自我素养。媒体自身也要加快改革,以改革倒逼媒体内部的人才培养。无论是传统媒体时代还是新媒体时代,"内容为王"永远是传媒界的核心。传媒教育改革的核心目的,就是进行传媒产品的优质生产与优质输出,传递中国声音,以传播力带动软实力发展。

### (二) 传媒教育成为文化软实力的传播动能

在信息时代,软实力不仅依赖于文化和理念的普适性,还依赖于一国拥有的

---

① 刘晨阳:《新闻和人工智能的结合,我们担心的绝不应是工作》,http://www.58dsw.com/hulianwang/edu/5025.html, 2016-12-26。

传播渠道,因为它能够对如何解释问题拥有影响力。传媒不但是文化传播的介质和载体,它本身还是文化软实力的核心组成部分,因为现实的文化总是以传媒符号作为直观存在方式。在当今传媒化社会,文化的生命力、凝聚力、创造力、影响力在很大程度上取决于传媒的实力,现代大众传媒不仅是文化的引领者,而且是推动社会经济发展的软实力核心。

可以看出,约瑟夫·奈将"文化"和"传媒本身"作为信息时代条件下国家软实力的两大组成部分,自有其道理。经济实力和综合实力日益增大,但是传媒落后同样也会挨打。传媒教育改革与传媒发展相辅相成,互相推进。新闻学科和新闻媒体的发展,是政治改革的推进力量,是经济发展的润滑剂,是直接创造社会财富的重要源泉,是文化发展与精神文明建设的重要力量。从国际竞争新秩序的构建来看,新闻传播在塑造国家形象、加强国与国的交流与合作、缩小信息鸿沟方面的作用日益凸显。

从现代视角来看,传媒教育是各国提升文化软实力的重要手段,一个国家或民族要提升自我的国际形象和地位,就得通过所掌握的话语权精准有效地传达自己的文化信息,扩大国际影响力。传媒教育对我国软实力发展的影响是循序渐进、相辅相成的。它的产生与发展,标志着中国社会的综合实力尤其是软实力的增强。这给了中国传媒产业一定的发展空间,以进行精神产品、文化产品的生产,从而提升民族认同与世界认同。

与其他教育不同,传媒教育是一个"进行时"而不是"过去时"。现在媒体需要全媒型人才、整合营销人才、数据分析人才。传媒教育的本质,就是培养出优秀的传媒人才,并以此作为智慧支撑,推动传媒事业的快速发展。在这一过程中,传媒学的建立和研究是关键性的力量。近代教育体系的构建,和国外传媒教育事业的引入,则为中国传媒教育的出现做好了准备、提供了借鉴。从新中国成立到现在,传媒教育的发展已给国家软实力提升提供了源源不断的人才与知识资源。

未来是数据的年代,数据无疑将成为衡量一个国家实力的最重要的指标之一。2012年1月《华尔街日报》刊文称,人类进入"大数据"、智能制造、无线网络革命三场宏大技术变革的开端。传媒教育在这三场革命中受到极大的影响同时,也面临着严峻的问题与挑战,由此也影响着我国软实力在新媒体态势下的健康发展。

1. 媒体纪实影像成为国际舆论战的重要载体

国际活动中,议程设置能力是各国媒体话语权争夺的关键所在,也是构成国家软实力的重要因素。

当前,中央也在大力提倡加强国际传播力建设,进行中国声音与中国形象的传播,加强中国的国际认可度,增强软实力。只有如此,中国才能在多极化的全球视野中掌握主动权。国际传播的议程设置,其重点之一就是纪录片的国际输送。与电影不同,纪录片是最能直面、直观展示国家形象的重要载体。纪录片的核心是真实,这就为纪录片附着了一个定义——可信,作为公共外交手段来传达国家的观点,受到较少质疑。国家宣传纪录片的全球出版发行为国家参与公共外交提供了有益的实践。

在当下快速发展、剧烈变革的中国,更需要有无数传媒工作者和优秀的作品来记录我们共有家园的变化,也需要有更多对外影视作品传播到世界各地,得到不同文化背景下受众的理解和认可。如《泊客中国》作为一档中英文人物情景纪录片节目,镜头专门对准那些生活工作在中国的老外们,为中国的公共外交做出了相应贡献。智利纪录片导演帕特里西科·古兹曼曾用这样一句话来概括纪录片对于国家的意义:"一个国家没有纪录片,就像一个家庭没有相册。"①

因此,谁掌握纪录片议程设置背后的话语权,谁就给纪录片的传播效果划定了一个限制范围。如纪录片《大道中国》《超级中国》等在韩国掀起了一阵不可遏制的"中国热",对中国正面形象的输出作了经典传播。

2011年,英国广播公司(BBC)推出了两集纪录片《中国人要来了》。该片扭曲现实,极力抹黑中国的国家形象。影片中,中国被塑造成攫取当地物产资源的国度,她忽视员工物质与精神生活、破坏当地自然生态环境、扰乱当地市场秩序……各种负面行为被集于一身,一副霸权主义的国家形象。这样错误的议程设置,势必加深西方国家人民对中国的误解,在他们心中留下中国"妖魔化"的"刻板印象"。

中外合拍是纪实影像对外传播国家形象的有效途径之一,这样可以将话语权掌握在我方手中,巧妙化解国外作品导向和口径等问题,与国外同行进行联动高效合作,利用国外的思维和手法,来传播自己的内容。如宏观反映中国情状的《鸟瞰中国》,就是由中国五洲传播中心与美国国家地理频道联合拍摄的纪录片。合拍模式意味着节目会在合作方本国的电视台播出,实现中华文化输出,甚至还可向其他国家发行。

纪录片的背后,凝聚着大批优质传媒人的力量与才智,也凝集了传媒教育改革所呈现出的伟大力量。可以说,传媒教育改革,已成为国家软实力发展的"新动能",高校培育的相关纪录片策划拍摄剪辑等的相关人才,都将成为国际软实力角逐过程中,被各种力量所争夺的宝贵资源。

2. 新媒体成为国家形象全球营销的新生力量

笔者经过对中国媒体格局多年的研究发现,媒体格局发生变化,主要由于媒

---

① 吴保和:《世界经典纪录片手册1》,上海文化出版社2012年版,第23页。

体间的相互竞争,传媒竞争主要表现在以下几个方面:微观受众覆盖率、媒介经营收入、媒介接触时间,以及宏观上的媒介形态和经营等。从目前形势来看,中国媒体格局发生的变化,正在以传统媒体与新媒体之间的拉锯,及传统媒体相互间的激烈竞争形式呈现出来。这种竞争也促进了媒体的发展,没有竞争,媒体的发展就会停滞不前,新一轮竞争又会催生新的媒体格局发生变化。媒体与生俱来的营销技能,已得到社会各个领域的青睐与实际运用,催生各种新媒体形态,推动了新媒体的飞速发展。

纵观世界和中国传媒业的发展历史,可以看出,新媒体的进步及其格局变化,主要源于技术、市场和制度所发生的变化。现代化传播技术为市场的进步和发展奠定了物质基础;同时,市场需求又在催生技术的发展,成为最大的原动力,相应的制度设计,则是市场发挥作用的前提条件。

媒体格局发生的变化,在一定程度上是新媒体发挥作用的结果。特别是互联网技术的兴起,不仅引发了新闻、信息、舆论等领域的变革,同时彻底改变了以往的传播关系,使各国形象营销的新媒体创意推陈出新,传播效果与时俱进。

根据多年来网络媒体在国家文化软实力发展中的作用分析,网络媒体成为国家全球营销的主力军,其中一个非常重要的因素,是新媒体传播技术对于其他媒体进行兼容,使得自身具备了多媒体性、虚拟性、超链接性及其互动性等特色。以往的媒体要想真正应对这种变化,其中一个重要的措施,就是借助于新媒体技术,实现媒介之间的融合和发展。因此,在各种媒介迅速发展的形势下,报刊、广播、电视、互联网及手机等正在以各种方式进行相互渗透和融合,形成一个立体的媒介网络格局。

新媒体营销矩阵需要具备一个不断发展、日趋完善的系统,才能够同时融合传播力。并存、互补、融合、创新,是在新的媒体格局下,媒体方式呈现出的根本性变化。面对不断变化的网络生态格局,高校新闻传媒教育纷纷调整自己的专业设置和培养计划,以融媒体或者全媒体的市场需求为目标,致力于培养具有高度职业精神的新媒体营销人才。

此外,一些高校采取了淡化专业、淡化专业之间界限、减少专业必修课、加大专业基础课的课程权重、让学生辅修第二学位等"宽口径、厚基础、多选择"的模式,主动适应媒介需求以培养专业全能型人才,提高全民媒介参与素养。

大数据时代是我国传媒业发展的必经历程,发展数据化传媒教育是中国亟需的战略投资。以数据说话,以数据收集与分析客观表达国家软实力。另外,大数据的战略直接关系社会和国家的发展和安全。我们需要培养专业的数据科学家,从技术上来看,一方面促进了大数据的发展,另一方面也给我们提供了一个非常好的机遇,可以有效地进行行业合作乃至国家之间的合作,在国家形象全球营销中共赢发展。

3. 传媒人才成为软实力发展的智库支撑

优秀的传媒人才团队,是强大的"信息力量",是推动传媒发展的中流砥柱,是国家软实力发展的智库支撑。而在加强中国文化软实力的发展上,中国文化产品如出版物、电影电视作品等实际物质的影响只是其中的一方面,中国特色话语体系建设、世界话语权的构建必不可少。中国的国际形象、话语权大小与我国传媒实力发展密不可分,一个国家在国际上的媒介景观构造能力也取决于传媒行业发展水平高低。我国目前传媒实力参差不齐,对外话语体系构建能力相对较弱,传媒人才培养的问题迫在眉睫。

传媒人才培养是传媒教育软实力的根本。传媒教育的使命是培养符合时代要求的传媒专业人才,促进文化传播与交流。当今世界的媒体发展大背景,是多极化、去中心化、经济全球化,而传媒传播环境、舆论生态结构、媒介形态方式等日益复杂化。这表明,在未来长时间内,传媒传播的各类不同传播主体、新媒介应用之间的共存关系、传播边界设置的划定方法、传播语境层面"技术垄断"与化解等方面有潜在问题,在这样的现状下,我国媒体产业不发达、国家话语体系和话语权构建能力表现较弱。由此可见,我国的人才培养和教育方式与国际市场和国家媒介发展需求不完全契合,这就呼唤一种全新的传媒教育体系。

在当前的媒介融合背景下,高校人才建设更要与国际同步,不但要培养适应国家基本需要的传媒从业者,更需要培养一大批国际市场的传媒人才,迅速适应传媒教育的三场宏大技术革命:大数据、智能制造与无线网络革命。

传媒教育的发展正在主动迎合传媒环境的发展。传媒传播教育正在逐渐走出课堂、迈向社会。传媒教育在发展的过程中,新媒体技术及网络教育技术运用必定会受到越来越多的重视。

工具及新的媒介技术的使用,是传媒学子成为优秀传媒人的技术支撑。传统的传媒舆情教育,在实践、操作性方面存在较大欠缺,高校理论教育与业界的脱节现象较为严峻。高校的传媒教育尚未形成一个科学完善、可供研究生实践与培养社会服务能力的体系,同时也缺乏与政府、与社会的合作,导致传媒学子社会实践参与度不足,实践过程的监督和实践效果评价容易流于形式,直接影响了专业实践的效果,不利于学生创新思维能力培养,最终制约了教育质量的提升,导致给社会输送的人才难以适应相应的职业要求。

近些年,网络舆情已成为新闻院校的热门专业方向,而舆情管理越来越具备智库功能,舆情评论以思想观点引领舆论场和舆情机构,形成以我国国家软实力舆论引导的智库力量。① "产学研媒政"的一体化,将会培养出专业素养更扎实、社会经验更丰富、应对实际更灵泛、政治敏感度更高的优秀传媒人才。

"使大学成为社会发展智库"的观念已经成为当今社会的主要关注点。传媒传播的互联网教育最值得关注的是创新教学方法与提高社会服务能力。比如建立社会舆情的大数据实验平台,在校内成立"新媒体实验工作室"等,从新媒体产品生产的各个环节发掘学生的能动性和操作性,构建宏观舆情形势的分析发布体系与决策参考价值体系。如今,传媒教育改革发展已成为软实力发展"新动能"。与其他教育不同,传媒教育是一个"进行时"而不是"现在时"。现在媒体需要的是全媒型人才、整合营销人才、数据分析人才。

## 三、传媒人才的文化素质与文化影响力形成软实力双翼驱动

面对传媒软实力的发展需求,传媒教育需要培养出政治强、业务精、作风正、视野宽、效率高的专业人才。教育的基石稳定,传媒行业发展才能够成为软实力发展新动能。网络时代人才培养的思维模式也需要新维度。

### (一) 善于融合的全球视野

在世界多极化、经济全球化的背景下,媒体发展也不免会受到大环境的影响。不少传统媒体已设置海外记者站,或将本国优秀媒体打包到国外开展业务。而在传媒实务操作中,也逐渐要求媒体和记者都具备国际、全局视野。

当下国际传播面临着新形势和挑战,复合型、国际化、跨文化、文理交叉、创新批判等要求,已成为未来国际传媒传播人才培养的基本目标。

在传媒产品制造中,全球化的经济政治条件也日益融合,这对传媒者的要求也日益国际化,国际传媒人需要在现有媒介资讯的基础上,用全球化视角解读。不仅如此,由于受众需求的多样化,传媒人才的培养需具备多种学科视野,才能培养出具有从不同角度生产优质媒介内容能力的全新传媒人才。

从中国立场、国际视野、语言能力、传播能力、跨文化沟通能力、数据能力等方面着手,培养国际传播创新人才,新闻已经进入"读图"时代。数据新闻成为业界"新常态",它将传统的新闻文本生产方式,与可视化理念融为一体,数据新闻产品较传统的新闻产品,生动性、可读性、易读性更强,也是新闻呈现形式的一大发展创新。

此外,面对互联网技术革新的冲击,要防止出现视野上的"狭管效应",不能仅将眼光放在互联网技术上,而忽略与传媒教育的理念、逻辑等有关的本质问题。互联网不是单纯的传播渠道和传播手段,应该是社会、市场重组的一个结构性因

---

① 魏礼群:《大学智库的使命担当》,《光明日报》2016 年 2 月 24 日。

素,其对于传媒实践造成了多种层面的改变。因此,这种改变决定了传媒教育在理念、逻辑、框架包括手段方面,也需要有一系列的变化。以"全球化思维"与"图谱思维"构成传媒教育软实力的全景图。

1. 全球化思维

全球化时代,记者懂外语,翻译家懂传媒,才能实现跨文化传播顺利展开,减少"文化折扣",真正实现全球化传播。

媒介全球化时代,美国总统大选瞬间成为全世界关注的焦点。面对类似现象,如何用专业的眼光打破语言屏障,从而满足受众信息需求,已经成为重要课题之一。传媒教育体系需要配套语言教育、专业实务教育、传媒伦理教育等多方面的培养功能,做到"一条传媒、全球流通"无障碍。

国际媒介全球化时期的国际舆论也是不可忽视的。全球化下的社交媒体纷繁复杂,各个国家、部门需要挖掘国际舆论的内在价值,得出一定的社会结论来推动国家形象健康发展。传媒教育需要在搭建全球舆情监测和分析平台上作出努力,培养专业舆情分析人才,可依靠社会舆情的大数据实验平台,搭建价值挖掘和国家级宏观舆情形势的分析发布平台,建立社会舆情的宏观形势报告制度,为各国家或智库提供最基础性的信息服务,推出关于社会舆情的重点问题、症结所在的宏观报告;另外,3R(AR、VR、MR),写作机器人,无人机航拍,大数据视觉传达等技术进一步应用,成为传媒发展研究的升级工具,进一步提升传媒人才和科研成果的国际认同度。

无论是未来技术的要求,还是现实传媒发展的需要,都要求当今的传媒人才熟知各个领域的业务要点,不是粗浅了解,而是各方面都有深入研究,具备专门人才的特质,这才是新媒体时代需要的业务型人才。虽然技术更迭频繁,但是传统传媒教育中客观、公正等理念必须起到精神支撑的作用。传媒人才的专业理念在任何时期都不可抛弃,遵守法律底线,用传媒专业主义素养适应万变的媒介环境。

2. 图谱思维

图谱思维是一种文理相结合的立体思维,主要以数表化、图谱化进行全面综合表述,具有跨越文字的国际交流功能。

随着互联网的发展,传统的新闻阅读方式和叙事方式,已发生颠覆性变革,受众已从"文字时代"进入了"读图时代"。图谱思维要求将纷繁复杂的事情进行梳理、整合,力求以最直观的方式呈现,"用图表说话",如数据新闻等可视化新闻等,能提升公众的接受效果,加大新闻信息的传播力与渗透力。各类信息被组装、拼合、归类之后,纷繁的"信息流"与待证事实之间就具有了直接的逻辑关系,媒体沟通就能更加顺畅和高效,公众更可能跟随思路,接受传媒的"议程设置"。

在当下,国内外对于传媒专业人才的要求是全面的、有深度的,也有精度要求。为适应时代要求,传媒教育也应细化教育体系,不仅要实现语言、传媒传播、国际关系、数据挖掘、文化研究、网络技术的跨学科整合,还要针对上述各领域培养业务人才,实现专业技能和现实需求的匹配。美国有线电视新闻网(CNN)全面实施"移动先行,数字第一"的新媒体发展战略,内部各层级都在强调两个方向的转变:电视记者转变为全媒体记者;电视传媒机构转变为全媒体传媒机构。目前,CNN按照其战略规划,正在逐步实现从电视传媒机构到全媒体传媒机构的转变。所有这些,都可为我们所借鉴。

经调查,国内个别高校已经开始做基于介质的媒介研究。例如网络传播学、网络采访学、网络编辑学、网络经营学等等,但其本质与编辑学、采访学无太大区别,只是增加一些与网络技术相关的新章节。在此层面上,这并不是传媒教育的创新,是有一定局限的。在传媒教育中,要培养学生理解互联网的思维,它不仅是一个传播的工具、手段和渠道,更是一种精神逻辑、一种改变社会的结构性力量,是一种赋权的新范式。

值得一提的是,图谱思维不可滥用,而要真正关注与互联网深层逻辑相关的内容,进一步培养适应新媒体迅速发展所需要的传媒传播人才的新型专业,培养学生"互联网+新媒体"的融合思维方式,透过理论创新,以及基础理论、基础研究的提升,培养学生在把握现实操作的时候,能具有应对互联网时代专业工作要求的基本行动框架、基本专业技能、基本工作规范。

总之,网络时代传媒教育不仅要注重质量,还要注重效率;不仅立足于本土,还要聚焦国际。

目前的传媒生产,完全是在互联网技术要求下的传媒生产。在世界范围内,政治、经济、文化等领域时刻都在发生传媒事件,社交媒体的信息变化也变幻莫测,这给新一代记者提出了更高的效率要求,传媒生产成为"实时生产",意味着传媒人才既要有碎片化又要有高效率。传媒教育在现实中也要做出相应变动,注重培养学生即时获取资讯、信息、传媒的能力。思想效率在新时期也要做出调整,新的观点、价值观不断出现,作为传媒人要有接受新思维的意识,这样才能更好地生产全球主流价值观认可的媒介产品。相应地,传媒教育也要在思维转变层面对人才培养做方案调整,提高媒介产品生产效率与国际输出。

### (二) 善于思辨的底线守则

国家哲学社会科学的水平,是国家软实力的重要组成部分。习总书记在全国哲学社会科学座谈会上的讲话中指出,要按照立足中国、借鉴国外,挖掘历史、把握当代,关怀人类、面向未来的思路,着力构建中国特色哲学社会科学。而构建一个科学的、具有中国特色的社会科学体系离不开中国特色,首先是在指导思想上坚持和巩固马克思主义在哲学社会科学领域的指导地位不动摇。①

传媒传播学科作为社会科学的重要组成部分,也必须坚持以马克思主义为指导,对传媒人才的政治敏锐性进行培养。

同时,传媒人应该坚守政治底线、法律底线、社会道德底线等,以底线作为约束行为的原则,做到心中有大局,树立起全面的底线思维。

2013年,国家互联网信息办公室举办的"网络名人社会责任论坛"提出网友遵守的七条原则,即七条底线:法律、制度、国家利益、公民权益、公共秩序、道德风尚、信息真实,从最高层面概括了底线思维。

底线思维是理性思维。法律底线是硬规定,采编和发布新闻时,恪守事实,深挖背后真相,做到信息真实,深入调研采访,发出的信息能高效吸引受众,但必须坚持不妄下结论,尤其不能超越法律底线,进行媒体审判,甚至扭转事件发展的正常进程。

新闻报道中,"标题党""悬疑新闻"等经常出现,煽动性的字眼更易吸引眼球,而引发不良社会影响,形成次生舆情与二次灾害,其实质也是新闻传播当事人未能坚守底线所带来的恶果。法律底线要求传媒人才知法、懂法、会用法,尤其是在涉及专业领域如经济、医疗等,法律底线更是避免报道失误产生误导的一道防线。

道德底线是人心的底线。坚持道德底线,要求传媒工作者有一颗充满人文关怀之心。真相和报道固然重要,但更要注意尊重无辜涉事者的心理感受。如在灾难报道中,对于家属的采访,就应格外讲究方法技巧,以温和的方式,尽量避免对于家属的二次伤害,情况严重时可酌情放弃采访。

底线可看作新闻框架之一,它约束着、矫正着传媒人进行新闻生产时对内容的把控。传媒人才作为传递社会声音、肩负社会责任感的特殊群体,更应以底线思维进行自我勉励,传播有价值、有意义的新闻信息,向世界传递出真实的中国形象。

1. 哲学思维

传媒从业人员在进行新闻报道时,首先要有多元思辨的辩证思维。哲学主要强调思辨。切忌只听一面之词,而忽略各方角度。

在进行调查采访时,要掌握报道平衡,客观、公正地呈现各方观点,避免出现偏颇,甚至引发舆论审判。传媒机构和新闻人的思维方式要进行多元化、包容性改造,将"有容乃大的多元思维融入进去"②。当今社会,受众的媒介素养总体有待提高,公众普遍的意识片面性与表达的短促性、网民意识片面性与公众表达的短

---

① 转引自张东刚:《构建具有中国特色的哲学社会科学学科体系、学术体系、话语体系》,《文化软实力》2016年第2期。

② 赵华奇:《需警惕被带入舆论的"话语陷阱"》,http://www.qstheory.cn/laigao/2016-07/29/c_1119302489.htm,2016-7-29。

促性,是当前舆情常态;资本集团渗透媒体,也逐渐发展为常态。常态背后,利益集团操纵的影子依稀可见。面对这种隐性风险,从传媒人自身来讲,更应该培养思辨性,坚定政治立场,坚守国家身份,要排除干扰与敌对势力的思想倒灌。

从外部传播的角度来看,传媒人应用"常识+逻辑"的哲学思维发掘多角度的事实,避免传播失灵,避免刻板思维、二元对立的愤青现象及偏激言论。把孤立的新闻事件置于社会系统和社会矛盾运动的结构中深入考察,分析事件产生和发展的深层次原因,清晰直白地向公众揭露真相,传播声音。

适应新时代发展的传媒人才,在进行传播的过程中,也要注意传播方式。生硬的、绝对化的、宣传性十足的话语方式不利于有效传播。尤其是世界已经进入了极速传播时代,新闻传播在讲究时、度、效的同时,更要提倡以平常哲理让受众自己得出正确的结论,注重报道引导性。要简练而不简单,有立场、有态度、有意味。

2. 结构思维

结构性思维是客观现实在人脑中有序搭配或排列的反映,有如思维在搭积木,使人能在很短的时间内就做到了"思考更清晰,表达更准确"。它具有四大原则:结论先行——把结果和最终目标放在前面;分类清楚——各部分思想呈独立状态;排序逻辑——严格按照逻辑顺序组织语言;上下对应——任何一个层次上的思想都必须是其下一层次思想的概括。

对于传媒产业来讲,如果没有结构化思维,互联网信息只是碎片化信息,尤其是在快节奏社会,碎片化信息、浅阅读、浮躁化已成为社会常态。结构思维与框架思维为大众整体所缺失。传媒人才肩负着社会瞭望与传声的功能,其传播活动从本质上来说是一种组织公关活动,通过汇集大量信息并在传媒机构内部进行总体消化、结构重组之后,再向社会发声,引导国内外舆论,以构建起完整的信息框架。

2016年是媒体深度融合的重要年份,未来人机深层次交互将成为趋势,传媒业必须深谙互联网思维,利用结构性思维将网上的碎片化、浅层化的内容整合起来,建立起符合传媒业整体生态的知识体系,从而真正地将思想传递进受众的脑海里。

新形势下,传媒人才的"底线思维""哲学思维"是立场信念与科学研判的重要基础,在此思想基础上以"结构思维"全面而精确传播。"一带一路"提升了中国的制度性国际话语权,改变了以西方为中心的话语权体系,借此机会,中国要把数量的优势变成质量的优势和结构性权力,在构建中国全球经济话语权的同时,提升文化影响力。新时代的传媒人才需要具备将国家大政方针放在全球战略性政治的角度思考问题的能力,有敏锐的全球政治观,能够从传媒专业角度解构国家政治、全球政治的量化关系。我们要培养一大批具有外交视野的传媒人才,以敏锐

的政治感捕捉国际关系的敏感问题,发展出专业的传媒。

(三) 善于评述的专业引领

传媒培养框架,就政治性而言,必定带有国家和意识形态色彩,报道中对传媒事件的价值判断及定义,国与国之间不尽相同,但意见领袖的专业引领评论先锋作用是传媒软实力的重要体现。

当今的国际媒介环境中,不少媒体为了政治利益而歪曲报道,对传媒事实进行选择性报道,或者恶意从本国价值观和文化传统上解读他国传媒事实,这都是对全球传媒专业主义的破坏。这种破坏,不但有损长久以来形成的普适性传媒主义,还给国家形象构建带来一定影响。国际传媒报道中也常见传媒失范现象,这与各个国家的传媒专业教育有很大关系。传媒教育要做的,就是通过课程教育,让受教育者树立起勇于纠正这种被扭曲了的作风之信念,保护传媒专业主义,为全球传媒报道创造良好专业风气。

现在高校的传媒学子在思想境界、认知深度、评论高度有较大的局限性,在成长过程中缺乏链式思维与处事习性,传媒教育可从培养受教育者拥有以下思维方式着手。

1. 评论思维

合格的传媒人才更大程度上类似于一个杂家,不仅要做到讲政治、懂政策、守底线,而且要有思想、有深度、有文笔;善于摆事实,讲道理,就事论事,客观呈现,"笔锋常带感情";用事实说话,表明立场;不仅告知"是那么回事",而且告知"是那么个理"。

传媒从业人员应以适度的评论思维,发挥舆论引导的先锋作用,不仅能客观呈现事实,还能回应各种评论。

评论思维是一种批判思维、求新思维,用来应对刻板思维、二元对立思维、愤青思维,颇有成效。这就要求传媒工作者既要有"评"的胆识和勇气,也要有"论"的见识和智慧。要融合相对严谨、客观的主流媒体,点击量较高的商业媒体,受众分散的自媒体等多方深度评论,寻找合适的话语方式,利用新闻报道引导情绪、传播事实、取得共识。当前的网络舆论场评论内容好坏是"人和";引导平台是"地利",舆情背景则是"天时",唯有三者合一,才能将好声音传遍整个网络。

2. 链式思维

何为链式思维?它是指在一个人的思考过程中由一件事联想到另外一件事,但这些事之间并不是毫不相关的,它由思维链将这些零零散散的事件串接起来,构成一个完整的事件整体,构成一个人的整个思维过程。

从传媒教育各形态之间的融合来讲,链式反应是一种新思路,能够改变传媒教育发展中"单兵作战"的旧思维;从传媒教育本身来讲,链式反应又是一种新模式,能够延伸传媒教育,带来效益的最大化。"优质教育链"的内容主要包括:链接办学追求,凝聚发展共识;链接教学管理,实现合作共进;链接教学研究,发展联动协作;链接资源平台,共享优质资源。

传媒教育链是一种生态链,即在区域传媒教育均衡发展背景下,以优质学校与普通学校、新建学校的组建模式,通过教育行政部门力量的导入,以联动的方式将优质学校的资源在链条上得以共享并因"校"制宜地进行创新,使学校之间既相互学习,又相互促进,实现学校教育精彩纷呈、差异发展。

### (四) 善于应用的信息支配

应用性是传媒教育中最为核心的一点,技术应用是传媒教育与传播发展的新课程,信息是生产力,信息是支配力。在善于应用传播及信息技术的前提下,强调"应用思维"与"用户思维"。传媒机构的社会性与公共性决定了传媒教育的"服务性"之所在。信息服务,主要指的是应用特征明显的信息支配。信息也是软实力,信息支配力与信息生产力成为当下传媒教育软实力建设中不可或缺的重要环节,随着媒介技术的进步,其作用不断凸显。

#### 1. 用户思维

互联网逻辑思维强调要有"用户思维",将用户摆在重要位置,同时也要有网感,网络催生了微博和微信平台,也形成了短视频、网络电台、AB站弹幕、网络直播、表情包、网络字幕组等新的业界生态。在信息支配与分流的过程中,全媒体是行之有效的良好工具,因而促进传媒教育的理念更新与科技应用的不断推广尤为重要。

大众文化的消费性,使得用户思维成为当下传媒领域的应用热点。用户思维,强调受众的作用。移动互联网时代,传播正在经历快速的技术变革和思维碰撞,营销方式正在走向融合,营销业界变化日新月异,"用户之争"早已燃起隐形硝烟。对于传媒领域来说,如何在"内容生产者"与"营销者"之间实现无缝转换,重视新闻产品的后期推广、宣传,以符合当前的"眼球经济",从而吸引网络环境注意力资源,增强用户黏性,最终实现流量变现,这对于传媒者自身素质和能力提出了更高要求,同时也倒逼传媒教育向此方向发展演变。

#### 2. 应用思维

从传媒传播理论学术的逻辑角度来说,在互联网时代,我国的传媒教育存在着一定的学科壁垒和桎梏:一方面,当前传媒传播学科教育对于互联网的认识、解读和把握,还存在着巨大的缺陷,不少认识是肤浅的,缺少应有的理论能力。

另一方面,互联网基础上产生的大数据库,也是将来新闻行业要纳入思考的领域。当生产要素变为数据时,掌握大量数据的科技公司则会拥有足以形成壁垒的天然优势;当人们的各类场景都可以被数据化时,这也意味着人们的任何行为、甚至人类本身也可以被数据化、信息化。这对于新闻行业来说,强化信息应用思维,善用大数据,也是不可缺失的改造机会。

我国传媒教育应用技术方面要树立典范,如位于长沙大学城的国家超级计算长沙中心,顺应时代要求,产学研结合,形成技术联盟,超级计算能力服务于高校、院所等科研部门,让人才与技术为文化软实力插上双翼。

## 四、以教育创新夯实软实力传播基础

网络时代,抓住现代新技术革命所带来的变革与创新的时机、切合媒体需求和服务社会的方向、构建复合型传媒传播人才培养新模式,是传媒传播教育在当下与社会发展协同并进的基础保障,也是夯实传媒软实力基础的关键。

### (一)重构学科体系,配套文化软实力建设

新时代的传媒传播学科教育要求我们重构传媒传播学科学习理念,使其在坚持核心原则前提下发展,并与媒介融合的大环境接轨。一方面,在传媒教育体制上有所突破,要从单一化人才培养跨越到复合型人才培养、学科探究、社会服务三大成效并举的层面;加强教育系统内部评估体系建设,优化课程设置。通过就业状况、就业质量跟踪监测等手段规范、引导传媒专业的发展,促进院系布局结构的优化和传媒人才供需的平衡。另一方面,媒介人才也要适应这样的变革方式,把自己放在大的社会变迁中,当作一个国家、一个社会进程中的信息力量来看待,关注大数据行动纲要;在信息化大数据里面,不断提升自身素质,提高自己的核心竞争力。

1. 加强社会责任意识,提升社会服务能力

任何学科的发展都是一脉相承且稳定的产物,如人文精神、专业情怀、专业规划等。只要传媒传播的社会价值存在,追求传媒的真实、客观和全面,追求传媒的公正、公平和平衡等某些深层次要求就是不变的。所以,尽管相关课程会有一些逐渐更新换代的具体内容,但对于传媒专业人才的培养,应该保持稳定、持续和永恒。

传媒教育的使命,是培养符合时代要求的传媒专业人才,促进文化传播与交流。当前传媒传播环境、舆论生态结构、媒介形态等日益复杂化,未来长时间内,规范传媒传播的各类不同传播主体、新媒介应用之间的共存关系、传播边界设置的划定方法、传播语境层面"技术垄断"与化解等方面的问题,都可以或应当从传媒伦理价值观的角度进行研究。

传媒传播的社会价值是恒久不变的。所以,传媒传播伦理教育将继续作为传媒教育的重点方向之一,培养传媒人才树立正确的价值观。

社会责任意识、人文关怀、专业技能素养,是未来的传媒传播专业人才必须具备的。立足传媒传播业,对事实与真相的追求,和对公开、透明、服务的精神的坚守,是所有传媒传播专业工作者的不变信念。

与此同时,传媒传播教育存在的基础是现实社会,变与不变的前提也应该立

足于社会实践的变化和需求。积极探索传媒教育与社会接轨的可行路径,充分发掘和利用学校高科技成果资源,与学校共建项目库、共享项目源,为科技成果产业化提供服务,为社会提供强大的公共技术平台和人力资源,搭建高校人才社会服务与专业实践平台,与媒体共建实践基地,进一步推行"产学研"结合的创新模式与研究方法。

当前的信息传播不再受制于机构垄断,社会化媒体成为主流,实时交互体验等过程性传播,正在破解传统的理论基础。这就要求传媒教育在培养传媒采编或媒介技术应用能力的同时,以批判继承的方式改革传媒传播的理论教育。在经典理论学科的大背景下,传统理念虽为普遍经验,但传播环境在新时代背景下不断发生巨变,对传统理念的深入学习,在于使其能够更好地与现实环境接轨,并在特殊环境下重焕生机。

2. 健全跨学科机制,顺应媒介深度融合

新媒体有广义与狭义之分。广义的新媒体是:通过运用网络数字技术及移动通信技术,通过无线通信网、宽带局域网、卫星和互联网等渠道,通过手机、电脑、电视作为最终输出终端,向使用者提供语音数据、音频、在线游戏、远程教育、视频、音频等合成信息及娱乐服务的全部新型传播形式与手段的总称。狭义的新媒体即为新兴媒体。

对新型传媒传播理念的界定与整合离不开对传媒业未来发展的判断。传媒业今天的发展,表现为一种颠覆性的,或者叫断裂式的发展。很难用我们过去所习惯的,依照昨天、今天来推明天的这种趋势外推法进行预测。因此重新界定与整合传媒传播概念,以对未来媒体的研究把握当下是非常重要的。

对于传媒传播方法论的创新,需要抓住两个重点。第一,理解互联网。互联网不仅是一个传播的工具、手段和渠道,更是一种精神逻辑、一种改变社会的结构性力量,是一种赋权的新范式。不能将互联网看成是一个单独的技术型课程,而要把它幻化到整体的传播学的理论、业务、实践的基本逻辑中。对互联网的深层理解、把握和认识,会成为未来传媒传播教育能不能上一个台阶、能不能突破传统格局的一个很重要的突破口。第二,互联网环境下方法论的突破。由于互联网所带来的社会现实、实践模式、效果模式以及盈利模式等方面发生的复杂变化,所以对复杂理论、认知神经科学、大数据方法等一些新的理论和研究方法的理解和把握,变得非常重要。只有掌握了对这些新理论的认识,传媒传播方面的实践才有望获得质的进展。

充分发掘高等学校资源优势,搭建传媒在线开放教育联盟,发挥项目研发平台、创新产业孵化平台的作用,提高学生的实践能力,使学生提前与社会接轨。同时,加大校企合作,利用高校资源,对有相关需要的企业和行业进行人才再培训工作,建立起与行业、企业的紧密型合作关系。传媒教育模式采用动态化管理,探索非常态式教学手段,并使之随着传媒界发展新趋势不断更新。

理想的传媒传播院系发展逻辑是一个分两步走的工作,先把自己的学科优势在比较短的时间内提炼出来,然后在这个优势获得的基础上,再来进行传媒传播学整体的研究、新兴学科的开设和教学平台完善性的扩张。

媒介融合已经进入实质性深化阶段,传统的传媒教学体系应该有更大程度的改善,传媒学科的课程架构需要适应媒介融合的趋势,并保证全媒体体系的各个专业方向都有更强的开放性、兼容性与贯通性。这就要求传媒教改融入舆情与新媒体,创建资源共享平台。

高校要善于抓住时代机遇与时代发展新趋势,在教学内容上,及时调整学科布局和专业教学体系,开设网络技术与大数据实验室。比如,新增一些社会急需的专业,例如大数据专业、网络舆情与新媒体专业等,培养出能融合全媒体传播、传媒经济、新兴媒介技术等多位一体的社会紧缺人才。

传媒变革已经引领我们进入了媒介融合的新时代。据统计,目前美国已有33个州的107家传媒机构在进行媒介融合工作。全世界新闻院校中第一个媒介融合系也于2005年在美国密苏里新闻学院成立,对传媒人才的培养是在原有专业理论的基础上对技能培训的跟进、拓展和融合。作为全世界首家开设媒介融合专业的院校,密苏里新闻学院在课程体系和教学体系方面做了有益的尝试。

世界各国的传媒传播院系都在通过自己对新媒体的独特认知和理解开展融合教育。如将传媒学与信息学结合拓展专业、利用公共网络平台形式进行学术交流、建立未来融合实验室等。值得一提的是,在传媒传播学科内部多方渗透的背景中,互联网与传统媒体的融合教育是当今整个传媒传播学科脉络中最值得关注的一环。加快改良和实施新兴互联网教学实践,就意味着传媒传播人才能够快速跟上世界传媒潮流的发展进程。

所以,作为中国社会先进传媒理念的引领者,融合教育归根到底是要致力于对未来媒体的研究。在媒介技术快速发展的今天,从体制建设性的跨学科、跨专业到新技术的跨界应用,新闻专业人才必须掌握信息传播过程中的不同传播技术,能够同时运用不同的媒体如纸媒、电视媒体、互联网等新媒体进行信息传输,这是媒介融合背景下对新闻人才的要求,也是对高校新闻院系专业设置提出的巨大挑战,这就需要打破专业之间的壁垒,提高学生媒介融合的能力。鼓励传媒专业的跨学科建设,不是单纯地对学生进行蜻蜓点水式的杂识教育,而是充分利用教育资源,整合多学科教育,将传媒学与其他学科有机组合在一起,打破专业壁垒,促进专业之间的互动与交流,提高学生的多媒体运用和跨专业学习能力,为媒介融合的发展培养合格人才。

以美国密苏里大学新闻学院和北卡罗来纳州立大学传播系的课程设置为例:

## 密苏里大学新闻学院与北卡罗来纳州立大学传播系的课程设置

| 课程设置（择要） | 学校及所在学院 | 密苏里大学新闻学院 | 北卡罗来纳州立大学人文与社会科学学院传播系 |
|---|---|---|---|
| 理论类课程 | 环境介绍类课程 | 全球传播<br>国际新闻媒介系统<br>媒介力量塑造的欧盟 | 多变世界中的传播媒介<br>传播和技术<br>环境传播<br>传播和全球化 |
| | 历史类课程 | 美国新闻史<br>新闻摄影史 | 媒介历史和理论 |
| | 理论分析类课程 | 参与式新闻<br>新闻摄影基础<br>新闻编辑概论<br>战略传播的原则 | 传播理论概述<br>传播媒介批判性分析<br>国际和跨文化传播<br>政治运动中的传播 |
| | 法规伦理类课程 | 新闻法<br>互联网法 | 传播法<br>传播中的伦理问题 |
| | 交叉学科理论性课程 | 新闻业和民主政治<br>女性和媒介<br>思考、语言和新闻业 | 传播与社会变革<br>传播和性别<br>修辞和数字媒体研究<br>传播和种族 |
| 实务类课程 | 实习实践类课程 | 新闻业实践<br>新闻摄影商务实践 | 传播实习<br>传播活动 |
| | 技术与产品制作类课程 | 基础摄影和图像编辑<br>广播/电视新闻中的<br>高级互联网应用 | 数字音频制作<br>数字视频制作<br>多媒体制作和数字文化 |
| | 写作类课程 | 批判性评论<br>新闻报道<br>融合报道<br>高级写作<br>调查性报道 | 电子媒体写作：理论和实践<br>公共关系写作<br>通讯写作和生产<br>来访写作 |
| | 实用性技术管理课程 | 新闻编辑入门<br>杂志编辑<br>融合编辑和生产<br>广播新闻<br>新闻的创造力和创新性 | 传播调查<br>量化传播研究方法<br>传播和冲突管理<br>组织传播的评判方法<br>传播文化和技术<br>传播中的批评和解释调查 |
| 艺术类课程 | 艺术与表现课程 | 多媒体策划和设计<br>图形设计 | 多媒体设计和数字文化 |
| | | 视觉传达 | 公开演讲 |

如上表所示，传媒传播学在研究和教学建制上，已全面进入学院化时代，传媒与传播双边课程设置越来越接近，两者之间，各有特色的教学界限已呈融合状态。首先，传媒传播学课程教育的时代性大大加强，全球传播、国际传媒媒介系统等课程，体现了信息环境的扩大与变迁；其次，课程所显现的知识结构，表明传媒传播学科教育视野的拓展，各学科交叉融合，无缝对接。由此，当代传媒传播教育应重构传媒教育理念，调整传媒传播教育的课程定位，将通识教育与专业教育完美结合，使传媒传播学科学生向全能复合型人才方向转变。

作为全世界第一家开设媒介融合专业的院校，密苏里大学新闻学院在课程体系与教学体系方面做了有益的尝试。该院院长布莱恩布鲁克斯认为，"新闻学院将训练学生从适应单一媒体向训练适应平面、广播、电视、网络等一切领域人才的转变"[①]。如此，学生对媒介的理解和应用能力极大增强，不再形成死读书的坏习惯。

国内高校也在积极探索传媒人才培养的创新模式。中国人民大学新闻学院与法学院在2011年合作设立了"新闻学—法学实验班"，实验班旨在培养具有新闻传播学与法学专业知识的高端复合人才。此外，同年9月新闻学院与国际关系学院联合设立"新闻学—国际政治实验班"，力图培养具有专业新闻学知识与宽阔国际视野的新型人才。我国高校新闻传播院系应向中国人民大学学习，鼓励新闻专业的跨学科建设，充分利用教育资源，整合多学科教育，将新闻学与其他学科有机组合在一起，打破专业壁垒，促进专业之间的互动与交流，提高学生的多媒体运用能力和跨专业学习能力，为媒介融合的发展培养合格人才。

3. 优化教师结构，适应传播新生态

传媒传播教育理念的实际操作，有赖于传媒传播院校内部结构的主动调整。

院校环境的健康与否是培养合格传媒传播学科人才的合理保障。当前师资结构存在严重的冗余与不均衡现象，亟待采取优化方案，优胜劣汰，对教育理念与实践均不合格的教师结构实施合理转型。

有着不同专业背景的新闻学科教师，需要突破自己的专业局限，调整自己的知识结构，建立媒介融合的思维观，对自己的专业进行重新定位。同时，积极与校外专业媒介机构进行学术交流、外出进修，到业界加强实践经验方面的积累。只有对自身的知识结构进行重新架构，才能挖掘出自身的潜力，使自己拥有更高的能力，适应媒介融合背景下新闻教育的发展，满足学生对融合知识的需求。

随着新兴媒体专业的应运而生，许多高校新闻院系应改变教育观念，不断加强对学生适应能力及专业实践的培养。这就导致许多新闻院系的教师队伍需要

---

① 王勇：《媒介融合背景下高校传媒人才培养模式创新研究》，山东师范大学硕士学位论文，2011年。

进行调整和优化,主要包括对原有教师进行知识重构和能力再生,优化传媒传播院校内部的教师体系。首先对现有教师体系进行针对性培训,加强其实践能力与媒介融合水平;然后吸纳具有多学科理论基础与丰富实践经验的教师进入教学群体中,为传媒传播学科的理念注入新鲜血液。在此基础上,积极邀请相关范围内的一流大师来为学生做学术讲座和学术交流合作,拓宽学生的学术眼界,提高思维扩展能力。

在全民传播的媒介生态下,互联网赋权给传统公民,传播话语的平权化带来新闻生产的社会化。通过网络公开课、微信公众号等整体化与碎片化结合的专业知识推送,民众的传媒传播知识越来越丰富,已能更高层面地参与传媒传播专业关联的事务。互联网使文化鸿沟逐渐模糊,越来越多的群众已可通过移动媒介接触和深入了解专业文化。这就需要传媒教育变革以适应传播新生态,提高全民的媒介参与素养。

2016年被称为"VR起点年",人工智能技术取得了突飞猛进的进步,不断改变着社会发展进程。智能机器在某种意义上都有可能媒体化,并且机器会不断自我进化。面对人工智能技术化的环境,传媒教育也要适应时代发展,做到人机深度交互,加强与传媒技术界的对话衔接,利用好技术发展所带来的转折性变革时机。

**(二)升级实践教学管理,接轨国际"产学研"模式**

重视学生的实践能力,是传媒传播学科开展融合教育的必要条件之一。传媒传播学科中的理论与实践各有价值,二者缺一不可。媒介融合需求下培养出的专业人才,既应该具有理论的把握能力、洞察能力和分析能力,又需要掌握大量可以学以致用的具体技能和方法,通晓当今传媒传播行业的基本行动框架、专业技能和工作规范。今天的实践前沿问题,也同时表现为重大的理论问题。而重大理论问题的解决,其实对于现实问题解决具有直接性的助力,理论与实践二者应致力于完美结合,决不能像过去住在"象牙塔"里边做研究,跟社会实践几乎不关联。在媒介全面融合的时代,现实问题跟理论问题的纠结,没有任何一个时代能使两者变得如此浑然一体。所以,我们也应在我们的研究与教学当中,体现这种浑然一体的要求。

1. 增加实践安排

高校的传媒传播教育,应加强对学生的实践培训,加强对学生实习时间过程管理和创新能力培养,积极提升学生的传播应用能力,积极与当前市场接轨,全面提高学生的实战素质。

其一,传媒传播院系可改进学期制度,增加"小学期",使学生能够在小学期时间范围内通过实地考察、外部实习的方式使自己的实践水平得到充分的锻炼。

其二，传媒传播院系学生的实习制度，及时观察和分析学生在实习单位的考核状况和改进方法，使实习制度不流于形式，构建分层次分阶段实践和创新能力培养体系，真正使学生从中获益。

其三，优化学生的课堂课程结构，在教学实践的具体操作中确立"应用型"培养模式。以南京大学金陵学院为例，该学院于2007年起率先成立新传媒系，近年来已成功打造了仿真媒体生态环境的"未来"媒体融合实验室。全真媒体融合环境下的教学实验室教学，使课堂变成了媒体工作实验室。在这样的一个开放性平台，学生转换身份为"记者"，教师转换身份为"主编"，各种作业通过数字化网络平台提交，记者的"作业"和主编的"批改"与"发布"融入了全真环境下的多媒体运营流程。

这样的课程形式，使学生能够活用教学内容，在实践中发现问题，大大提高了学生在媒介融合背景下的实践水平。

2. 更新传媒教材

与融合式课程和拓展式教学模块相配合，新闻传播学科教研组应积极组织综合性教材的编写推进，特别是数字媒体技术与艺术的综合性理论教材编写。数字技术课程等新媒体范畴科目属于新兴的专业课程，国内理论教材短缺，因此更需要系统性的研究成果。

所以，新闻传播学科教研组应在对本科生和研究生数字技术教学研究的新基础上，编写一套将新媒体技术与传统新闻传播理论融合起来的综合性教材，通过扎实的理论、新颖的观点、详细的讲解填补我国现代融合教育环境下的教材空白，从而有效提升教学效果。

教材的内容更新，也来自实践的新的知识存储及研究选题，与时俱进的精彩教材，能够增强学生体验与验证式实操，提升学生的研究水准，更新提炼新的相关理论与理念，同时又能跟进专业机构的最新技术，利用大数据进行最新的理论与实践互动研究，体现教学与科研的实用性。

3. 发挥"产学研"平台优势

项目式教学是一种值得探索的有效模式，这在"产学研"的条件下得以充分实行。高校和新媒体机构可以在一定的政策支持下，实现对口定点合作，共建实验教学和实习实训平台，并优先安排毕业生就业。学校可在政策、经费方面对传媒专业教师和学生的校内外实验教学项目、新媒体实践项目等科研实践活动给予有力支持。一方面，高校专业学科能够在实施学院教育的同时，突破创新人才培养的桎梏，对接国家战略，培养拔尖创新型、科技型媒体人才。另一方面，使校内外的合作与新兴传媒产业的需求契合，这样，既能为参与合作的新兴传媒企业输送大量创新型人才，又能深化在校学生的实践意识，使学生能更有目的地进行专业学习。

　　"产学研"结合的内涵不仅是将学生推向校外平台进行实践,而且意味着传媒传播院系内部可自成"传媒企业模拟平台",以创新的实训方式推进理论与实践的发展。各传媒传播院系在未来有望形成传媒传播的案例库,让学生通过更加广泛、丰富的案例,去做更多的观察和思考。

　　"产学研"基地具有丰富的专业指导人力资源,可以真正实行双导师制,补充网络舆情与新媒体专业人才培养方案较为短缺的项目导师资源,为学生以后顺利步入工作岗位打下坚实的基础。

### （三）重视对外传播人才培养,提升文化竞争力

　　经过三十多年的探索与发展,中国传媒传播教育进入新一轮的调整、反思和创新。中国崛起打破了世界格局,在全球范围内谋求国际话语权和国际软实力的目标,迫切需要国际传播类人才。在媒介融合大环境下,各国传媒集团、传媒资源的交流与竞争日趋激烈,我国传媒传播学科应力求与世界传媒趋势接轨,由此巩固和加强我国社会的软实力和话语权。

　　1. 改良培养方式,打造尖端对外传播人才

　　以社会化媒体、大数据量化叙事、媒介融合为基本特征的新媒体,对当下传媒传播格局产生了颠覆性影响,更促使传媒传播学界重新反思国际传播教育的培养目标和培养体系。因此,顺应当下日新月异的媒体变革和风起云涌的国际传播实践,创新国际传播人才培养,培养尖端性、思考性、复合性的国际传播人才,已成为当下传媒传播教育工作者和实践者的一项重要任务。

　　三十多年来我国国际传播人才培养的探索与实践所取得的经验和教训,值得借鉴和吸取。结合当下国际传播面临的新形势和新挑战,我们认为,复合型、国际化、多语种、跨文化、文理交叉、创新批判等要求已成为未来国际传媒传播人才培养的基本目标,综合素质和能力成为国际传播人才的突出特征。

　　在综合性、全能型国际传播人才的培养目标之下,单纯的"外语+传媒"的复合培养模式已经远远不能满足当下的需求。比如,近年来中东形势动荡不安,上海外国语大学利用阿拉伯语的自身优势和特色,充当了中东国际传播的智库与人才培养基地的角色。国际传播人才培养急需拓展复合范围,实现语言、传媒传播、国际关系、数据挖掘、文化研究、网络技术的跨学科整合。尽管过去的国际传播人才培养,普遍存在单纯注重机械拼盘、复合型人才培养简单化的问题,但跨学科的整合,是国际传播人才培养的前提和基础,也是必经阶段。

　　在全球媒介融合的浪潮下,互联网将世界各国融为一体,世界范围内不仅传媒传播学术、交流与竞争日益加强,而且传媒软实力也呈现出融合与强势竞争并存的趋势。以美国为例,美国对传播教育人才培养的价值取向明确设定了三个基

本标准:广泛的知识,包括人文学科、社会科学和自然科学;精深的新闻与传播专业技能和专业的研究水平;为捍卫社会的民主、公正而奋斗的专业价值观。这几个培养标准体现的是美国教育的全球视野。

中国传媒教育应该及时向世界范围内传媒传播院校与机构学习,同时善于引导国际受众,使国家的传媒话语权与文化软实力在世界范围内具有更大的影响力。为学生提供国际化、专业化的平台,实践中就会自然养成全球视角的思考习惯。

在信息全球化的网络时代,信息的传播和大众媒体的崛起,使得传媒人才培养的发展也倾向于纵深化、精细化,与国际前沿研究接轨的步伐也越来越快,因此开阔眼界、用世界眼光来塑造传媒软实力也刻不容缓。我国国内一些传媒院校已经开始聘用国外教授来讲授外国传媒产品生产流程,培养学生的国际视野和全局思考的思维习惯。

2. 规避同质化,强调针对性、差异化和精细化

中国传媒大学校长胡正荣教授指出,现有传媒教育存在"千校一面,千院一面,千系一面"的竞争困局。[①] 在此背景下,如何走一条差异化竞争和创新型培养的道路值得深思。针对国际传播人才培养的同质化倾向,我国传媒传播教育对国际传播人才培养针对性、差异化和精细化的加强应该成为未来创新的方向。

在跨学科整合的基础上,国际传播人才创新培养能否实现知识和能力的深度融合和创新,这是我们需要思考的重点。国际传播人才需要加强语言、传播、文化、思维、技术、国际知识的真正有机融合。融合应该是突破和创新,这也是国际传播人才培养的最终目标、终极追求。

大数据的运用,带来时代的快速变革。面对这种变革,国际传播学科尚未及时回应,而传媒教育需要及时关注大数据变革,创新国际传播人才培养,已成为学界与业界的集体呼声。

这种呼声,折射出复合型人才的需求已是全球化时代背景下,国家软实力发展对创新传媒教育需求的呼唤,这种呼唤是软性的,也是硬性的,应对得好,国家软实力会得到事半功倍的提升;应对得不好,国家软实力不仅得不到提升,反而会受到拖累。

传媒教育与一般性的人文社科学科教育不同,应用领域相对集中,实践的检验性更突出,加上媒体人在社会中较为活跃,从而更受外界关注,传媒教育直接关联的传媒传播,本身就是一件需要发散思维并进行创意策划的行业。基于这一

---

① 曹继军、林溪声:《新闻传播学院长论坛召开 教育转型情势紧迫》,《光明日报》2011 年 11 月 12 日。

点,传媒教育更应该提倡一种开放式的教育理念,努力实现全球范围内的实习培训计划。通过跨国、跨地区的实习,增强传媒传播专业学生的视野和多元文化素养,启发学生思维,鼓励学生从不同角度形成不同的传媒传播理念认知及立场。进行传媒教育的全球化实践,例如湖南大学传媒传播与影视文化学院与美国密苏里大学新闻学院的合作项目。通过此项目,学生既可以在国内完成必要的传媒基础课程,又有机会到国外了解不同地域的传媒传播教育与生产方式,达到对传媒传播专业的跨国界认知。这无论对于学生将来走上传媒实践第一线还是从事理论研究,都是必要的。

归根到底,传媒教育的发展是一个长远性与全局性发展的过程,也是提升我国文化软实力与话语权的不竭动力。传媒教育的改进与否,和我国文化软实力的发展有着不可分割的关联。针对我国传媒教育的现状问题,准确分析原因,对症下药,提高传媒教育的国际化水准,也是提升国家文化软实力的必要路径。传媒人才培养机构作为文化软实力建设的"孵化基地",培养出一批既能够顺应时代潮流,又能够讲好"中国故事"的传媒人才,是促进国家文化软实力发展的重要力量。

促进传媒教育的发展,推动国家文化软实力建设,应该成为传媒教育及文化软实力研究发展的共同使命。

(杨梦盈、祝爱蓉、谭玲珑、李依环、廖平整理参编)

# 2017年中国文化软实力评价研究发展报告[*]

舒 俊[**]

**摘要：** 中国文化软实力评价研究具有重要的理论和实践意义。开展中国文化软实力评价研究可以进一步丰富和发展文化软实力基础理论，促进文化软实力研究方法的多元化和科学化，也有助于把握我国文化软实力的发展现状及结构特征，为我国文化软实力建设提供目标导向和理论依据。国外学界在约瑟夫·奈软实力理论的基础上深化和扩展了软实力资源构成的研究，并就软实力评价问题进行了一系列实证研究，为中国文化软实力评价研究提供了参考。国内学界在文化软实力评价内容上涉及了国家文化软实力、区域文化软实力、行业文化软实力等领域，在文化软实力评价方法和评价指标上也进行了一些有益探索，但中国文化软实力评价研究尚未形成完整体系，还存在以下不足之处：一是关于文化软实力构成要素的分析不够深刻，对文化软实力的维度划分缺乏理论基础；二是已有研究多采用资源统计型评价路径，而文化软实力资源并不完全等于文化软实力本身；三是文化软实力评价研究有待深化，对行业文化软实力和区域文化软实力的评价应进一步细化。对未来研究的展望：一是加强文化软实力内涵及构成要素的研究，夯实文化软实力评价的理论基础；二是综合运用多种评价路径和方法，提升文化软实力评价的科学性；三是整合多学科、多领域的研究力量，协同推进文化软实力评价研究。

## 一、中国文化软实力评价研究的意义

### （一）进一步丰富和发展文化软实力的基础理论

文化软实力涵盖人类社会除物质硬实力以外的、所有无形的、难以计量的、表现为精神、智慧、情感的力量，文化在软实力中具有不可替代的特殊重要的地位，

---

[*] 本报告是马克思主义理论研究和建设工程重大项目、国家社科基金重大项目"全面提升中国文化软实力研究"（2015MZD045）的阶段性成果。

[**] 舒俊，湖南大学马克思主义学院博士研究生。

它是软实力的灵魂和经纬。① 可见,"无形""难以计量"是文化软实力的重要特点,这些特点给文化软实力的评价工作带来了不小的挑战。但是,无形并不意味着文化软实力是不存在的,难以计量也不意味着文化软实力是无法计量的,我们需要在正确把握文化软实力基本理论的基础上对其进行科学评价,构建起一套系统的文化软实力评价指标体系,从而进一步丰富发展文化软实力基础理论。第一,有助于进一步深化对文化软实力概念内涵的研究。文化软实力这一概念是对美国学者约瑟夫·奈"软实力"概念的批判性发展,它源于软实力概念却有着不同的理论宗旨和逻辑结构。目前关于文化的概念有两百多种,学界对文化软实力的界定也是众说纷纭。对文化软实力进行评价必然会涉及"文化软实力是什么"这个基础性问题,将文化软实力概念内涵的研究进一步引向深入。第二,有助于进一步深化对文化软实力构成要素的研究。文化软实力既不能泛化地理解成什么都能往里装的"一个筐",也不能窄化地理解为国际话语权、国家形象、传统文化等个别具体领域。文化软实力究竟包括哪些构成要素?这些要素之间的关系又是怎样?对各要素怎么进行准确的评定和测量?文化软实力评价指标体系涉及各系统要素、定性与定量、弹性与加权、主体与客体等一系列环节,相信以上问题的答案都会在构建文化软实力评价指标体系的过程中逐渐明朗起来。第三,有助于进一步深化对文化软实力功能的研究。一个国家、一个区域、一个行业文化软实力的大小、强弱体现在其文化软实力功能的发挥上,文化软实力的功能发挥得越全面、越充分,则说明其文化软实力越大、越强。在构建文化软实力评价指标体系时,无论是国家文化软实力、区域文化软实力还是行业文化软实力都要考量其功能的实现情况,这一方面是对文化软实力已有功能的检视和评估,另一方面也有利于不断挖掘出文化软实力的更多潜在功能。

(二)促进文化软实力研究方法的多元化和科学化

文化软实力研究需要依靠多元的研究视角和研究方法去完成自身的研究任务。纵观以往的文化软实力研究,存在着重定性分析轻定量分析、重规范分析轻实证分析、重宏观分析轻微观分析的情况,这些研究方法上的问题亟待改进。文化软实力的评价工作较为复杂,必须结合多种研究方法才能对文化软实力做出系统全面的评价,这将从客观上促进文化软实力研究方法的多元化和科学化。第一,促进定性分析与定量分析相结合。文化软实力评价需要明确指出文化软实力的大小和强弱,必然涉及对文化软实力的定量分析,运用丰富的数据来说明问题,比如将文化软实力的各要素准确地测量出来并赋予合理的权重以构建文化软实力评价指标体系。但是文化软实力难以计量的特点决定了其评价方法必须是将

---

① 张国祚:《中国文化软实力研究论纲》,社会科学文献出版社2015年版,第60—62页。

定性分析与定量分析有机结合起来，而且定性评价是定量评价的基础，定性分析是任何评价研究都不可或缺的重要方法。文化软实力的发展具有质和量的特征，评价文化软实力的发展需要从质和量两方面出发来揭示其本质特征。在文化软实力的具体评价过程中，应以定性分析为基础，并与定量分析相结合，以便获取更加科学、准确的评价结果。第二，促进实证分析与规范分析相结合。一方面，文化软实力研究具有鲜明的意识形态属性，对文化软实力的评价也应强调价值判断。规范分析注重验证活动本身是否合乎一定的标准，然后再对事物发展变化的过程作出判断。文化软实力的意识形态属性表明其发展必须坚持正确的政治方向，因此在文化软实力的评价中应先通过规范分析做出价值判断。另一方面，要回答"文化软实力到底有多大"这个问题，或者说要准确测量文化软实力是离不开调查研究、实地考察、统计分析等实证研究方法的。实证分析描述一定条件下事物发展变化的状况，并从中找出影响事物发展变化的因素及因素之间的相互关系。规范分析为评价文化软实力做出方向性的指导，而实证分析为评价文化软实力做出程度上的描述，两者缺一不可，对文化软实力的发展变化做出不同方面的分析。第三，促进宏观分析与微观分析相结合。经济基础决定上层建筑是历史唯物主义的基本原理，文化软实力作为一种意识形态是和一国的经济、政治紧密联系的。在进行文化软实力评价时，要将文化软实力置于特定的社会经济和政治条件下考察，抽象地进行文化软实力评价是不可能获得科学结论的。但也要看到，文化有着自己特殊的发展规律，文化软实力的评价涉及核心价值观、传统文化、文化产业等文化领域的各个方面，必须对所研究的具体文化问题或文化领域内部进行微观的分析和评价。微观分析应以宏观分析为指导，宏观分析应以微观分析为基础，在文化软实力评价中这两种方法互为补充。

### （三）有助于把握我国文化软实力的发展现状及结构特征

2007年党的十七大报告第一次明确提出要提升中国文化软实力，此后我国文化软实力建设开始如火如荼地进行。经过十余年的努力，我国的文化软实力究竟发展到了何种水平？各地区、各行业的文化软实力的发展又有何特征？要回答好这些问题，就必须对我国的文化软实力发展状况进行科学评价。文化软实力是一个复杂的系统，其内部包括核心价值观、传统文化、文化产业、教育格局、新闻传媒、文学艺术、外交政策、国家形象等子系统。同时，文化软实力又是社会大系统中的一个子系统，其自身的运转会受到经济、政治、科技、军事等其他社会子系统的影响。要准确把握这样一个复杂系统的运行情况，必须运用系统思维进行科学评价，以更好地总结文化软实力发展的经验教训。通过构建中国文化软实力评价的系统模型，对我国文化软实力发展的整体水平和内部结构进行详细评判，在纵向和横向比较中发现我国文化软实力建设的优势和不足，为今后我国文化软实力的发展规划做好前期调研和理论准备。就把握文化软实力的发展现状而言,主要是弄清楚我国文化软实力整体水平的发展态势,弄清楚我国文化软实力的发展速度和发展质量,弄清楚我国文化软实力发展的影响机制。就把握文化软实力的结构特征而言,主要是弄清楚不同层面和不同行业文化软实力的发展状况。文化软实力可分为国家层面、省级层面、市级层面、县级层面,不同层级、不同区域的文化软实力发展状况或多或少存在差异,在评价中应力图从这些差异中发现规律性的东西并分析造成这些差异的原因。文化软实力按照行业可分为教育文化软实力、企业文化软实力、传媒文化软实力、体育文化软实力、军事文化软实力、农村文化软实力、旅游文化软实力等,在评价中应理清各行业文化软实力发展的具体情况,弄清楚各行业文化软实力发展所呈现出的特点,归纳出我国文化软实力发展的结构性特征。

### (四)为我国文化软实力建设提供目标导向和理论依据

对文化软实力进行评价必然会涉及评价标准的问题,评价标准应是经过充分讨论、科学论证的,不仅能够准确评价出文化软实力的发展现状和结构特征,还能对文化软实力今后的发展指明方向、描绘路线,从理论上为文化软实力的发展提供支撑。文化软实力评价指标体系中的各项指标就是对文化软实力发展的评判标准,这些标准衡量着文化软实力过去和现在的发展水平,从中可以发现文化软实力发展的主要优势和存在问题,从而明确未来文化软实力建设的重点和突破口。评价标准本身为文化软实力的建设指明了目标,文化软实力评价指标体系实际上就是对文化软实力建设的各项要求,在文化软实力建设的实践过程中应以文化软实力评价指标体系中的各项要求为目标,使文化软实力的实践更具效率、更有效果。同时,应该看到文化软实力的评价标准是要与时俱进的,否则就难以科学地指导不断变化的文化软实力实践工作,要根据变化着的文化软实力实践活动来定期调整修改文化软实力的评价标准,而不是用一成不变的评价标准去评判和指导实践活动,这样文化软实力评价为文化软实力实践提供的目标导向才是科学合理的,评价工作才能发挥出应有的作用和价值。此外,文化软实力评价标准的制定过程也是文化软实力理论研究的过程,文化软实力的评价应该包括哪些评价维度、各评价维度又应该包括哪些指标要素、各指标要素的权重应该如何确定等一系列问题都需要从理论上予以关注。因此,一套科学的文化软实力评价标准必定是有充分的理论依据的,在这种评价标准指导下的文化软实力实践活动的开展将会更有深度、更富成效,从而在很大程度上能够克服实践活动的自发性和盲目性,使我国文化软实力发展少走弯路,加快全面提升我国文化软实力的进程,大力推进社会主义文化强国建设。

## 二、国外软实力评价研究的主要学术成果与观点

### （一）国外关于软实力资源构成的研究

对软实力资源构成的分析是开展软实力评价研究的基础。国外学者在约瑟夫·奈软实力资源研究的基础上作了进一步探讨，深化和扩展了软实力资源构成的研究，还有国外研究专门就中国的软实力资源进行分析。以下选取了几种有代表性的观点。

约瑟夫·奈在论著中多次探讨软实力资源的构成。1990年，他在《软实力》一文中指出，软实力常与无形的权力资源（如文化、意识形态、制度）联系在一起。2004年，他在《软实力：世界政坛成功之道》中强调，制度、价值观、文化和政策是产生软实力的主要资源。2011年，约瑟夫·奈又进一步指出，富有吸引力的文化、内外一致的政治价值观和有道义的外交政策是构成软实力资源的三个基础。约瑟夫·奈认为，可以通过量化的方式考察一个国家的文化、交流及外交资源，而民意调查结果也能反映出这个国家吸引力的大小。①

Louis Klarevas 认为，从本质上说，软实力有三种表现形式：规范性、实践性和权威性。规范性的基础在于它的价值，由文化、社会、经济、法律和政治思想作为它的构成要素。实践性的基础在于实践，在于思想和行为标准的推广，由历史上的努力和现实的政策作为它的构成要素，实践主要表现为国内外政策，具体在于议事日程的设立。权威性的基础在于软实力的重要性，由政府机构和合法的社会组织作为它的构成要素。②

Young Nam Cho,Jong Ho Jeong 指出，中国的软实力主要依赖于以下三种资源：第一，中国发展模式。中国发展模式可为世界发展中国家追求经济增长和改善人民生活提供借鉴和示范。第二，和平发展的外交政策。和平崛起与和平发展理论是中国打造全球影响力的外交战略，关于亚洲的区域性外交政策是中国软实力的重要来源。第三，中国文化。中国的历史和文化资源是重要的软实力资源，它使得中国在亚洲价值观的塑造中居于领导地位。③

Xin Li,Verner Worm 通过对已有文献的分析，将中国软实力资源扩展为六个部分：文化吸引力、政治价值观、中国发展模式、国际组织、国际形象和经济吸引力。其中，文化吸引力、中国发展模式、经济吸引力是中国软实力较强的三个资

---

① 唐庆、冯颜利：《国外对软实力与中国软实力建设的研究——兼评约瑟夫·奈的软实力理论》，《国外社会科学》2015年第2期。
② 转引自金筱萍：《美国学术界文化软实力研究综述》，《科技进步与对策》2010年第17期。
③ Young Nam Cho,Jong Ho Jeong, "China's Soft Power:Discussions,Resources and Prospects", *Asian Survey*,2008(3):453—472.

源,政治价值观、国际组织、国际形象是中国软实力较弱的三个资源。①

国外学者对文化软实力资源的探讨主要集中在以下几个方面:第一,大众文化资源研究。大众文化作为文化软实力的重要组成部分,同时也是美国文化软实力的主要表现形式,是各国学者探讨的焦点。约瑟夫·奈曾建议美国要充分利用其发达的传播媒体、文化产品、大量出口的影视节目等大众文化形成无形且强大的软实力,来增强美国对世界的控制力。第二,传统文化资源研究。在全球化的文化冲击下,很多国家和地区纷纷开始重视发掘本民族的文化资源,重点塑造本国文化软实力,以提升自身竞争力,平衡文化霸权。第三,教育资源研究。2002年约瑟夫·奈在《美国霸权的困惑》一书中指出教育也是美国的一个非常重要的文化手段,它通过每年在美国的50万外国留学生,不断地宣传民主自由理念和文化思想,向在美国的其他国家领导人的后代传授美国教育,由此与掌握权力的各国精英们建立起密切的联系。②

### (二) 国外关于软实力评价的研究

国外关于软实力评价的研究既有采用资源统计型路径的,也有采用民意调查型路径的;既有对于世界各国软实力进行综合评价的,也有针对某国软实力进行专门评价的。如表1进行具体介绍:

表1 国外软实力评价研究代表性文献简介

| 年份 | 评价主体 | 评价客体 | 评价路径 | 评价指标 |
| --- | --- | --- | --- | --- |
| 2013 | 英国"政府研究院"和 Monocle（IFG-Monocle 指数） | 多国软实力 | 资源统计型为主 | 客观指标:外交建设、政府质量、文化产出、教育功能、对企业的吸引力;主观指标:文化产出、商业品牌、软实力偶像、全球领导力、美食、国家航空公司/机场、设计/建筑 |
| 2009 | 芝加哥全球事务理事会与东亚学社（芝加哥调查） | 多国软实力 | 民意调查型 | 经济、文化、人力资本、政治、外交 |
| 2016 | Jonathan McClory、Olivia Harver(基于 IFG-Monocle 指数) | 多国软实力 | 资源统计型为主 | 客观指标:政府机构、数字化程度、文化吸引力、经济模式、全球化程度、教育吸引力;主观指标:饮食、亲和力、文化、科技产品、奢侈品、外交政策、宜居性 |

---

① Xin Li,Verner Worm,"Building China's Soft Power for a Peaceful Rise",*Journal of Chinese Political Science*,2011(16):69—89.

② 郭云:《多维视野下的国外文化软实力研究》,《学术论坛》2010年第12期。

(续表)

| 年份 | 评价主体 | 评价客体 | 评价路径 | 评价指标 |
| --- | --- | --- | --- | --- |
| 2009 | Myunghee Kim | 美国软实力 | 民意调查型 | 自变量：军事因素、经济因素、社会政治因素；因变量：亚洲民众对美国软实力的好感 |
| 2015 | Hankwon Kim | 中国软实力 | 资源统计型为主 | 综合好感度、廉洁、公众幸福感和收入水平、民主和人权、经济自由 |
| 2016 | Haruka | 中国软实力 | 民意调查型 | 自变量：经济实力、贸易（进出口）、民主程度、媒体；因变量：公众意见（非洲民众对于中国的态度） |
| 2009 | Jung-Nam Lee（基于芝加哥调查） | 中国软实力 | 民意调查型 | 政治、外交、文化、人力资源、经济 |

**1. 资源统计型软实力评价研究**

McClory. J 介绍了英国的非政府组织"政府研究院"（Institute for Government）和 Monocle 杂志在 2011 年联合开展的国际软实力评估与排名。"IFG-Monocle 软实力指数"基于约瑟夫·奈提出的"文化、制度、外交"这三个基本维度拓展而来，形成了由外交建设、政府质量、文化产出、教育功能、对企业的吸引力这五个二级指标组成的评价指标体系，这五个二级指标又由更为具体的五十个三级测量指标组成，这些三级指标的数据来源于经济合作与发展组织（OECD）、世界银行、各国政府的统计数据。除此之外，它们还采用了德尔菲法这一主观评价法，请专家给文化产出、商业品牌、软实力偶像、全球领导力、美食、国家航空公司/主要机场、设计/建筑这七个主观指标打分。在软实力指数的权重中，客观指标占 70%，主观指标占 30%。据此综合指数测算得出的 2011 年软实力排名前十的国家依次是：美国、英国、法国、德国、澳大利亚、瑞典、日本、瑞士、加拿大、荷兰。①

Jonathan McClory、Olivia Harvey 结合客观评价数据和主观评价数据对 60 个国家的软实力进行评价。其客观指标为政府机构、数字化程度、文化吸引力、经济模式、全球化程度、教育吸引力；主观指标为饮食、亲和力、文化、科技产品、奢侈品、外交政策、宜居性。根据该评价方法计算出 2015 年度和 2016 年度软实力排行榜十强的国家，其中 2015 年前十强依次是：英国、德国、美国、法国、加拿大、澳大利亚、瑞士、日本、瑞典、荷兰；2016 年前十强依次是：美国、英国、德国、加拿大、法国、澳大利亚、日本、瑞士、瑞典、荷兰。②

---

① McClory J., *The New Persuaders* Ⅲ: *A 2012 Global Ranking of Soft Power* [R/OL]. London: Institute for Government. 2013-09-06. http://www.instituteforgovernment.org.uk.

② Jonathan McClory, Olivia Harvey, "The Soft Power 30: Getting to Grips with the Measurement Challenge", *Global Affairs*, 2016(3): 309—319.

Hankwon Kim 试图从综合好感度、廉洁、公众幸福感和收入公平、民主和人权、经济自由五个维度评价中国的软实力。其中，综合好感度指不同国家对中国喜好态度的民意测验，廉洁维度采用国际腐败指数来测量，公众幸福感和收入公平维度采信世界银行的基尼系数，民主和人权维度选取自由之家的世界自由指数的排名数据，经济自由维度选用加拿大弗雷泽研究所《世界经济自由度报告》中的数据。①

2. 民意调查型软实力评价研究

Whitney C、Shambaugh D 论述了采用民意调查路径的"芝加哥调查"，该调查由芝加哥全球事务理事会(The Chicago Council on Global Affairs)与东亚学社(The East Asia Institute)于2008年在中国、美国、日本、韩国、越南、印尼六国开展。该调查将软实力分为经济、文化、人力资本、政治、外交这五个二级指标并进一步细分为各测量题项，运用抽样调查的方法对这五个方面进行数据采集。该指数主观赋予五个二级指标相同权重，根据算出的得分结果对六国的软实力进行排名。②

Myunghee Kim 评价美国在亚洲的软实力，检验军事因素、经济因素、社会政治因素是否能够增进亚洲民众对于美国软实力的好感，其实证结果显示总体上美国政府的援助会促进亚洲民众对美国软实力的认同，其中经济因素、社会政治因素与亚洲民众对美国软实力的认同存在明显的因果关系。③

Haruka Nagao 尝试检验中国的软实力投资是否使非洲人民对中国产生了积极评价，实证结果表明中国的软实力投资和非洲人民对中国的积极评价这两者并没有直接的因果关系。研究将直接的软实力投资和间接的软实力投资作为自变量，将公众意见(即非洲民众对于中国的态度)作为因变量，将经济实力、贸易(进出口)、民主程度作为控制变量，检验结果显示自变量和控制变量均未对因变量公众意见产生明显影响。而当研究引入媒体这一新变量后发现，非洲媒体对于中国的描述显著影响了非洲人民的公众意见。④

Jung-Nam Lee 运用2008年"芝加哥调查"的数据，从政治、外交、文化、人力资源、经济五个维度对中国的软实力进行评价，研究发现中国在东亚的软实力低于

---

① Hankwon Kim, *Evaluating China's Soft Power: Dimensions of Norms and Attraction* [M], Assessing China's Power, Palgrave Macmillan US, 2015.

② Whitney C, Shambaugh D., *Soft Power in Asia: Result of a 2008 Multinational Survey of Public Opinion* [R/OL], Chicago: The Chicago Council on Global Affairs, 2009, http://www.thechicagocouncil.org.

③ Myunghee Kim, "Evaluating US Soft Power in Asia: Military, Economic and Sociopolitical Relationships between Asia and the United States", *Contemporary Politics*, 2009: 337—350.

④ Haruka Nagao, *China's Soft Power Investment in African Nations*, the University of Kansas for the degree of Master, 2016: 44—59.

美国、日本和韩国,在文化、外交维度上和发达国家差距较小,而在政治、人力资源、经济维度上和发达国家差距较大。①

## 三、中国文化软实力评价研究的主要学术成果与观点

### (一) 文化软实力评价文献计量分析

运用中国知网(CNKI)对近年来文化软实力评价研究的发展趋势进行计量分析,检索时间截至 2017 年 6 月 30 日。检索"篇名"字段中含有"文化软实力评价"的文献,发现仅有 29 篇;检索"主题"字段中含有"文化软实力评价"的文献,共有 744 篇,第一篇关于"文化软实力评价"的文献出现在 2004 年。这说明目前关于文化软实力评价方面的文献还不够丰富,特别是关于文化软实力的专门研究较少。利用读秀学术搜索以"文化软实力评价"为书名进行检索,发现目前暂无关于文化软实力评价的专著,这表明文化软实力评价方面的研究还没形成完整体系。由于没有文化软实力评价的相关学术专著,所以以下学术文献计量分析主要是关于学术论文的,且考虑到以"篇名"检索的文献太少,因此采用以"主题"检索到的文献为基础进行分析。

1. 文化软实力评价学术文献的总体趋势分析

运用中国知网对近年来文化软实力评价研究的发展趋势进行统计分析。检索"主题"字段中含有"文化软实力评价"的文献,文献检索的时间范围截至 2017 年 6 月 30 日,如表 2 所示。从表 2 中可以看到,文化软实力评价学术文献发文数量"破十"出现在 2008 年,发文数量"破百"出现在 2013 年。文献数量的发展趋势和相关的国家政策有一定的关联性:2007 年 10 月 15 日时任中共中央总书记胡锦涛在中共十七大报告中首次明确提出了要提升中国文化软实力;中共中央总书记习近平在 2013 年多次谈到文化软实力,而且习近平在 2013 年带领中共中央政治局集体学习文化软实力。可见,国家的政策方向在一定程度上推动了文化软实力相关研究的发展。

表 2　2004—2017 年文化软实力评价学术文献的总体趋势分析

| 年份 | 2004 | 2005 | 2006 | 2007 | 2008 | 2009 | 2010 |
|---|---|---|---|---|---|---|---|
| 篇数 | 1 | 1 | 4 | 9 | 21 | 40 | 55 |
| 年份 | 2011 | 2012 | 2013 | 2014 | 2015 | 2016 | 2017 |
| 篇数 | 58 | 89 | 110 | 121 | 111 | 117 | |

---

① Jung-Nam Lee,"China's Soft Power in East Asia: Anestimation Based on the Outcome of Surveys of Six Countries",*Korean Journal of Defense Analysis*,2009:185—204.

## 2. 文化软实力评价学术文献的发文机构分析

运用中国知网对文化软实力评价研究的发文机构分布进行统计分析,检索的时间范围截至 2017 年 6 月 30 日,如表 3 所示。从表 3 中可以发现,发文数量排名靠前的机构以综合类高校、师范类高校居多,特别是前十位基本上被这两类高校占据。此外,在 11 至 20 位中,财经类高校和体育类高校也占据一定比例。这说明文化软实力评价研究以综合类高校和师范类高校为龙头,其他行业类高校亦有所关注。

表 3　2004—2017 年文化软实力评价学术文献的发文机构分布统计(前 20 名)

| 序号 | 机构名称 | 论文数量 | 序号 | 机构名称 | 论文数量 |
| --- | --- | --- | --- | --- | --- |
| 1 | 山东大学 | 23 | 11 | 武汉大学 | 8 |
| 2 | 湖南大学 | 19 | 12 | 大连海事大学 | 8 |
| 3 | 吉林大学 | 14 | 13 | 上海体育学院 | 8 |
| 4 | 河北师范大学 | 10 | 14 | 安徽大学 | 8 |
| 5 | 陕西师范大学 | 10 | 15 | 复旦大学 | 8 |
| 6 | 华中科技大学 | 10 | 16 | 西南财经大学 | 7 |
| 7 | 福建师范大学 | 9 | 17 | 合肥工业大学 | 7 |
| 8 | 广西师范大学 | 9 | 18 | 东北财经大学 | 7 |
| 9 | 华中师范大学 | 8 | 19 | 北京体育大学 | 7 |
| 10 | 中南大学 | 8 | 20 | 燕山大学 | 7 |

## 3. 文化软实力评价学术文献的学科分布分析

运用中国知网对文化软实力评价研究的发文学科分布进行统计分析,检索的时间范围截至 2017 年 6 月 30 日,如表 4 所示。从表 4 可以发现,发文数量排名前 10 位的学科主要分布在文化、经济、政治、传媒、教育、体育、语言这七个领域,特别是文化学科的发文数量遥遥领先,这说明文化软实力评价研究以文化学科为主体,辐射经济、政治、教育等其他人文社科类学科,其研究具有跨学科特征。

表 4　2004—2017 年文化软实力评价学术文献的学科分布统计(前 10 名)

| 序号 | 学科名称 | 论文数量 | 序号 | 学科名称 | 论文数量 |
| --- | --- | --- | --- | --- | --- |
| 1 | 文化 | 178 | 6 | 新闻与传媒 | 43 |
| 2 | 企业经济 | 81 | 7 | 高等教育 | 41 |
| 3 | 文化经济 | 76 | 8 | 体育 | 35 |
| 4 | 中国政治与国际政治 | 62 | 9 | 工业经济 | 32 |
| 5 | 宏观经济管理 | 58 | 10 | 外国语言文字 | 27 |

## (二) 文化软实力评价内容分析

回顾已有文献,国内关于文化软实力评价的研究从内容上大体可以分为三类:国家文化软实力评价研究、区域文化软实力评价研究、行业文化软实力评价研究。其中,国家文化软实力评价研究包括国家文化软实力构成要素、评价原则、评价体系等内容,区域文化软实力评价研究包括区域文化软实力综合评价、城市文化软实力评价、农村文化软实力评价等内容,行业文化软实力评价研究包括教育文化软实力评价、企业文化软实力评价、传媒文化软实力评价、体育文化软实力评价、军事文化软实力评价等内容。

### 1. 国家文化软实力评价研究

学界在国家文化软实力评价研究方面主要涉及了国家文化软实力构成要素、评价原则、评价体系等内容。国家文化软实力构成要素和评价原则的研究是构建国家文化软实力评价体系的基础内容,国家文化软实力评价体系中蕴涵着国家文化软实力构成要素和评价原则的核心思想。表5统计了2009—2016年国家文化软实力评价研究的代表性文献。

**表5 国家文化软实力评价研究代表性文献统计**

| 主要内容 | 年份 | 作者 | 篇名 | 来源 |
| --- | --- | --- | --- | --- |
| 国家文化软实力构成要素 | 2009 | 孙亮 | 《"文化软实力"指标体系的建构原则与构成要素》 | 《理论月刊》2009年第5期 |
| | 2012 | 刘德定 | 《当代中国文化软实力研究》 | 河南大学2012年博士学位论文 |
| | 2012 | 王学俭 郭绍均 | 《国家文化软实力之含义:观点综述与反思辨析》 | 《理论与改革》2012年第3期 |
| | 2012 | 李晓宏 赵红 | 《基于国家安全视角的文化软实力测度模型及实证分析研究》 | 《数学的实践与认识》2012年第23期 |
| | 2016 | 黄意武 | 《文化软实力的构成要素与路径找寻》 | 《重庆社会科学》2016年第10期 |
| 国家文化软实力评价原则 | 2008 | 杨新洪 | 《关于文化软实力量化指标评价问题研究》 | 《统计研究》2008年第9期 |
| | 2009 | 孙亮 | 《"文化软实力"指标体系的建构原则与构成要素》 | 《理论月刊》2009年第5期 |
| | 2010 | 林丹 洪晓楠 | 《中国文化软实力综合评价体系研究》 | 《大连理工大学学报(社会科学版)》2010年第4期 |
| | 2015 | 刘江 | 《国家文化软实力影响指数测评模型的构念》 | 《江淮论坛》2015年第5期 |

(续表)

| 主要内容 | 年份 | 作者 | 篇名 | 来源 |
| --- | --- | --- | --- | --- |
| 国家文化软实力评价体系 | 2010 | 罗能生 谢里 | 《国家文化软实力评估指标体系与模型构建》 | 《求索》2010年第9期 |
| | 2011 | 熊正德 郭荣凤 | 《国家文化软实力评价及提升路径研究》 | 《中国工业经济》2011年第9期 |
| | 2012 | 孟杰 | 《基于熵权TOPSIS法的我国文化软实力的综合评价》 | 《科技和产业》2012年第10期 |
| | 2012 | 凌炼 龙海明 | 《基于AHP法的中外文化软实力建设绩效评价》 | 《湖南大学学报(社会科学版)》2012年第4期 |
| | 2011 | 张洪忠 刘彦榕 | 《美国大学生对中国文化软实力的认知状况分析》 | 《现代传播》2011年第6期 |
| | 2016 | 刘佳 | 《中国对美文化软实力的优劣势因素及完善思路——以对美国民众调查的实证数据为研究基础》 | 《中国政法大学学报》2016年第1期 |

(1) 关于国家文化软实力构成要素的研究

一是国家文化软实力基础维度的研究。有学者将国家文化软实力划分为三大基础维度：一是内核维度，主要包括对国内社会民众的凝聚效应、激励作用和对国内政治经济社会发展的支撑、保障和促进等效力；二是外辐维度，主要体现在对国际社会的传播力、竞争力和辐射面、影响度及由此获得的公信力或认同度；三是互动维度，即外辐维度与内核维度连接而成的力量结合态势。[①] 这种基础维度的探讨为进一步的国家文化软实力构成要素研究提供了一些基本思路和分析框架，在分析国家文化软实力构成要素时需要综合考虑对内、对外、内外互动等基础维度。

二是国家文化软实力基本要素的研究。有学者提出中国文化软实力指标构成的"六大要素"：发展模式软实力、核心价值观软实力、国家形象文化软实力、文化生态软实力、外交软实力、传播软实力。[②] 有研究从文化软实力的来源出发分析文化软实力的基本要素。认为文化软实力的来源可以划分为三个层次：最浅层的是器物和行为层次，其次是制度和规范层面，最核心的文化软实力则是来自于价值关系的理念、思想观念的转化。具体在我们国家，文化软实力的基本要素主要包括以下几个方面：民族凝聚力、文化创新力、文化决策力、文化影响力、政治价值

---

[①] 王学俭、郭绍均：《国家文化软实力之涵义：观点综述与反思辨析》，《理论与改革》2012年第3期，第159页。

[②] 孙亮：《"文化软实力"指标体系的建构原则与构成要素》，《理论月刊》2009年第5期，第146—147页。

观的吸引力、政治经济制度发展模式的同化力、外交影响力和塑造力、国民素质形象和国家形象的亲和力。① 国家文化软实力基本要素的研究与对国家文化软实力内涵与来源的理解密切相关,准确界定国家文化软实力的概念内涵是国家文化软实力要素研究的重要基础。

三是国家文化软实力各要素结构关系的研究。有研究提出国家文化软实力的构成要素主要包括文化凝聚力、文化吸引力、文化创新力、文化辐射力、文化整合力、文化生产力等,这六个方面构成了一个系统的整体。国家文化软实力的核心是文化的吸引力,这种吸引力对内而言需要形成文化凝聚力,对外而言需要提高文化辐射力,文化凝聚力、文化辐射力、文化吸引力是从结果层面构成文化软实力的内核,而文化整合力、文化创新力、文化生产力都是提高国家文化软实力的重要手段。② 有学者从国家安全视角考虑文化软实力,提出包含文化凝聚力、文化融合力、文化渗透力、文化创新力、文化感召力和文化生产力六个维度的文化软实力概念模型。其中,文化凝聚力是内核安全要素,文化融合力是融合保障要素,文化创新力是核心竞争要素,文化生产力是生产保障要素,文化渗透力是对外拓展要素,文化感召力是实力感召要素。③ 国家文化软实力各要素结构关系研究应该明确各要素的作用与功能、相对重要性、要素间的关系等,为确定国家文化软实力评价体系的内在结构及权重分配奠定理论基础。

(2) 关于国家文化软实力评价原则的研究

国家文化软实力评价原则是关于文化软实力评价的基本理念和方针,评价原则的导向直接影响到评价方法和评价指标的选取,是构建文化软实力评价体系的纲领。有学者认为构建文化软实力的硬指标体系及其统计评价模型应遵循下列原则:第一,按文化本体论构建理念,体现从高从严设置文化软实力硬指标原则;第二,按文化元素多重性构建理念,体现按三大产业分类原则;第三,按文化动变性构建理念,体现"评价、衡量、预警、调控"多维角度原则;第四,按文化中国特征构建理念,体现求实求简原则。④ 有研究指出,文化软实力指标建构应该遵循的原则是系统性原则、深层性原则、生成性原则、民族性原则。⑤ 有学者认为在建立文化软实力综合评价和分析模型时,需要同时兼顾以下设计原则:第一,指标筛选的原则。指标筛选具体包括"六要素"原则,即范畴规范性原则、指标解释力原则、数

---

① 刘德定:《当代中国文化软实力研究》,河南大学2012年博士学位论文,第49—60页。
② 黄意武:《文化软实力的构成要素与路径找寻》,《重庆社会科学》2016年第10期。
③ 李晓宏、赵红:《基于国家安全视角的文化软实力测度模型及实证分析研究》,《数学的实践与认识》2012年第23期。
④ 杨新洪:《关于文化软实力量化指标评价问题研究》,《统计研究》2008年第9期。
⑤ 孙亮:《"文化软实力"指标体系的建构原则与构成要素》,《理论月刊》2009年第5期。

据可操作原则、指标可评估原则、标准可实现原则、资料科学性原则。第二,确立指标权重的原则。具体通过目标原则、需求原则、实效原则、平衡原则来解决指标权重设置问题。第三,定性与定量相结合的原则。① 有研究指出,国家文化软实力评价指标的确立应遵循科学性原则、系统性原则、可行性原则、动态性原则、独立性原则。② 国家文化软实力评价既要遵循一般评价工作的基本原理与方法,又要紧密结合文化软实力评价工作的具体特点,制定出具有指导性和针对性的评价原则。

(3) 关于国家文化软实力评价体系的研究

一是基于资源统计型评价路径的国家文化软实力评价体系研究。资源统计型评价路径的特点是通过统计与文化软实力密切相关的文化资源来评价文化软实力的大小和强弱,其数据来源多为统计数据。以下列举几篇具有代表性的资源统计型国家文化软实力评价体系研究:有学者认为国家文化软实力包括文化生产力、文化传播力、文化影响力、文化保障力、文化创新力和文化核心力等六个方面,据此设计了衡量国家文化软实力的较为完备的指标体系,采用层次分析法确定各项指标的权重,用阈值法进行无量纲化处理,进而建立多级层次评价模型。③ 有研究指出国家文化软实力是由文化价值吸引力、文化知识生产力、文化体制引导力以及文化产业竞争力构成,据此构建了国家文化软实力的评价指标体系,通过主成分分析法从时间维度和空间维度上实证了我国文化软实力的总体发展趋势及各省域文化软实力发展对国家文化软实力的推动和制约作用。④ 有学者通过熵值法与 TOPSIS 法建立了我国文化软实力的多指标综合评价体系,选取了文化传统、文化教育、文化传播、文化营销、文化发展五个一级指标。具体而言:第一,文化软实力的建设与中国传统文化的关系极为密切,必须以文化传统作为根基;第二,教育是一种人力资本,只有全面提高教育水平,我国的文化软实力才能提高;第三,文化软实力建设需要文化传播即通过各种媒介宣传积极的文化,以引导人民培育正确的价值观;第四,文化营销是国家文化软实力的重要组成部分,让全世界认识中国、了解中国文化离不开文化营销;第五,文化发展指的是政府的政策支持以及人们对于文化消费的需求。⑤ 有研究指出文化软实力建设是提升国家综合国力的重要方面。因此,通过从投入和产出两个维度构建文化软实力建设量化考

---

① 林丹、洪晓楠:《中国文化软实力综合评价体系研究》,《大连理工大学学报(社会科学版)》2010 年第 4 期。
② 刘江:《国家文化软实力影响指数测评模型的构念》,《江淮论坛》2015 年第 5 期。
③ 罗能生、谢里:《国家文化软实力评估指标体系与模型构建》,《求索》2010 年第 9 期。
④ 熊正德、郭荣凤:《国家文化软实力评价及提升路径研究》,《中国工业经济》2011 年第 9 期。
⑤ 孟杰:《基于熵权 TOPSIS 法的我国文化软实力的综合评价》,《科技和产业》2012 年第 10 期。

察指标,并以此为基础,采用层次分析法对中日美三国文化软实力建设综合绩效进行差异化分析和动态比较。① 资源统计型评价路径在国内文化软实力评价研究中较为常见,但存在着将文化软实力资源等同于文化软实力本身的不足之处,在实际运用中需要注意避免这一情况。

二是基于民意调查型评价路径的国家文化软实力评价体系研究。民意调查型评价路径的特点是以文化软实力受众群体的切身感受为依据来评价文化软实力,其数据来源于对受众群体的问卷调查。以下列举两篇采用民意调查型评价路径的国家文化软实力评价体系研究:有学者对美国在校大学生进行文化软实力测量网络调查。研究发现,所调查的美国大学生对中国文化软实力表现出一种"高评价、低了解"的特点。第一,在总体上给予中国较高评价;第二,在具体指标的测量上发现所调查的美国大学生对中国文化的接触率整体很低;第三,中国戏剧在文化软实力中作用很低;第四,在媒体和文化产品的使用上中国存在明显"逆差"现象;第五,中国文化符号在所调查的美国大学生中整体认知程度很低。② 有研究指出,中国文化软实力水平可以通过五个方面衡量,包括好感度、语言兴趣度、文化认可度、文化认知度以及文化价值观认同度。通过对美国民众的实证调查发现,好感度与文化认可度是中国对美文化软实力的优势因素,而语言兴趣度、文化认知度以及文化价值观认同度则是劣势层面。③ 民意调查型评价路径在国内文化软实力评价研究中较为少见,运用这种评价路径需要大样本的问卷调查数据,这在一定程度上成为使用该评价路径的操作性障碍,但其以受众感知为导向的评价思路是值得肯定的。

2. 区域文化软实力评价研究

学界在区域文化软实力评价研究方面主要涉及了区域文化软实力综合评价、城市文化软实力评价、农村文化软实力评价等内容。区域文化软实力综合评价从整体上对各省区文化软实力发展态势进行评价,城市文化软实力评价是近年来区域文化软实力评价研究的热点问题,农村文化软实力评价多为理论性分析而缺乏实证研究。表6统计了近年来区域文化软实力评价研究的代表性文献。

---

① 凌炼、龙海明:《基于AHP法的中外文化软实力建设绩效评价》,《湖南大学学报(社会科学版)》2012年第4期。
② 张洪忠、刘彦榕:《美国大学生对中国文化软实力的认知状况分析》,《现代传播》2011年第6期。
③ 刘佳:《中国对美文化软实力的优劣势因素及完善思路——以对美国民众调查的实证数据为研究基础》,《中国政法大学学报》2016年第1期。

表6 区域文化软实力评价研究代表性文献统计

| 主要内容 | 年份 | 作者 | 篇名 | 来源 |
| --- | --- | --- | --- | --- |
| 区域文化软实力综合评价 | 2010 | 周国富、吴丹丹 | 《各省区文化软实力的比较研究》 | 《统计研究》2010年第2期 |
| | 2010 | 罗能生、郭更臣、谢里 | 《我国区域文化软实力评价研究》 | 《经济地理》2010年第9期 |
| | 2009 | 赵学琳 | 《区域文化软实力发展路径的整体构建》 | 《河南师范大学学报(哲学社会科学版)》2009年第2期 |
| | 2012 | 沈昕、凌宏彬 | 《提升区域文化软实力研究：概念、构成、路径》 | 《理论建设》2012年第4期 |
| 城市文化软实力评价 | 2013 | 张月花、薛平智、储有捷 | 《创新型城市建设视角下西安文化软实力实证评价与分析》 | 《科技进步与对策》2013年第14期 |
| | 2014 | 高素玲、韩婷婷、张路瑶等 | 《秦皇岛市文化软实力综合评价及提升对策研究》 | 《河北科技师范学院学报(社会科学版)》2014年第1期 |
| | 2011 | 陶建杰 | 《上海文化软实力的实证评价及国际比较》 | 《新闻记者》2011年第6期 |
| | 2009 | 王琳 | 《国家中心城市文化软实力评价研究——以港京沪津穗城市为例》 | 《城市观察》2009年第3期 |
| | 2014 | 万伦来、张颖、任陈陈 | 《中国省会城市文化软实力的综合评价》 | 《合肥工业大学学报(社会科学版)》2014年第4期 |
| 农村文化软实力评价 | 2009 | 卓纳新、黄向阳 | 《论农村文化软实力的评估》 | 《世纪桥》2009年第5期 |
| | 2013 | 邓显超、幺翔宇 | 《农村文化软实力的内涵及构成要素探析》 | 《长白学刊》2013年第1期 |
| | 2013 | 邓显超、幺翔宇、袁亚平 | 《农村文化软实力评估指标体系构建》 | 《长白学刊》2013年第6期 |
| | 2011 | 马元斌、李平贵、李宝芬 | 《新农村建设视阈下的文化软实力塑造：困境与路径》 | 《中共中央党校学报》2011年第2期 |

(1) 关于区域文化软实力评价的综合研究

学界主要从构成要素、发展现状、评价体系等方面对区域文化软实力进行探讨，既有基础理论方面的研究，也有实证调查方面的研究，取得了一定的研究成果。

一是区域文化软实力构成要素的研究。有学者指出，区域文化软实力构成要素与国家文化软实力、区域软实力、企业文化软实力等的要素构成既相互关联又有所区别,形成一个多层次的有机整体,其构成要素包括社会主义核心价值体系、地域文化资源、文化精品、文化产业、公共文化服务体系、文化发展环境、文化衍生要素等。① 区域文化软实力构成要素和国家文化软实力构成要素有着相似之处,地域文化因素是区域文化软实力的独特之处。

二是区域文化软实力发展现状的研究。有研究从总体上对我国区域文化软实力作出了定性评价。我国各地文化软实力的发展仍然处于起步阶段,存在着诸多现实问题,制约着文化软实力的提高。第一,有的区域文化软实力拥有丰富的文化底蕴,但地方文化特色没有得到充分凝练和广泛弘扬;第二,有的区域在整体上的文化品位不够高,传统的农业文化形态较为浓重,文化软实力的现代潜质有待进一步开发和传播;第三,有的区域公共文化服务体系不够完善,公共文化产品的供给还不能适应和满足人民群众日益增长的精神文化需求;第四,有的区域现代文化生产、传播与消费同高新技术结合程度不高,文化软实力的现代化元素和信息化形态发育不够成熟;第五,有的区域文化产业的整体水平和市场竞争力不够强大,文化软实力缺少强大的产业经济载体。② 这种定性的发展现状研究有助于从宏观上把握区域文化软实力的发展态势,但需要结合定量研究进一步深入分析。

三是区域文化软实力评价体系的研究。有学者从文化软实力的内涵出发,选取文化传统、文化活动、文化素质、文化吸引、文化体制及政策五个方面的25个评价指标,形成一个分层次的、可操作性强且适合中国国情的区域文化软实力评价指标体系,并据此对各省区的文化软实力进行了综合评价,分析了各省区文化软实力的优势与劣势及其与区域经济发展之间的关系。③ 有研究认为区域文化软实力是区域综合实力的核心构成和持续发展的不竭动力。从文化生产力、文化传播力、文化影响力、文化保障力、文化创新力和文化核心力六个方面构建指标体系,并运用AHP层次分析法且采用我国31个省、自治区、直辖市2006—2008年的数据对我国的区域文化软实力进行了系统评价。结果表明,我国的文化软实力整体较弱,尤其是文化生产力和文化影响力偏低,同时,文化软实力呈现出明显的地域发展不平衡性。必须加大投入、创新体制和优化政策,推进我国文化软实力更好更快地发展。④ 上述研究采用资源统计型评价路径,用客观的统计数据展现了区域文化软实力的整体发展概况和区域间的发展差异,但评价体系相对忽视了核心

---

① 沈昕、凌宏彬:《提升区域文化软实力研究:概念、构成、路径》,《理论建设》2012年第4期。
② 赵学琳:《区域文化软实力发展路径的整体构建》,《河南师范大学学报(哲学社会科学版)》2009年第2期。
③ 周国富、吴丹丹:《各省区文化软实力的比较研究》,《统计研究》2010年第2期。
④ 罗能生、郭更臣、谢里:《我国区域文化软实力评价研究》,《经济地理》2010年第9期。

价值观这个重要指标,在今后的研究中应注意加强对核心价值观的评价。

(2) 关于城市文化软实力评价的研究

城市文化软实力是区域文化软实力研究中的一个热点问题,关于城市文化软实力评价的研究也较为深入,有的研究以特定的城市为研究对象进行专门评价,有的研究尝试构建评价体系对多个城市进行量化评价。

一是对单一城市文化软实力的专门评价。有学者结合城市文化软实力理论研究及西安现实状况,构建了"5 维度—12 层面—35 指标"的城市文化软实力指标体系,从不同角度选择了 15 个文化发展典型城市作为比较样本,对西安文化软实力水平做出评价和分析。[①] 有研究以秦皇岛市为研究对象,对秦皇岛文化软实力进行界定,通过定性分析(SWOT 分析)与定量分析(指标分析法)相结合的方法对秦皇岛市文化软实力进行综合评价,指出秦皇岛文化软实力的优势、机遇以及不足,提出了增强基础竞争力、提高市民文化涵养、建设创新型城市、构建综合型文化传播体系等提升秦皇岛市文化软实力的对策。[②] 有学者对上海文化软实力进行了实证评价,遵循针对性强、有代表性、互相独立、便于获取、系统全面等指标体系设计的原则,从城市文化软实力的 6 大要素出发,设计了包括"6 个维度—3 个层次—33 个具体指标"的城市文化软实力评价指标体系,并采用层次分析法(AHP)确定每个指标的权重,将上海文化软实力与纽约、巴黎、伦敦等国际大都市进行了全方位的比较。[③] 以特定城市为评价对象的研究较为深入,可以深层次挖掘该城市的文化软实力资源和要素,通过针对性的评价有力促进该城市文化软实力的发展。

二是对多个城市文化软实力的综合评价。有研究将数量统计方法引入文化软实力研究,对国际中心城市香港、北京、上海、天津、广州和重庆的文化核心价值水平、城市制度健全程度、城市政府管理效率、城市国际化水平、城市文化中心影响力等方面进行综合分析与评价。结果表明,以解放文化生产力、提升城市创新能力、扩大城市文化影响力为重点,把国家中心城市建设成为具有超强文化实力和影响力的城市是中华民族复兴必须采取的重要战略。[④] 有学者在构建城市文化软实力"6 维度—24 指标"评价指标体系的基础上,运用因子分析法对我国 31 个省会城市(包括直辖市)文化软实力进行综合评价。评价结果表明,北京、杭州、广

---

① 张月花、薛平智、储有捷:《创新型城市建设视角下西安文化软实力实证评价与分析》,《科技进步与对策》2013 年第 14 期。
② 高素玲、韩婷婷、张路瑶、王华、高晓菲:《秦皇岛市文化软实力综合评价及提升对策研究》,《河北科技师范学院学报(社会科学版)》2014 年第 1 期。
③ 陶建杰:《上海文化软实力的实证评价及国际比较》,《新闻记者》2011 年第 6 期。
④ 王琳:《国家中心城市文化软实力评价研究——以港京沪津穗城市为例》,《城市观察》2009 第 3 期。

州、上海和南京五大城市的文化软实力处于最高水平,而乌鲁木齐、贵阳、海口、银川和西宁等五城市的文化软实力相对较低;此外,我国城市文化软实力具有显著的区域差异性,东部地区要明显高于全国平均水平,而中西部地区相对较低。① 对多个城市文化软实力的综合评价有利于在比较研究中发现问题,找出比较优势和劣势,进一步明确各城市文化软实力的战略定位。

(3) 关于农村文化软实力评价的研究

已有研究在农村文化软实力构成要素、发展现状、评价指标方面做出了一些有益探索,但目前尚无根据指标体系收集实证数据得出的定量评价结果。

一是农村文化软实力发展现状的研究。有研究对我国农村文化软实力建设存在的问题进行了定性评价:第一,基层干部对农村文化软实力建设的重要性认识不够;第二,农村文化资源存量不能满足新农村建设的需求;第三,农村文化市场培育和管理有待完善;第四,农村公共文化服务体系缺失;第五,农村民间特色文化保护任重道远。② 对农村文化软实力建设短板的定性剖析使人们认识到发展农村文化软实力的必要性和紧迫性,也引导着研究者对这些问题进行更加深入的分析和评价。

二是农村文化软实力构成要素与评价指标的研究。有学者认为农村文化软实力评估的指标主要包含以下几个方面:农村文化资源存量,农村文化建设的现状及文化的吸引力,农村居民的文化认同及变迁趋势,农村社会组织的构成现状及开放程度,国家的农村文化政策及地方政府的文化建设能力,外部世界对农村地区的文化关注及文化援助趋势。③ 有研究指出在新农村文化改革与发展实践中,农村文化软实力构成要素体现为以社会主义核心价值观为核心的农村文化凝聚力,以公共文化事业为核心的农村文化保障力,以经营性文化产业为核心的农村文化生产力,以区域特色文化创新为核心的农村文化吸引力和以文化传播交流为核心的农村文化影响力。这五大要素在农村文化大发展大繁荣的进程中相辅相成,互相促进。④ 有学者认为设计适合中国农村发展趋势且操作性强的农村文化软实力综合评价指标体系,要在农村文化凝聚力、农村文化保障力、农村文化生产力、农村文化吸引力和农村文化影响力这五个农村文化软实力基本要素的基础上,采用科学的分析方法测算出各评价指标的权重,用以评估不同地区农村文化软实力的现实情况与发展程度,提高农村文化软实力建设的科学化水平。⑤ 这些

---

① 万伦来、张颖、任陈陈:《中国省会城市文化软实力的综合评价》,《合肥工业大学学报(社会科学版)》2014年第4期。
② 马元斌、李平贵、李宝芬:《新农村建设视阈下的文化软实力塑造:困境与路径》,《中共中央党校学报》2011年第2期。
③ 卓纳新、黄向阳:《论农村文化软实力的评估》,《世纪桥》2009年第3期。
④ 邓显超、幺翔宇:《农村文化软实力的内涵及构成要素探析》,《长白学刊》2013年第1期。
⑤ 邓显超、幺翔宇、袁亚平:《农村文化软实力评估指标体系构建》,《长白学刊》2013年第6期。

研究对构建农村文化软实力评价体系作出了有益探索,但还需要多开展实证研究以获取客观的评价结果并进一步验证评价模型的有效性。

3. 行业文化软实力评价研究

学界在行业文化软实力评价研究方面主要涉及了教育文化软实力评价、企业文化软实力评价、传媒文化软实力评价、体育文化软实力评价、军事文化软实力评价等内容。教育文化软实力评价是行业文化软实力评价研究中成果相对丰富的一个领域,企业文化软实力评价领域次之,而传媒文化软实力、体育文化软实力、军事文化软实力等方面的评价研究较少。文化软实力评价在各行业中的研究情况存在明显差异,在今后需要加强对薄弱领域的评价研究。表7统计了2008—2017年来行业文化软实力评价研究的代表性文献。

表7 行业文化软实力评价研究代表性文献统计

| 主要内容 | 年份 | 作者 | 篇名 | 来源 |
| --- | --- | --- | --- | --- |
| 教育文化软实力评价 | 2010 | 洪晓楠 林丹 | 《大学文化软实力评价体系研究》 | 《文化学刊》2010年第1期 |
| | 2010 | 胡弼成 上官晴 | 《教育文化软实力的构成及内部效应探究》 | 《清华大学教育研究》2010年第3期 |
| | 2011 | 王丽华 | 《大学文化软实力及其评价模型的研究》 | 《第三军医大学2011年博士学位论文》 |
| | 2016 | 王飞 | 《高职院校文化软实力评价指标体系探析》 | 《江苏工程职业技术学院学报》2016年第2期 |
| | 2016 | 石慧 邓玉喜 | 《内涵发展背景下高职院校文化软实力评价指标构成要素探讨》 | 《岳阳职业技术学院学报》2016年第4期 |
| 企业文化软实力评价 | 2009 | 顾海涛 | 《对青岛S公司企业文化软实力定量研究》 | 西北大学2009年硕士学位论文 |
| | 2012 | 张宁 | 《保险企业文化软实力评价体系构建》 | 《财经理论与实践》2012年第5期 |
| | 2013 | 秦德智 秦超 蒋成程 | 《企业文化软实力与核心竞争力研究》 | 《科技进步与对策》2013年第14期 |
| | 2017 | 唐晓鑫 | 《企业文化软实力与核心竞争力研究》 | 《商业经济》2017年第1期 |
| | 2015 | 高帅 | 《中小型企业文化软实力与企业绩效关系研究》 | 南京航空航天大学2015年硕士学位论文 |

（续表）

| 主要内容 | 年份 | 作者 | 篇名 | 来源 |
| --- | --- | --- | --- | --- |
| 传媒文化软实力评价 | 2008 | 蒋晓丽 李建华 | 《文化软实力与传媒软实力——对改革开放以来中国传媒发展的思考》 | 《湘潭大学学报（哲学社会科学版）》2008年第4期 |
| | 2016 | 胡正荣 王润珏 | 《中国传媒文化软实力的建构》 | 《文化软实力研究》2016年第2期 |
| 体育文化软实力评价 | 2012 | 张长城 | 《体育文化软实力的内涵辨析》 | 《韩山师范学院学报》2012年第3期 |
| | 2015 | 王建 | 《体育文化软实力的作用机制》 | 《江西社会科学》2015年第12期 |
| | 2010 | 王志章 | 《中美两国体育文化软实力分析》 | 《北京体育大学学报》2010年第6期 |
| 军事文化软实力评价 | 2008 | 刘治国 徐菲菲 | 《中国特色军事文化软实力建设探析》 | 《南京政治学院学报》2008年第4期 |
| | 2010 | 颜旭 孙姝 | 《军事文化软实力：从理论到实践的初步探析》 | 《海军工程大学学报（综合版）》2010年第4期 |
| | 2014 | 李涛 | 《试论军事文化"软实力"的生成机理》 | 《解放军艺术学院学报》2014年第3期 |

(1) 关于教育文化软实力评价的研究

教育文化软实力评价研究是行业文化软实力评价研究中的热点，已有研究涵盖教育文化软实力的主要特征、构成要素、评价原则、指标体系等方面，但教育文化软实力评价指标体系有待进一步深化研究以达成共识。

一是教育文化软实力构成要素的研究。有学者认为，从内容上看，一国的教育文化软实力，包括文化核心力、运行保障力以及拓展深化力。文化核心力源于教育文化、人文精神和教育价值理念；运行保障力来自于教育组织、教育管理和教育制度等；拓展深化力包括教育政治、教育经济和教育外交等实力。[1] 教育文化软实力具有自身特点，对教育文化软实力构成要素的探讨为教育文化软实力评价体系的构建提供理论支撑。

二是大学文化软实力评价原则与评价指标体系的研究。有研究指出，建立大学文化软实力构成模型，需要兼顾指标筛选的原则、确立指标权重的原则、定性与定量相结合的原则等。在此基础上，建立大学文化软实力评价体系的理论模型，

---

[1] 胡弼成、上官晴：《教育文化软实力的构成及内部效应探究》，《清华大学教育研究》2010年第3期。

将大学文化软实力分为文化凝聚力、吸引力、创造力、整合力和辐射力等五个组成部分。[①] 有学者从文化软实力结构要素分析入手,通过对国内外知名大学文化软实力建设现状分析,具体总结出了大学文化软实力对大学发展建设的导引作用,从而提炼出大学文化软实力的四个力:核心要素——凝聚力、集成要素——整合力、倍增要素——创新力和表象要素——辐射力等四个关键要素。借鉴企业组织文化评价模型基本架构,构建军医大学文化软实力评价模型,并运用层次分析法和灰色评价理论进行综合评价。[②] 人才培养是大学的首要职能,大学文化软实力评价应注重强化以人为本的理念,考察大学人的文化软实力素质,评估大学文化引导人、激励人、塑造人的效果如何。

三是高职院校文化软实力主要特征与评价指标体系的研究。有学者指出构建高职院校文化软实力评价指标体系,是深入开展高职院校文化软实力建设的基础性工作。高职院校文化软实力包括文化凝聚力、文化创造力、文化引导力、文化整合力、文化影响力、文化吸引力、文化辐射力等要素,确立每个要素的核心指标及其观察点,将为全面正确地评价高职院校文化软实力提供科学依据。[③] 有研究认为,内涵发展背景下的高职院校文化软实力建设有利于充分利用有限资源,彰显校园文化的强大影响力。其主要特征是突出强调育人功能,将企业文化和职业文化等要素融为一体,突出强调技术技能的提升。高职院校文化软实力评价指标的基础要素为育人文化,核心要素为职业文化,支撑要素为制度文化。[④] 高职院校文化软实力兼具教育文化和职业文化的特点,在评价中应注意高职院校文化软实力内容的多重性。

(2) 关于企业文化软实力评价的研究

已有的企业文化软实力评价涉及构成要素、评价指标、文化软实力指数以及企业文化软实力和企业绩效的关系,但在构建企业文化软实力评价指标体系方面还需要进一步加强。

一是企业文化软实力构成要素的研究。有学者指出,企业文化软实力可界定为精神力、制度力、行为力、物质力四种。其中,精神力包含企业精神、企业哲学和企业道德,制度力包含企业制度与管理、企业组织机构以及企业民主,行为力包含企业素质、企业风格和企业影响力,物质力包含企业形象、企业环境和企业业绩目

---

① 洪晓楠、林丹:《大学文化软实力评价体系研究》,《文化学刊》2010年第1期。
② 王丽华:《大学文化软实力及其评价模型的研究》,第三军医大学博士学位论文,2011年。
③ 王飞:《高职院校文化软实力评价指标体系探析》,《江苏工程职业技术学院学报(综合版)》2016年第2期。
④ 石慧、邓玉喜:《内涵发展背景下高职院校文化软实力评价指标构成要素探讨》,《岳阳职业技术学院学报》2016年第4期。

标等。他们还提出可以通过构建卓越的企业文化,建立学习型组织,不断提升企业创新能力,以文化软实力提升企业核心竞争力。① 有研究认为,由体制文化、精神文化、价值文化、物质文化、管理文化和人文环境构成的企业文化软实力已经成为提升企业核心竞争力的关键,对于企业的发展具有十分重要的意义。企业文化对于企业核心竞争力具有引导、调节、凝聚和同化作用。② 学界关于企业文化的研究较多,这对于企业文化软实力构成要素的研究具有参考价值,应进一步厘清企业文化软实力各要素间的结构关系。

二是企业文化软实力评价指标体系及企业文化软实力指数的研究。有研究从内部文化(企业员工)和外部文化(品牌价值)两方面设计保险企业评价指标体系,利用层次分析法确定指标权重,根据模糊综合判断法进行实例分析。结果表明,我国保险企业评价体系可以引入企业文化相关指标,作为企业软实力的评价。③ 有学者以企业文化软实力模型为分析工具,通过企业文化核心价值观,结合企业基本理念、行为理念、组织管理理念等相关企业文化理念,通过对企业文化软实力模型内容的分析和理解,进行对问卷的设计、作答、统计、分析确定有效性等一系列活动,展开对企业文化软实力相关定量研究,得到企业文化软实力指数,进而为企业文化发展指明方向。④ 目前关于企业文化软实力评价指标体系的研究依然较少,需要借鉴企业文化评价、企业软实力评价方面的成果,深化对企业文化软实力评价体系的认识和理解。

三是企业文化软实力和企业绩效关系的研究。有研究对中小型企业文化软实力与企业绩效关系研究的理论模型进行了构建,在中小型企业文化软实力方面借鉴了 Denison 的文化特质模型选取了十二个测量维度,在中小型企业绩效方面选取了获利性和成长性两个维度,回归分析的结果为中小型企业文化软实力与企业绩效存在正相关关系。根据回归分析的结果识别出了影响中小型企业绩效的关键文化要素为组织学习、授权、团队合作、顾客导向、卓越创新和人际和谐,非关键文化要素为绩效导向、文化认同、协调与整合、社会责任、核心价值观及目标愿景。⑤ 可见,提升企业文化软实力对于企业绩效有正向的促进作用,这是企业文化软实力评价的一个发现。

(3)关于传媒文化软实力评价的研究

已有研究主要表现为对传媒文化软实力发展现状的宏观定性评价,传媒文化

---

① 秦德智、秦超、蒋成程:《企业文化软实力与核心竞争力研究》,《科技进步与对策》2013 年第 14 期。
② 唐晓鑫:《企业文化软实力与核心竞争力研究》,《商业经济》2017 年第 1 期。
③ 张宁:《保险企业文化软实力评价体系构建》,《财经理论与实践》2012 年第 5 期。
④ 顾海涛:《对青岛 S 公司企业文化软实力定量研究》,西北大学 2009 年硕士学位论文。
⑤ 高帅:《中小型企业文化软实力与企业绩效关系研究》,南京航空航天大学 2015 年硕士学位论文。

软实力构成要素、评价指标等重要问题还有待加强研究。有学者认为,经过30多年改革开放,中国传媒发生了翻天覆地的变化,实现了大跨越大发展。但传媒过于注重资本力量、人才力量、技术力量等传媒硬实力的增强,而对媒介文化、媒介品牌、媒介特色等传媒软实力的提升重视不够。软实力的欠缺导致中国传媒上不了天(不能影响世界),落不了地(不能深度影响受众);即使落了地,也产生不了持久的影响力,公信力不够,吸引力不强,受众品牌忠实度不高。[1] 有研究指出,近年来我国传媒取得了许多突破性进展,中央重点媒体海外采编网络和传播平台迅速拓展,信息内容、营销能力、人才队伍等建设明显改善。然而,没有得到明显改善的问题是,我们的传播始终很难突破国外受众的心理防御圈。"如何让国外受众接触、理解、接受我们传播的内容、文化和理念?"这已经成为我国传媒文化软实力提升需要解决的核心问题。[2] 可见,如何使中国文化的传播真正入脑、入心是传媒文化软实力亟待加强的方面,提升传媒文化软实力需要在讲好中国故事、传播好中国声音上多下功夫。

(4) 关于体育文化软实力评价的研究

体育文化软实力评价的研究成果较少,已有研究主要在探讨体育文化软实力的内涵辨析、主要来源、发展现状等基础性问题,体育文化软实力评价体系方面尚未触及。有研究对我国体育文化软实力的内涵进行了辨析。体育文化软实力可以概括为以社会主义先进文化为核心的我国体育文化和思想所具有的对内的凝聚力和影响力,以及对外的感召力和吸引力,它是综合国力的重要组成部分,具体表现为传统体育文化吸引力、体育文化的核心价值观凝聚力,体育制度吸引力、国际体坛话语权和国家形象。[3] 有学者指出,一个国家体育文化软实力的主要来源是这个国家的体育价值观、体育国家形象、体育发展模式、民族传统体育文化和体育话语权等。[4] 有研究认为,体育文化已经成为国家文化软实力的重要组成部分,衡量一国综合国力的重要标准。基于历史和现实的原因,中美两国体育文化在作用于国家软实力的过程中,在体育基础水平、体育文化价值观的影响力、体育文化转化为现实生产力的能力和体育文化发展的条件保障等方面存在差距。[5] 体育文化软实力具有重要的内凝外吸功能,我国的体育文化软实力和发达国家尚存在差

---

[1] 蒋晓丽、李建华:《文化软实力与传媒软实力——对改革开放以来中国传媒发展的思考》,《湘潭大学学报(哲学社会科学版)》2008年第4期。
[2] 胡正荣、王润珏:《中国传媒文化软实力的建构》,《文化软实力研究》2016年第2期。
[3] 张长城:《体育文化软实力的内涵辨析》,《韩山师范学院学报》2012年第3期。
[4] 王建:《体育文化软实力的作用机制》,《江西社会科学》2015年第12期。
[5] 王志章:《中美两国体育文化软实力分析》,《北京体育大学学报》2010年第6期。

距,应多开展体育文化软实力评价研究,达到以评促建、以评促改的目的。

(5) 关于军事文化软实力评价的研究

军事文化软实力评价的已有研究主要集中在主要内容、构成要素等基本问题,尚未涉及评价指标体系构建及实证分析。有学者指出,从总体上看,军事文化软实力建设主要包括以下几个方面的内容:一是军事思想文化建设;二是军事科技文化建设;三是军事制度文化建设;四是军事谋略文化建设;五是军事精神文化建设。① 有研究指出,根据军事文化的"力"的发出者和"力"的传承者这样的逻辑关系,军事文化软实力的构成要素可以分为两类:第一类是军事文化软实力中"力"的发出者——军事文化,这是军事文化软实力中"力"的作用的源头,没有了它军事文化软实力就丧失了发"力"的主体;第二类是军事文化软实力中"力"的表现和传播途径,没有了它军事文化软实力的"力"就难以发出,不会产生作用。总之,缺少了这两个方面中的任何一个,军事文化软实力就难以完成其"力"的作用。② 有学者认为,军事文化软实力主要源于军事文化资源、军事实践和人的主观性三个方面。军事文化资源是生成军事文化"软实力"的物质基础和精神基础,军事实践是生成军事文化"软实力"的现实基础,人的主观状况是生成军事文化"软实力"的内在动因。③ 军事文化软实力评价研究还处于前期理论探讨阶段,如何在军事文化软实力构成要素的分析基础上进一步设计评价指标体系是今后需要着力研究的。

**(三) 文化软实力评价方法分析**

已有研究采用的评价方法较多,主要分为主观评价方法和客观评价方法两大类。其中,主观评价方法包括德尔菲法、层次分析法、模糊综合评价法等;客观评价方法包括主成分分析法、因子分析法、变异系数法、熵值法等。主观评价方法与客观评价方法各有利弊,主观评价方法借助专家的专业知识对评价对象打分,人为的主观因素会在一定程度上影响评价结果;客观评价方法虽然排除了人为因素的干扰,但可能对评价指标本身的重要性考虑不够。在实际运用中,应结合研究对象和研究目的谨慎地选择合适的评价方法。我们对文化软实力主要评价方法及典型案例进行了统计,如表8。

---

① 刘治国、徐菲菲:《中国特色军事文化软实力建设探析》,《南京政治学院学报》2008年第4期。
② 颜旭、孙姝:《军事文化软实力:从理论到实践的初步探析》,《海军工程大学学报(综合版)》2010年第4期。
③ 李涛:《试论军事文化"软实力"的生成机理》,《解放军艺术学院学报》2014年第3期。

表8　文化软实力主要评价方法及典型案例

| 方法类型 | 具体评价方法 | 典型案例分析 |
|---|---|---|
| 主观评价方法 | 德尔菲法 | 王丽华《大学文化软实力及其评价模型的研究》 |
| | 层次分析法 | 凌炼、龙海明《基于AHP法的中外文化软实力建设绩效评价》 |
| | 模糊综合评价法 | 李佳浓《民办本科高校文化软实力评估指标体系研究》 |
| 客观评价方法 | 主成分分析法 | 熊正德、郭荣凤《国家文化软实力评价及提升路径研究》 |
| | 因子分析法 | 万伦来、张颖、任陈陈《中国省会城市文化软实力的综合评价》 |
| | 变异系数法 | 周国富、吴丹丹《各省区文化软实力的比较研究》 |
| | 熵值法 | 孟杰《基于熵权TOPSIS法的我国文化软实力的综合评价》 |

1. 主观评价方法

（1）德尔菲法

德尔菲法是美国兰德公司于20世纪40年代末期提出的一种决策与预测方法。公司对挑选出来的一组专家进行函询，每个专家对函件提出的问题独立做出个人的分析和预测；公司回收后进行整理，然后再寄给每个人，让他们进一步考虑和回答。如此反复，直至将专家的分析和预测集中在一起，综合出比较一致的意见。[①] 例如王丽华的《大学文化软实力及其评价模型的研究》在构建大学文化软实力体系时采用改进的德尔菲法，在专家咨询前通过对已有文献资料的分析得到初步的大学文化软实力要素构成体系，取消了经典德尔菲法中的第一轮咨询工作。在第一轮专家咨询前，已确定出全面体现大学文化软实力体系的4个子系统和34个子系统构成要素。根据确定出的所有构成要素，拟定出第一轮专家咨询表。然后，要求每位专家根据自己对大学文化软实力的理解和要求给出每个构成要素在大学文化软实力体系中的重要程度。由于第二轮专家的意见已基本趋于一致，所以只进行了两轮筛选，将第二轮调查中专家组一致意见大于3的要素作为大学文化软实力体系的构成要素。[②]

（2）层次分析法

层次分析法是适用于结构较为复杂、决策准则较多而且不易量化的决策问题的系统分析方法，美国运筹学家萨蒂（Thomas L. Satty）于20世纪70年代初期提出。其基本内容是：首先根据问题的性质和要求，提出一个总的目标。然后将问题按层次分解，对同一层次内的诸因素通过两两比较的方法确定出相对于上一层次目标的各自的权系数。这样层层分析下去，直到最后一层，即可给出所有因素

---

[①] 刘树成：《现代经济词典》，凤凰出版社、江苏人民出版社2005年版，第170页。
[②] 王丽华：《大学文化软实力及其评价模型的研究》，第三军医大学2011年博士学位论文，第69—71页。

(或方案)相对于总目标而言的按重要性(或偏好)程度的一个排序。① 例如凌炼、龙海明的《基于AHP法的中外文化软实力建设绩效评价》采用层次分析法对中国、日本和美国的文化软实力建设绩效进行评价,即对文化软实力建设从投入和产出上分别计算绩效分,以利于量化比较各国在投入和产出上的具体情况,进而得出文化软实力建设综合绩效分。通过这种评价方法,可以从最终的投入、产出和综合得分上了解一个国家文化软实力建设的基本情况,还可以返回各三级指标考察该国文化软实力建设中的薄弱环节,通过改进以提高文化软实力建设绩效。②

(3) 模糊综合评价法

模糊综合评价法的基本思想是以模糊数学、模糊线性变换原理和最大隶属度原则为基础,考虑所需评价事物的各个评价指标因素,对其做出合理的优劣、等级评价。它利用隶属函数作为桥梁,将不确定性非量化因素在形式上转化为确定性量化结果,即将模糊性加以量化,从而可以利用传统的数学方法对其进行分析及处理,本质上是应用模糊关系合成,从多个因素对评价对象隶属等级状况进行综合评价的一种方法。③ 例如李佳浓的《民办本科高校文化软实力评估指标体系研究》利用模糊综合评价法评估民办本科高校文化软实力,具体步骤如下:第一,确定大学文化软实力评估的元素集。根据研究所构建的大学文化软实力评估指标体系,评价元素集由20个基本元素组成,按照其属性和层级关系进行归类。第二,确定评价集。将大学文化软实力的评估等级分为从低到高五个级别:很低、较低、一般、较高、很高。第三,确定评价指标的权重。通过层次分析法和向专家咨询的结果来确定大学文化软实力指标元素的相对重要程度。第四,确定下一层级对上一层级指标的评价向量。根据模糊综合评价中各个指标的相对评语集的隶属度,采用倒推方法得出评价向量。第五,确定一级指标相对于目标的评价向量。根据层次分析法得出的权重向量,然后将向量进行归一化处理,得到一级指标相对于目标的评价向量。第六,确定评价目标的最终评价等级。计算出大学文化软实力的综合评估向量,并进行归一化处理。按照模糊综合评价法的最大隶属度原则,找出其最大值,即为软实力水平的评估等级。④

2. 客观评价方法

(1) 主成分分析法

多元分析的一个重要问题是用少数几个指标来表示多个变量的变动。主成

---

① 陆雄文:《管理学大辞典》,上海辞书出版社2013年版,第466—467页。
② 凌炼、龙海明:《基于AHP法的中外文化软实力建设绩效评价》,《湖南大学学报(社会科学版)》2012年第4期。
③ 柳顺:《基于数据包络分析的模糊综合评价方法及其应用》,浙江大学2010年硕士学位论文,第8页。
④ 李佳浓:《民办本科高校文化软实力评估指标体系研究》,沈阳师范大学2014年硕士学位论文,第37—38页。

分分析法是处理这种问题的一个方法,其用意在于重新组织数据后使变量的维数显著降低,而信息损失尽可能少,以便在低维子空间上顺利研究有关问题,办法是用原变量的线性组合作为新变量,并从中选出若干方差较大且互不相关的以代替原变量。① 例如熊正德、郭荣凤的《国家文化软实力评价及提升路径研究》首先对我国文化价值吸引力、文化知识生产力、文化体制引导力、文化产业竞争力逐项所包含的指标进行主成分分析,然后基于四力的评分值得出我国文化软实力评价函数,最后通过各省域文化软实力评分值对我国文化软实力进行国内综合比较。进行主成分分析时,首先从总方差解释表中选取特征值大于1或者累计贡献率大于85%的主成分个数,然后将初始因子载荷矩阵的第 k 列向量除以第 k 个特征根的算术平方根就能得到第 k 个主成分 Fk 的变量系数向量,最后运用各主成分对应方差解释贡献率作为权值,对检验期间内各样本主成分得分进行加权平均,计算得到评分值。②

(2) 因子分析法

因子分析的目的,是通过较少量的因子描述所考察变量的变异性及它们之间的相关性。因子分析的基本思想是,根据变量间的相关性将变量分成若干组,使同组变量的相关性较强,不同组变量的相关性较弱,每一组变量代表一种基本结构,对应一个因子。因子分析就是寻求这种结构。③ 例如万伦来、张颖、任陈陈《中国省会城市文化软实力的综合评价》一文利用因子分析法提取相互独立的具有代表性的公共因子来综合评价城市文化软实力。其数据处理流程为:第一,变量的信度与效度检验;第二,计算矩阵 R 的特征根、特征向量和贡献率,提取公共因子;第三,公共因子命名并计算因子得分。其采用方差最大旋转法得到旋转后的因子载荷矩阵表,进一步识别出城市文化软实力的公共因子在哪些指标上有最大载荷,从中抽象出最能反映城市文化软实力的概念化范畴。④

(3) 变异系数法

变异系数法的基本思想是:在多指标综合评价中,如果某项指标在所有被评价对象上观测值的变异程度较大,说明该指标在被评价对象执行时达到平均水平的难度较大,它能够明确地区分开各被评价对象在该方面的能力,则该指标应赋予较大的权重;反之,则应赋予较小的权重。⑤ 例如周国富、吴丹丹《各省区文化软

---

① 刘蔚华、陈远:《方法大辞典》,山东人民出版社1991年版,第171页。
② 熊正德、郭荣凤:《国家文化软实力评价及提升路径研究》,《中国工业经济》2011年第9期。
③ 周概容:《应用统计方法辞典》,中国统计出版社1993年版,第260页。
④ 万伦来、张颖、任陈陈:《中国省会城市文化软实力的综合评价》,《合肥工业大学学报(社会科学版)》2014年第4期。
⑤ 程大友:《基于变异系数法的财产保险公司绩效评价研究》,《改革与战略》2008年第24期。

实力的比较研究》以 2007 年中国各省区的指标数据为样本,对各省区的文化软实力进行综合评价与比较。采取变异系数法和功效系数法相结合的方法,即先采用功效系数法计算出每个评价指标的功效得分;然后采用变异系数法确定各评价指标的权重;最后用各评价指标的权重对每个指标的功效得分加权算术平均,从而得到各省区文化软实力的综合评价值。①

(4) 熵值法

熵值法的核心是确定各指标数据的差异性,这对客观数据的准确性与完整性要求很高,因此在用熵值法进行评价时必须要有完整的样本数据,否则就无法根据各指标数据所反映的信息差异确定其熵值。熵值法是通过突出局部差异来确定指标权重,进而计算各样本综合得分,它是一个相对的数值,因此,熵值法适用于多指标的相对评价。②例如孟杰《基于熵权 TOPSIS 法的我国文化软实力的综合评价》通过熵值法与 TOPSIS 法建立了我国文化软实力的多指标综合评价体系。其具体操作方法为:首先对数据无量纲化处理,得到矩阵;接着再将数据转换为比重形式;然后再对数据求熵进而确定各指标的权重;最后对 TOPSIS 法的无量纲化矩阵寻找最优解和最劣解,并且分别计算文化传统、文化教育、文化传播、文化营销、文化发展以及综合得分这六项的相近度。③

(四) 文化软实力评价指标分析

1. 文化软实力评价指标总体情况分析

关于国家文化软实力评价指标的文献主要有:罗能生、谢里《国家文化软实力评估指标体系与模型建构》(《求索》2010 年第 9 期),熊正德、郭荣凤《国家文化软实力评价及提升路径研究》(《中国工业经济》2011 年第 9 期),刘江《国家文化软实力影响指数测评模型的构念》(《江淮论坛》2015 年第 5 期),李晓宏、赵红《基于国家安全视角的文化软实力测度模型及实证分析研究》(《数学的实践与认识》2012 年第 23 期),龙霞《我国文化软实力指标体系构建研究》(西安建筑科技大学 2014 年硕士学位论文),孟杰《基于熵权 TOPSIS 法的我国文化软实力的综合评价》(《科技和产业》2012 年第 10 期)。关于区域文化软实力评价指标的文献主要有:周国富、吴丹丹《各省区文化软实力的比较研究》(《统计研究》2010 年第 2 期),张月花、薛平智、储有捷《创新型城市建设视角下西安文化软实力实证评价与分析》(《科技进步与对策》2013 年第 14 期),高素玲、韩婷婷、张路瑶等《秦皇岛市文化软

---

① 周国富、吴丹丹:《各省区文化软实力的比较研究》,《统计研究》2010 年第 2 期。
② 邹华、徐玢玢、杨朔:《基于熵值法的我国区域创新能力评价研究》,《科技管理研究》2013 年第 23 期。
③ 孟杰:《基于熵权 TOPSIS 法的我国文化软实力的综合评价》,《科技和产业》2012 年第 10 期。

实力综合评价及提升对策研究》(《河北科技师范学院学报(社会科学版)》2014年第1期),陶建杰《上海文化软实力的实证评价及国际比较》(《新闻记者》2011年第6期),王琳《国家中心城市文化软实力评价研究——以港京沪津穗城市为例》(《城市观察》2009年第3期),万伦来、张颖、任陈陈《中国省会城市文化软实力的综合评价》(《合肥工业大学学报(社会科学版)》2014年第4期),邓显超、幺翔宇、袁亚平《农村文化软实力评估指标体系构建》(《长白学刊》2013年第6期)。关于行业文化软实力评价指标的文献主要有:洪晓楠、林丹《大学文化软实力评价体系研究》(《文化学刊》2010年第1期),彭观胜、梅阳、李际超《大学校园文化软实力评价体系的构建》(《漯河职业技术学院学报》2012年第4期),王飞《高职院校文化软实力评价指标体系探析》(《江苏工程职业技术学院学报(综合版)》2016年第2期),李佳浓《民办本科高校文化软实力评估指标体系研究》(沈阳师范大学2014年硕士学位论文),白振斐《榆神公司企业文化软实力分析及提升对策研究》(西安科技大学2015年硕士学位论文)。表9为文化软实力评价指标统计表。

对主要文献进行分析发现,在国家文化软实力评价指标方面,"文化生产力""文化传播力""文化创新力""文化吸引力""传统文化资源"是使用频率较高的评价指标;在区域文化软实力评价指标方面,关于城市文化软实力评价指标的研究相对较多,是当前区域文化软实力评价指标研究的主要领域;在行业文化软实力评价指标方面,研究相对集中在教育文化软实力评价指标上,关于其他行业文化软实力评价指标的研究较少。

**表9 文化软实力评价指标统计表**

| 分类 | 作者 | 篇名 | 主要评价指标 |
| --- | --- | --- | --- |
| 国家文化软实力评价指标 | 罗能生等 | 《国家文化软实力评估指标体系与模型建构》 | 文化生产力、文化传播力、文化影响力、文化保障力、文化创新力、文化核心力 |
| | 熊正德等 | 《国家文化软实力评价及提升路径研究》 | 文化价值吸引力、文化知识生产力、文化体制引导力、文化产业竞争力 |
| | 刘江 | 《国家文化软实力影响指数测评模型的构念》 | 传统文化资源、教育、贸易、外交、传媒、民间交流 |
| | 李晓宏等 | 《基于国家安全视角的文化软实力测度模型及实证分析研究》 | 多元文化融合度、国家文化凝聚度、国家文化创新度、产业文化保障度、文化对外渗透度、发展模式感召度 |
| | 龙霞 | 《我国文化软实力指标体系构建研究》 | 文化生产力、文化消费力、文化支撑力、文化创新力、文化传播力、文化吸引力 |
| | 孟杰 | 《基于熵权TOPSIS法的我国文化软实力的综合评价》 | 传统文化资源、文化教育、文化传播、文化经营、文化发展 |

(续表)

| 分类 | 作者 | 篇名 | 主要评价指标 |
| --- | --- | --- | --- |
| 区域文化软实力评价指标 | 周国富等 | 《各省区文化软实力的比较研究》 | 文化传统、文化活动、文化素质、文化吸引、文化体制及政策 |
| | 张月花等 | 《创新型城市建设视角下西安文化软实力实证评价与分析》 | 文化基础力、文化保障力、文化生产力、文化吸引力、文化创新力 |
| | 高素玲等 | 《秦皇岛市文化软实力综合评价及提升对策研究》 | 基础竞争力、公共文化服务体系、教育和科技事业发展、城市形象 |
| | 陶建杰 | 《上海文化软实力的实证评价及国际比较》 | 文化基础力、文化保障力、文化生产力、文化传播力、文化吸引力、文化创新力 |
| | 王琳 | 《国家中心城市文化软实力评价研究》 | 文化核心价值水平、城市制度健全程度、城市政府管理效率及创新、城市国际化水平、城市文化中心影响力 |
| | 万伦来等 | 《中国省会城市文化软实力的综合评价》 | 文化基础力、文化价值吸引力、文化知识生产力、文化产业竞争力、文化体制吸引力、文化创新力 |
| | 邓显超等 | 《农村文化软实力评估指标体系构建》 | 农村文化凝聚力、农村文化保障力、农村文化生产力、农村文化吸引力、农村文化影响力 |
| 行业文化软实力评价指标 | 洪晓楠等 | 《大学文化软实力评价体系研究》 | 大学文化凝聚力、大学文化吸引力、大学文化创新力、大学文化整合力、大学文化辐射力 |
| | 彭观胜等 | 《大学校园文化软实力评价体系的构建》 | 环境文化、行为文化、制度文化、精神文化、文化辐射 |
| | 王飞 | 《高职院校文化软实力评价指标体系探析》 | 文化凝聚力、文化创造力、文化引导力、文化整合力、文化影响力、文化吸引力、文化辐射力 |
| | 李佳浓 | 《民办本科高校文化软实力评估指标体系研究》 | 文化凝聚力、文化创新力、文化辐射力、文化整合力、文化竞争力 |
| | 白振斐 | 《榆神公司企业文化软实力分析及提升对策研究》 | 精神文化、制度文化、行为文化、物质文化 |

2. 文化软实力评价指标典型案例介绍

在国家文化软实力评价指标方面,罗能生、谢里《国家文化软实力评估指标体系与模型建构》和熊正德、郭荣凤《国家文化软实力评价及提升路径研究》的评价指标较具代表性;在区域文化软实力评价指标方面,周国富、吴丹丹《各省区文化软实力的比较研究》和陶建杰《上海文化软实力的实证评价及国际比较》的评价指标较具代表性;在行业文化软实力评价指标方面,洪晓楠、林丹《大学文化软实力评价体系研究》的评价指标较具代表性。以下详细介绍这几个典型案例。

罗能生、谢里《国家文化软实力评估指标体系与模型建构》一文将国家文化软实力评估指标体系分为目标层、准则层、指标层3个层次,文化生产力、文化传播力、文化影响力、文化保障力、文化创新力、文化核心力6个维度和31个二级评估指标。这6个维度、31个二级指标具体内容解释如下:① 文化生产力指标,包括6个二级指标:文化产业产值及其比例、文化产业从业人员及其比例、文化产业规模企业数量、报刊发行比例、图书发行比例、电影产量比例;② 文化传播力指标,包括8个二级指标:电视入户率、互联网入户率、广播入户率、电话拥有率、博物馆拥有率、图书馆拥有率、影剧院拥有率、艺术表演团体拥有率;③ 文化影响力指标,包括5个二级指标:文化商品和服务出口比例、国际旅游收支总额、留学生人数、国际文化交流次数、国家形象;④ 文化保障力指标,包括4个二级指标:政府文教投入、企事文教投入、居民文教投入、知识产权保护程度;⑤ 文化创新力指标,包括5个二级指标:文化现代化程度、企业品牌的知名度比例、文化产业附加值、文化产业市场化程度和专业技术人才比例;⑥ 文化核心力指标,包括3个二级指标:国民文化素质、民族凝聚力、文化遗产份额。①

熊正德、郭荣凤《国家文化软实力评价及提升路径研究》一文结合国家文化软实力四力模型,并从四力内涵出发选取了33个具有代表性的具体指标:① 文化价值吸引力。文化价值吸引力主要体现在文化遗产保护、文化传播交流和文化作品创作等三个方面。文化遗产保护采用文物藏品总数、重点文物保护单位数、国家级非物质文化遗产名录数这三个有代表性的指标。文化传播交流选取对外文化交流来往项目,全年接待入境旅游人数,图书、期刊、报纸对外传播力度,音像、电子出版物对外传播力度等四个指标表示。艺术表演团创作首演剧目数,新创作的电影片数可反映文化作品创作的情况。② 文化知识生产力。文化知识生产力表现为文化资源设施、文化教育水平和劳动力水平。文化资源设施由公共图书馆图书总藏量、广播节目综合人口覆盖率、电视节目综合人口覆盖率、新闻出版总印数构成。初中毕业生升学率、普通高校生师比则用来代表文化教育水平。劳动力水平采用每万名经济活动人口中科技活动人员数、每万人专利申请受理数、有科技机构的企业占全部企业比重等三个有代表性的指标。③ 文化体制引导力。文化体制引导力选择最具代表性的七个指标,即国家财政性教育经费、文化事业费占国家财政总支出比重、科技经费筹集额中的政府资金、文化文物机构财政拨款、文化市场管理机构数、文化文物机构数、群众文化事业机构数。前四个指标代表政

---

① 罗能生、谢里:《国家文化软实力评估指标体系与模型构建》,《求索》2010年第9期,第22—24页。

府财政的支持力度,后三个指标代表政府机构管理的力度。④ 文化产业竞争力。文化产业竞争力下设文化产业增加值占 GDP 比重、人均文化产业增加值、每万人文化产业从业人员数、城镇居民文化消费占总支出比重、文化娱乐业收入、文物业经营收入、文化艺术服务营业收入、出版发行和版权服务营业收入等八个指标。前四个指标反映国家文化产业的总体规模及发展潜力,后四个指标则表示文化产业的市场经营收入情况。①

周国富、吴丹丹《各省区文化软实力的比较研究》一文设计的文化软实力评价指标体系分为三个层次:一级指标共有五个,分别是文化传统、文化活动、文化素质、文化吸引、文化体制及政策,这五个一级指标下又分别设有一至四个二级指标,在二级指标下面再设置具体的评价指标,具体如下:① 文化传统,包括物质文化遗产和非物质文化遗产两个二级指标;② 文化活动,包括文化产业、文化设施、文化就业、文教事业投资四个二级指标;③ 文化素质,包括教育发展水平、人口素质和劳动力素质三个二级指标;④ 文化吸引,主要指入境旅游,包括每万人全年接待入境旅游人数和人均国际旅游收入两个评价指标;⑤ 文化体制及政策,包括文化支持和文化管理两个二级指标。②

陶建杰《上海文化软实力的实证评价及国际比较》一文从城市文化软实力的六大要素出发,设计了城市文化软实力评价指标体系:① 文化基础力,包括文化传统、区位条件、经济基础三个二级指标;② 文化保障力,包括制度环境、文化投入两个二级指标;③ 文化生产力,包括文化设施、生产规模两个二级指标;④ 文化传播力,包括国际传播、对外联系、文化贸易三个二级指标;⑤ 文化吸引力,包括公众声誉、国际交流两个二级指标;⑥ 文化创新力,包括人力资源、创新投入、创新产出三个二级指标。③

洪晓楠、林丹《大学文化软实力评价体系研究》一文建立了大学文化软实力评价体系,由基本指标和特色指标两部分组成,其中基本指标占 75 分,特色指标占 25 分,总分值为 100 分。基本指标设置了五方面的测评项目,23 条具体指标:① 大学文化凝聚力,包括大学精神、目标理念、核心价值等;② 大学文化吸引力,包括教学能力、科研能力、学术成果、文化交流、留学生等;③ 大学文化创造力,包括文化产业、文化原创、文化技术、文化素质等;④ 大学文化整合力,包括制度文化、历史文化、社团文化、文化权益、文化教育、文化设施等;⑤ 大学文化辐射力,包括文化传播、教育资源、校园环境、文化品牌、校园形象等。特色指标采用材料审

---

① 熊正德、郭荣凤《国家文化软实力评价及提升路径研究》,《中国工业经济》2011 年第 9 期。
② 周国富、吴丹丹:《各省区文化软实力的比较研究》,《统计研究》2010 年第 2 期。
③ 陶建杰:《上海文化软实力的实证评价及国际比较》,《新闻记者》2011 年第 6 期。

核的测评方法来加分,具体包括文化风貌、特色文化、技术文化、文化活动四个方面的指标。①

以上这些评价指标是对文化软实力评价的有益探索,从各自视角深化拓展了文化软实力评价体系的研究,但还存在着一些不足之处:一是文化软实力的维度划分和指标选取缺乏理论依据。有些研究为什么将文化软实力分为六个维度或四个维度?为什么某些指标属于文化吸引力而非文化创造力?这些有待进一步斟酌的问题反映出文化软实力评价指标体系的构建存在一定的随意性,评价指标体系的理论基础比较薄弱。二是文化软实力各维度和指标的评价赋权方法不够科学。有些研究直接将各维度赋予相同的权重,没有考虑到不同维度和指标在评价体系中重要性的差异,显得较为主观随意。三是文化软实力的数据来源不够严谨。有些研究直接选用已有的各种综合指数作为评价体系中的指标,而并未交代这些综合指标的原始指标和数据来源;有些研究采用主观评判打分的方法作为评价指标的数据来源,但其评分标准和评判方法存在一定的模糊性而不够严谨。

## 四、对已有文献的评述和未来研究展望

### (一) 对已有文献的评述

综观中国文化软实力评价方面的研究,学界在文化软实力评价内容上涉及了国家文化软实力、区域文化软实力、行业文化软实力等多领域,在文化软实力评价方法上运用到主观评价方法和客观评价方法中的多种具体方法,在文化软实力评价指标上亦进行了一系列有益的探索,在文化软实力评价研究方面取得了一定的研究成果,但存在以下不足之处。

1. 关于文化软实力构成要素的分析不够深刻,对文化软实力的维度划分缺乏理论基础

文化软实力的构成要素是文化软实力基础理论中的重要内容,构成要素决定着文化软实力评价指标体系的基本维度,对文化软实力构成要素的分析是构建文化软实力评价体系的基础性环节。约瑟夫·奈把软实力范畴仅仅规定为文化的吸引力、制度和价值观的吸引力、掌握国际话语权的能力,而我们强调的是文化软实力,涵盖人类社会除物质硬实力以外的、所有无形的、难以计量的、表现为精神、智慧、情感的力量。② 我国发展文化软实力的目的是增强综合国力,而约瑟夫·奈的软实力思想主要停留在外交领域,很明显我国的文化软实力思想的内涵要丰富

---

① 洪晓楠、林丹:《大学文化软实力评价体系研究》,《文化学刊》2010 年第 1 期。
② 张国祚:《中国文化软实力研究论纲》,社会科学文献出版社 2015 年版,第 61—62 页。

得多。要全面而准确地对文化软实力进行评价,必须认真研究文化软实力的丰富内涵,进而深刻分析文化软实力的构成要素,为进一步的指标体系设计打好理论框架,否则文化软实力评价体系将会出现理论上的结构缺陷。目前很多文化软实力评价研究没有将社会主义核心价值观的培育和践行情况纳入到评价体系之中,而只是涵盖一些文化产业、公共文化服务体系等方面的统计指标,究其原因就是没有认识到社会主义核心价值观作为中国文化软实力灵魂的重要地位,没有将社会主义核心价值观作为中国文化软实力的重要构成要素,从而导致评价指标体系出现偏差。此外,文化软实力维度划分的理论依据较为薄弱,没有在理论上进行有力说明,从而导致文化软实力评价指标体系设计的随意性较大,不利于文化软实力评价体系内在结构的优化组合。

2. 国内已有研究多采用资源统计型评价路径,但文化软实力资源并不完全等于文化软实力本身

文化软实力是基于一定的文化软实力资源而产生的吸引力、凝聚力等力量,具有文化软实力资源只是产生文化软实力的一个潜在条件。只有那些能够对公众产生吸引力、凝聚力的文化软实力资源才会真正转化为文化软实力,才能使文化软实力资源的潜在可能性转变为现实影响力。考虑到文化软实力是无形的、难以计量的,文化软实力资源相对于文化软实力较容易统计测量,因此很多研究通过测量那些可能产生吸引力、凝聚力的文化软实力资源来作为评价文化软实力的方法。基于上述分析可知,对文化软实力资源的统计并不能完全说明文化软实力本身的大小、强弱,资源统计型的评价路径存在着将文化软实力资源直接统计为文化软实力的不足之处。文化软实力是精神、情感方面的力量,文化软实力资源是否对公众产生了精神、情感上的影响应该以公众的感受为准,脱离受众群体来评价文化软实力是不可取的,这就要求文化软实力评价研究要注重民意调查,要将资源统计和民意调查的评价路径有效地结合起来。资源统计的评价路径在统计测量文化软实力资源等客观指标上具有优势,而民意调查的评价路径在测量公众对于文化软实力的感受等主观指标上更有说服力。

3. 文化软实力评价研究有待深化,对行业文化软实力和区域文化软实力的评价应进一步细化

目前我国的文化软实力评价研究还处于起步阶段,需要从行业和区域两个方面深化推进文化软实力评价研究。行业文化软实力评价涉及教育文化软实力、企业文化软实力、传媒文化软实力、体育文化软实力、军事文化软实力等领域的评价研究,需要在文化软实力评价基础理论的基础上结合各行业的具体文化特点进行评价。就目前的行业文化软实力评价研究来看,学界对于教育文化软实力评价、企业文化软实力评价给予了较多关注,开始尝试构建了一些评价指标体系,有的

还进行了相关的实证研究;而在传媒文化软实力、体育文化软实力、军事文化软实力等领域,相关评价研究还停留在构成要素分析等基础理论的层面,尚未开展评价指标体系的构建和实证分析,今后需要在这些行业领域的文化软实力评价上进行更加深入的研究。就区域文化软实力评价而言,学界研究的热点是城市文化软实力评价,对于省域文化软实力评价亦有一定的研究,在这两个方面都有评价体系和实证分析的研究。农村文化软实力评价研究是区域文化软实力评价研究中的短板,目前开展了农村文化软实力现状分析、农村文化软实力要素分析等理论研究,但尚未进入实证研究的层面。开展行业文化软实力评价研究和区域文化软实力评价研究将不断丰富发展文化软实力评价理论,也有利于通过评价促进各领域文化软实力的建设发展。

**(二)未来研究展望**

1. 加强文化软实力内涵及构成要素的研究,夯实文化软实力评价的理论基础

文化软实力评价框架建立在对文化软实力内涵及构成要素的分析之上,深入挖掘文化软实力科学内涵及构成要素是文化软实力评价研究必须要做好的基础性工作。不同于约瑟夫·奈对软实力的局限理解,我国文化软实力的内涵和构成要素非常丰富。一方面,中国文化软实力与社会主义核心价值观、中国化马克思主义、中国特色社会主义、中国教育格局、中国新闻传播、中国思想政治教育、中国文学艺术、民主法治建设、中国民族政策、中国宗教政策、中国传统文化、中国文化产业、中国外交政策、中国国际交往、中国国家形象等领域密切相关,要从这些与文化密切相关的领域中凝练出文化软实力的内涵和构成要素。另一方面,提升人的文化素质是发展文化软实力的最终落脚点,文化软实力的强弱最终取决于人的文化软实力素质。因此,在评价文化软实力时要从以人为本的角度考虑以下要素指标:"以科学的理论武装人"的效果如何?"以正确的舆论引导人"的效果如何?"以高尚的精神塑造人"的效果如何?"以优秀的作品鼓舞人"的效果如何?"以丰富的智慧启迪人"的效果如何?"以真挚的情感关爱人"的效果如何?"以勇敢的品格激励人"的效果如何?"以和谐的理念团结人"的效果如何?等等。[1] 可以说,理清文化软实力内涵及构成要素是未来文化软实力评价研究的一项重要而紧迫的任务。

2. 综合运用多种评价路径和方法,提升文化软实力评价的科学性

就文化软实力的评价路径而言,主要有资源统计型评价路径和民意调查型评价路径两大类型。资源统计型评价路径认为文化软实力是由一些文化软实力资

---

[1] 张国祚:《中国文化软实力研究论纲》,社会科学文献出版社2015年版,第98页。

源引起的,因而可以通过测量可能产生文化软实力的资源来评价文化软实力。资源统计型评价路径的优点是对于文化软实力客观指标的评价比较准确,如文化遗产份额、文化文物机构数、政府文教投入等等。其缺点是混淆了文化软实力资源和文化软实力本身,忽视了从拥有文化软实力资源到真正产生文化软实力之间存在着一个权力转化的过程。应该看到,文化软实力的实现是一个动态的过程,文化软实力资源需要通过一系列转化技巧才能影响目标受众,从而达到改变他人或他国行为的目的。民意调查型评价路径的优点是从受众群体的视角来评价文化软实力,考虑到了潜在的文化软实力资源转化为现实的文化软实力的动态过程,将对文化软实力的评价建立在对文化软实力作用机制的科学分析之上,在测量受众的文化软实力感知和认同方面优势明显,如传统文化吸引力、核心价值观认同等等。其缺点是民意调查数据对于一些基础性的客观指标的测量不如统计数据准确,存在着主观判断的随意性和模糊性。从上述分析可知,资源统计型的评价路径和民意调查型的评价路径各有其优缺点和适用范围,在文化软实力评价的实际操作中需要综合运用这两种评价路径。文化软实力评价方法分为主观评价方法和客观评价方法两大类,其中主观评价方法有德尔菲法、层次分析法、模糊综合评价法等具体方法,客观评价方法有主成分分析法、因子分析法、变异系数法、熵值法等具体方法。文化软实力评价方法种类繁多,各有利弊及适用范围,需要在研究中根据具体情况进行合理选择。

3. 整合多学科、多领域的研究力量,协同推进文化软实力评价研究

中国文化软实力的涵盖领域较为广泛,包括马克思主义文化软实力、中国传统文化软实力、文化产业软实力、教育文化软实力、传媒文化软实力、企业文化软实力、体育文化软实力、军事文化软实力、省域文化软实力、城市文化软实力、农村文化软实力等等。文化软实力的这些领域涉及诸多行业和区域,对不同行业、不同区域的文化软实力进行评价非单一学科力量可以完成,必须整合多学科研究力量,加强跨领域的研究和合作,以协同创新的方式深化推进文化软实力评价研究。就行业文化软实力而言,不同的行业文化有其自身的历史传统与发展特点,其文化软实力也深深打上了行业文化的烙印,对特定行业的文化软实力进行评价不仅要掌握文化软实力的一般基础理论,而且要熟悉特定的行业文化和对应的学科理论。就区域文化软实力而言,我国地大物博、幅员辽阔,东中西部文化发展程度相距较大,不同民族地区文化更具特色,城乡文化发展存在明显差别,对全国各省市地区、城市和农村的文化软实力进行评价时不得不考虑各地文化发展现状和区域文化特色,这就需要整合相关区域文化研究的学术力量,以更好地对各地文化软实力进行深入细致的评价。在对国家文化软实力进行综合性评价时,行业因素和区域因素相互交织、错综复杂,整合多学科、多领域的研究力量就显得尤为重要。

加强多学科、多领域的协同研究将吸引文化、政治、经济、管理、教育、新闻、文学、艺术、体育、军事等多学科的学者加入到文化软实力评价研究之中,具有不同专业背景的学者将围绕共同主题从各自学科视角探讨文化软实力评价研究,并通过协同机制整合力量、汇聚智慧,共同推动文化软实力评价研究。

# 中国特色新型智库发展报告[*]

唐顺利[**]

**摘要：** 中国特色新型智库是国家文化软实力的重要组成部分，建设特色新型智库是服务党和政府科学民主决策、破解发展难题的迫切需要，对于坚持和发展中国特色社会主义、提升国家文化软实力、全面建成小康社会具有重要的指导意义和借鉴价值。

党的十八大以来，习近平总书记在不同场合多次提出要高度重视、积极探索中国特色新型智库的组织形式和管理形式，要加强中国特色新型智库建设，建立健全决策咨询制度。这些重要论述既表明中国特色新型智库建设是推进国家治理体系和治理能力现代化的重要内容，又为建设中国特色新型智库指明了根本方向、提出了总体要求。有鉴于此，本报告对中国特色新型智库发展历程进行了全面梳理和归纳总结。现阶段，学界围绕中国特色新型智库建设的相关问题，不遗余力地进行了多方面研究与深入探索。主要涉及究竟什么是特色新型智库、建设什么样特色新型智库、如何建设中国特色新型智库等几大议题，开展深入的研究和分析，形成了丰硕的成果，取得了一定成效。但仍然存在着研究力量分散、职能交错、咨询作用发挥不够、成果质量不高、独立性不强、创新性不够、机制尚未健全等一系列问题。为此，必须立足国情社情民情，实事求是，与时俱进，进一步加快推进中国特色新型智库出人才、出思想、出成果建设步伐。在政府层面，要积极营造良好的智库文化环境，完善决策咨询体制机制，引导公众参与政策过程，积极构建新型智库体系，丰富智库资金来源渠道；在社会层面，要努力拓展智库建设的社会需求渠道，营造风清气正智库发展氛围，充分认识智库巨大作用，科学衡量评价新型智库，改善智库发展外围环境；在智库自身层面，要夯实智库建设的内生动力基础，增强智库自身的效能，加强智库人才的培养，提升决策咨询服务的能力。

---

[*] 本报告是马克思主义理论研究和建设工程重大项目、国家社科基金重大项目"全面提升中国文化软实力研究"（批准号：2015MZD045）部分研究成果。

[**] 唐顺利，湖南大学马克思主义学院博士研究生，长沙师范学院讲师。

## 一、智库与中国特色新型智库的内涵

历年来,党和政府重视智库发展,并取得了较为丰硕的成绩。随着社会发展进步,中国特色新型智库正逐步兴起和发展。那么,什么是智库?何为中国特色新型智库?特色新型智库"特"在哪里?"新"在何处?成为值得分析研究的问题。

### (一) 智库的基本概念

关于智库的定义。所谓"智",即具有聪明、见识、能力之意;所谓"库",即事物循环运用过程中被储存、固定的场所和地方。从智库词语组成来看,所谓智库(ThinkTank),顾名思义,就是能够储备和提供思想、知识、智慧、智囊、参谋、决策、建议的组织机构,智库能够产生原创性思想,也能够在人类社会发展过程中产生新的思想、智慧、知识,因此,智库又称思想库、脑库或者智囊团。

(1) 对智库概念的辨析。目前学术界对智库没有确切的定义,专家学者说法不一,各抒己见,众说纷纭。有的学者认为智库就是一种建言献策的组织机构,有的学者认为智库即思想库、智囊团等。

一是国外学者对智库的认识。美国著名学者詹姆斯·史密斯对智库进行了比较分析,认为智库不可能有一个单独的定义,智库具有丰富内涵,智库工作者所从事的社会实践活动,对智库内涵进行了外延和拓展。美国长期研究智库的学者詹姆斯·麦克甘认为,"智库是指独立于政府、社会利益集团以及政党等力量的具有相对自治性的政策研究组织"[1]。英国智库研究学者黛安·斯通认为,智库是一种独立的政策研究机构,通过为决策者提供分析来直接地参与政策制定,智库是指那些独立于政府、政党和利益集团,并从事公共政策问题分析的非营利组织。另外,里奇(Rich)把智库定义为"那些独立的、不以利益为取向的非营利组织,它们生产专业知识以及思想观念,并主要借此来获得支持并影响政策制定过程"[2]。国外学者对中国智库建设问题缺少实际研究,往往凭借主观臆断。

二是国内学者对智库的理解。大多数学者认为智库是一种相对稳定的且能够独立运作的政策研究结构或提供咨询服务的社会组织。有学者认为,中国智库是具有民族特色的智库,具有中国特色的智库,体现中国精神的智库。智库是具有非营利性的社会组织,专门产生公共知识和思想并能引导社会舆论的政府机构或民间组织。大部分学者认为智库就是"智者之库"的集聚地,要"以急国家之所急、想国家之所想"为利益目标,在国内"本着智库为民、智库报国,代表国家智库

---

[1] James G. Mc Gann, Academic to Ideologues: A Brief History of the Public Policy Research Industry, Political Science and Politics, 1992, pp. 733—740.

[2] Andrew Rich, *Think Tanks*, *Public Policy*, *and the Politics of Expertise*, New York: Cambridge University Press, 2004, p. 11.

而不是私人智库;在国外坚守中国话语权,代表中国智库而不是美国智库"①。智库是一种特殊的生产知识和思想的组织,为政府创新主意、创新理念、创新思想提供决策咨询服务。

由上述定义,我们不难发现,即使学者对智库的界定存在着分歧和争议,但要判断是不是智库必须有一个衡量标准,即智库必须从事社会政策研究、以影响政府的政策选择为目标、非盈利和独立性。因此,归纳起来表现在两个方面:广义上的智库就是指从事思想、知识和技术领域研究的专家,为政府、群体、机构或个人提供决策咨询服务,为客户对象提供相关的智力产品或服务;狭义上的智库就是指利用在某一领域专业技术优势,为政府、社会、个人从事知识、思想和技术研究的群体组织机构。智库的产生和发展需要基础知识、政治基础、社会基础和学术基础作为条件,基础知识作为智库的自然探索与知识积累,政治基础能够为执政党服务,具有意识形态属性,社会基础为智库提供生存发展空间,学术基础以多元学科理论作为支撑。

(2)从思想库到智库的演化。人类社会发展过程就是思想、知识、文化诞生和发展的过程,也就是各种类型智库组织形态不断演化的过程。中国智库经历了多个历史发展阶段,自古以来就存在着智库的说法。

一是名称之演变。随着政府及社会公众对政策研究咨询机构的关注日益增多,具体引用名称也相应发生了变化。通过中国知网输入主题词"思想库"为检索词语查询,显示全文文献数据达到2 235条次,从2007年至2017年6月近十年的数量,其中2017年有41条,2016年有149条,2015年有143条,2014年有177条,2013年有143条,2012年有179条,2011年有156条,2010年有140条,2009年有124条,2008年有127条,2007年有116条,2006年有73条,一直到1980年有18条,多数以期刊论文和硕士研究生学位论文为主要研究对象。与此形成鲜明对比的智库研究对象,数量完全不同,以"智库"为主题检索词语,查询全文文献数量达到13 115条次,其中2017年有1 281条,2016年有3 625条,2015年有22 944条,2014年有1 613条,2013年有1 057条,2012年有663条,2011年有557条,2010年有437条,2009年有493条,2008年有186条,2007年有112条,2006年有56条,一直到1980年几乎为零。数据详情见表1。

---

① 胡鞍钢,《建设中国特色新型智库:实践与总结》,《上海行政学院学报》2014年第2期。

表1　1980年至2017年以智库和思想库为主题检索词全文检索文献数量对照数据表

| 年份 | 思想库数量 | 智库数量 | 年份 | 思想库数量 | 智库数量 |
| --- | --- | --- | --- | --- | --- |
| 2017 | 41 | 1 281 | 2004 | 26 | 10 |
| 2016 | 149 | 3 625 | 2003 | 65 | 11 |
| 2015 | 143 | 22 944 | 2002 | 24 | 9 |
| 2014 | 177 | 1 613 | 2001 | 8 | 1 |
| 2013 | 143 | 1 057 | 2000 | 35 | 1 |
| 2012 | 179 | 663 | 1999 | 30 | 0 |
| 2011 | 156 | 557 | 1998 | 31 | 0 |
| 2010 | 140 | 437 | 1997 | 16 | 0 |
| 2009 | 124 | 493 | 1996 | 28 | 0 |
| 2008 | 127 | 186 | 1995 | 27 | 0 |
| 2007 | 116 | 112 | 1994 | 25 | 0 |
| 2006 | 73 | 56 | 1981 | 12 | 0 |
| 2005 | 85 | 12 | 1980 | 18 | 0 |

数据来源：中国知网。

从表1可看出，智库研究时间越往前研究成果越少，甚至几乎没有，而思想库开始大量出现在20世纪八九十年代，研究成果较多，学界关于思想库的研究明显要高于智库研究。2004年1月中共中央提出《关于进一步繁荣发展哲学社会科学的意见》，强调要充分发挥我国哲学社会科学认识世界、传承文明、创新理论、资政育人、服务社会的重要作用，使哲学社会科学界成为党和政府工作的"思想库和智囊团"，2012年党的十八大报告中也提到"思想库"词语，直到2013年"思想库"开始转变为"智库"，特别是2013年习近平总书记在中央深化改革领导小组第六次会议上提出《关于加强中国特色新型智库建设的意见》，"智库"一词首次被中央文件收录，并在十八届三中全会中提出"加强中国特色新型智库建设，建立健全决策咨询制度"[①]。智库正式进入公众视野，思想库由此被智库所代替。

二是思想库与智库的区别。思想库与智库是两个完全相同的概念，只不过侧重点不同，思想库侧重在"思想""观念""主意"等非客观事实上的结论；而智库则更侧重于集体智慧、团队力量等客观存在的对策建议。

从概念上看，智库就是智囊团、思想库、智囊机构、顾问班子，是指各学科专家学者聚集起来，运用个人的知识、智慧和才能，专门从事党和政府以及其他企业献计献策、判断运筹、调查研究、反馈信息等咨询研究机构。而思想库则仅为智库的一部分内容，是个人思想智慧的发挥。智库更突出动态效果，具有人类社会的能

---

① 王佩享、李国强等：《海外智库——世界主要国家智库考察报告》，中国财政经济出版社2014年版。

动性,体现主动作为、自觉服务;而思想库则较为稳定、静态、僵化,仅为思想和固有知识的存储和作用的发挥。

从范围上看,智库与思想库相比更能体现出已有智慧、思想、观念的应用,更能与现实生活相协调、相衔接。与思想库相比,智库涵盖的范围更广泛,思想库仅限于个人的思想、理论成果上的积累,而智库既可以是主观上的思想、理念、主意、想法和观念,也可为人类社会客观存在的事实,更加注重实际应用,理论与实践紧密结合。因此,智库范围更广泛,涵盖内容更多。

从作用和价值上看,智库的作用和影响不仅只局限于它是一个思想知识储存的"仓库",而更加突出在知识、思想、建议和智库的运作。智库既可为各类知识、观念、思想、建议、对策和理论的积淀储存,也可是各类方法、金点子、研究成果的合理配置和有效运用。智库的作用就是要为党和政府服务,把符合地方经济发展的思想理念和建设对策,提供给党和政府决策,发挥其独特的实际应用价值。

三是关于智库理解的误区。智库对党和政府以及企业发展、社会舆论与公共知识传播具有深刻的影响力。然而,部分公众及学术研究人员对智库的认识和理解存在一定的偏差和误区。一是认为智库就是知识人才的简单集合、智库等同于智囊和游说团体、智库等同于决策者的幕僚、对智库的独立性理解误区、智库视同于意见领袖、把智库看成学术机构、新型媒体和知识人才的简单集合。多数人认为,智库就是人才的集聚、智慧散发之地,仅从"库"的角度分析和认识智库是什么,把智库简单地理解为一种静态的事物。知识人才的简单集合,智库等同于智囊和游说团体,智库等同于决策者的幕僚,对智库的独立性存在理解误区,把智库看成学术机构和新型媒体。二是认为智库视同于"意见领袖"。在中国特色社会主义发展的具体语境下,把智库当成以公共政策为研究对象,以影响政府决策为研究目标,以公共利益为研究导向,以社会责任为研究准则的专业研究机构。三是多数学者认为智库就是体现国家话语权,视同为一种意见领袖,对党委政府决策、企业发展、引导社会舆论与传播公共知识具有一定的发言权和话语权。从组织形式和机构属性上看,智库既可以是具有政府背景的公共研究机构,也可以是不具有政府背景或具有准政府背景的私营研究机构;既可以是营利性研究机构,也可以是非营利性机构。

我们在理解智库这个概念的时候,要客观、辩证地看待,把智库看作人才简单聚合也好,把智库认同为一种游说团体也罢,反正要符合马克思主义科学理论,"人们远在知道什么是辩证法以前,就已经辩证地思考了,正像人们远在散文这一名词出现以前,就已经用散文讲话一样"①。中国智库的发展过程既应当符合民族

---

① 《马克思恩格斯选集》第3卷,人民出版社1995年版,第485页。

特色、国家风格,也要适应经济社会发展规律,还必须具有鲜明的中国特色、中国元素、中国语境。

**（二）中国特色新型智库的科学内涵**

中国特色新型智库的科学内涵要在完善国家治理体系中得以完整体现与诠释,需要同党和国家全面深化改革的总目标结合起来,体现在中国特色社会主义制度的优越性,表现在能够推进国家治理体系和治理能力现代化。

1. 中国特色新型智库提出

党的十八大以来,发展中国特色新型智库已上升为国家战略思想。2012年11月,党的十八大报告明确提出,要坚持科学决策、民主决策、依法决策,健全决策机制和程序,发挥思想库作用,要加强决策的论证、听证,不断提高科学决策、民主决策、依法决策水平。2013年4月,习近平总书记首次提出要"建设中国特色新型智库"的发展目标,将我国特色新型智库发展视为国家软实力的重要组成部分,并提升到国家战略的高度。媒体称其为迄今为止中央最高领导人专门就智库建设做出的目标最为明确、内涵最为丰富的一次重要指示。2013年11月,十八届三中全会提出,着力建设中国特色新型智库,建立健全决策咨询制度。这深刻地表明,加强中国特色新型智库建设,已成为推进国家治理体系和治理能力现代化的组成部分。2014年3月,习近平总书记在访问德国时,强调在中德两国成为全方位战略伙伴关系中,加大政府、政党、议会、智库交往。把智库建设提上了国家外交层面高度,"智库外交"将会成为国际交流与合作的形象窗口,彰显了中国精神。2014年7月,习近平总书记主持召开经济形势专家座谈会,他在讲话中指出,经济形势专家座谈会是落实十八大和十八届三中全会要求加强中国特色新型智库建设,建立健全决策咨询制度这个决策部署的重要体现,希望广大专家学者不断拿出有真知灼见的成果,为中央科学决策建言献策。2014年10月27日,中央全面深化改革领导小组第六次会议审议了《关于加强中国特色新型智库建设的意见》。习近平总书记提出,要从推动科学决策、民主决策,推进国家治理体系和治理能力现代化、增强国家软实力的战略高度,把中国特色新型智库建设作为一项重大而紧迫的任务切实抓好。

2. 中国特色新型智库发展阶段

自古以来,我国就有了养士、谋士、策士、门客、幕僚、幕宾、幕友、谏议大夫、翰林院、军师、师爷,这是智库、思想库发展的雏形。随着社会发展进步,政府研究机构、社科院、高等学校、民间智库等几个阶段。**一是初步建立阶段。**改革开放初期,党中央制定改革方案,需要大量的政策分析与研究人员承担智囊团、思想库等顾问机构的角色,分析社会突出问题,解决时代发展困惑,为党委政府和改革开放建言、献计、献策。大家致力于探索政策研究方法,开阔眼界,创新思路,深入调研,形成了有一定影响的研究报告。在此情况下,智囊团和思想库等机构出现了第一波活跃期,使党政军智库得到前所未有的发展与扩张。从中央到地方都设立了研究机构,大量的研究成果被中央有关部门采纳,有力地发挥决策咨询功能。大量高级知识分子被选拔进入中南海决策层,发挥了咨询、参谋的作用。比如设有中国哲学社会科学研究的最高学术机构和综合研究中心——中国社会科学院,直属国务院的政策研究和咨询机构——国务院发展研究中心,中国现代国际关系研究院(综合性国际问题研究机构),北京大学国家发展研究院等大型智库机构。**二是多元发展阶段**。民间智库兴起于 20 世纪 80 年代下半期,在改革开放的影响下,中国的一部分知识分子,从国家机关和政策研究部门"走出来",并组建了中国第一批民间智库,成为中国知识分子关注国家发展的重要渠道。比如,1988 年 3 月中国第一家民办经济研究所——北京四通社会发展研究所成立;同年成立的还有北京社会经济科学研究所;1989 年,由一些经济学家、社会活动家和企业家联合发起并创建了深圳综合开发研究院(又称"中国脑库");1991 年 4 月具有社团法人地位的全国性涉外专业组织——中国国际公共关系协会成立;1991 年 11 月 1 日,中国改革发展研究院成立,这是一家由政府和企业共同投资兴办,以转轨经济理论和政策研究为主,培训、咨询和会议产业并举的网络型、国际化、独立性改革研究机构;1992 年,零点研究咨询集团成立;1993 年,天则经济研究所、安邦智库先后成立,标志着具有影响力的民间智库研究机构得到进一步发展,也标志着国家智库发展呈现多样化和多元发展趋势。**三是基本形成阶段**。教育智库开始启航于 20 世纪 90 年代中后期,高校智库蓬勃兴起,彰显出中国智库体系多元时代的到来。1994 年 8 月,北京大学创办中国经济研究中心;1999 年,清华大学公共管理学院创办国情研究中心;2000 年 2 月复旦大学重建中国经济研究中心,同年 10 月被批准为"教育部人文社科百所重点研究基地"之一,后改名为中国社会主义经济研究中心,为日后成为上海首批 13 家高校智库之一奠定了基础。纵观高校智库的崛起,皆秉承"与中国发展同行,与中国开放相伴,与中国变革俱进,与中国兴盛共存"的发展理念,践行"维护国家最高利益,认清国家长期发展目标,积极影响国家宏观决策"的发展宗旨,为国家决策、理论创新和教书育人做出了贡献。**四是创新发展阶段**。党的十八大以来,中国改革进入到以利益关系协调为重点的攻坚阶段。深化改革既需要"顶层设计",又需要民间智慧,智库以其汇聚不同领域专业化研究的协同创新能力,在影响决策、拓展公众思维及开阔眼界、提供多元化思想及研究成果等方面,愈发深刻地改变和影响到民众、企业、社会和国家的思想与决策。智库的多元化发展趋势,加速了智库体系走向完备,推动了中国政治决策的科学化与民主化进程。同时,智库的社会影响力已不可小觑,在经济、政治、文化、社会、生态文明,以及城镇化建设、法制建设和国际关系等领域,形成了专业风格迥异以及专家介入模式多变的智库运行模式。在此深刻背景下,党的十八届三中全会明确提出,要加强中国特色新型智库建设,建立健全决策咨询制度。新一轮的智库发展由此形成。特别是全国高校以"协同创新"为抓手,纷纷出台关于加强高校新型智库建设的指导意见,掀起了一股智库建设的新浪潮。

3. 中国特色新型智库的基本特征

在中国特色社会主义具体语境下,中国特色新型智库的基本特征表现在"特""新""优""专",展示了中国风格,彰显了中国元素,弘扬了中国精神,传播了中国声音。

中办国务院印发在《关于加强中国特色新型智库建设的意见》中指出,中国特色新型智库是党和政府科学民主依法决策的重要支撑,是国家治理体系的治理能力现代化的重要内容,是国家软实力的重要组成部分,对中国特色社会主义发展具有重要现实指导意义。中国特色新型智库是以战略问题和公共政策为主要研究对象,以服务党和政府科学民主依法决策为宗旨、以社会责任为研究准则的非营利性研究咨询机构,积极面向现代化、面向世界、面向未来的中国特色新型智库体系,切实提升服务社会发展的决策水平和能力,为实现中华民族伟大复兴中国梦提供智力支撑。

从类型来看,有44%是党政军智库,17%是社会科学院,39%是民间智库。其中,"国字号"智库占党政军智库的30%左右(见表2)。

表2 智库类型特点统计表

| 智库类别 | 党政军智库 | | 社会科学院 | | 民间智库 | |
|---|---|---|---|---|---|---|
| 数量(家) | 85 | | 33 | | 75 | |
| 其中 | 国家级 | 地方 | 国家 | 省级 | 公益 | 私企 |
| 数量(家) | 25 | 60 | 1 | 32 | 48 | 27 |

从分布的区域特征来看,约60%分布在东部沿海地区,中部和西部地区的活跃智库分布基本相当(见表3)。从各省的分布来看,中国活跃智库主要集中在北京,其次是上海。

表3 智库区域分布特征统计表

| 区域分布 | 东部沿海省市 | 中部省市 | 西部省市 |
|---|---|---|---|
| 数量(家) | 130 | 36 | 37 |
| 比例(%) | 61.3 | 17.0 | 17.5 |

从成立时间的长短来看,研究发现,多数智库是在1978年改革开放以前成立的,占1/4;各阶段新成立的活跃智库数量相对而言比较平均,近10年新成立的活

跃智库数量略有上升(见表4)。

表4　智库成立时间分布特征统计表

| 时间分布 | ≤10 年 | 11—20 年 | 21—30 年 | 31—40 年 | ≥40 年 | 不确定 |
| --- | --- | --- | --- | --- | --- | --- |
| 数量(家) | 38 | 34 | 32 | 33 | 52 | 23 |
| 比例(%) | 17.9 | 16.0 | 15.1 | 15.6 | 24.5 | 10.8 |

参见《2015年中国智库报告——影响力排名与政策建议》，上海社会科学院智库研究中心数据统计。

从上述数据可以看出，我国特色新型智库对国家决策、社会发展、引导媒体舆论、促进公共知识传播，以及中国国际地位提升均有深刻影响。中国特色新型智库之"特色"，反映了中国特定历史与国情条件下形成的智库格局、内涵与功能。智库种类繁多。根据其活跃程度大致可以分为活跃智库和不活跃智库。所谓活跃智库，是指当前正常运行，且对公共政策形成和社会公众具有较强影响力的智库。

4. 中国特色新型智库的功能

加强中国特色新型智库建设，既是坚持和体现哲学社会科学应有的决策咨询价值，也是坚持和体现智库资政、启智、聚才、富国的独特功效。在加强中国特色新型智库建设过程中，集中体现在创新性思想、发挥智慧、体现力量等方面发挥价值，充分发挥智库在国家治理体系和治理能力上的重要作用。

加强智库建设，既是服务党和政府科学民主决策、破解发展难题的迫切需要，也是回应人民期待、有效引导社会舆论的迫切需要，更是增强国家文化软实力的现实需要。[①] 中国特色新型智库是党委政府、高校、社科院、民间智库的纽带与桥梁，是国家软实力的重要组成部分，承担着提升国家治理能力现代化的重要使命。长期以来，中国特色新型智库发挥着资政决策价值、启发智慧价值、汇聚人才价值、强国富民价值，为党委政府科学决策做出了巨大的贡献，发挥了巨大的作用。主要表现在：**一是发挥着资政决策的价值**。中国特色新型智库，体现了中国特色，突出了中国风格，传播了中国声音，讲好了中国故事，彰显了中国精神的独特魅力。在制定政策、选择政策、实施政策和评价政策的不同阶段中，为政府的政策形成，提供专家意见与对策建议，有效地解决政府遇到的重点问题。智库专家围绕全球气候变化、反恐怖主义、领土争端、人口贫困问题、能源问题、领土问题、宗教问题等敏感话题方面发表自己的思想主张，提供了科学的决策咨询，发挥着咨询决策的作用。改革开放以来，我国政治、经济、文化、社会、生态建设等方面发生了翻天覆地的变化，民主决策更为科学，社会更为公正，各个方面取得了长足进步，

---

① 张国祚：《加强智库建设是重大而紧迫的战略任务》，《光明日报》2014年3月31日。

这一切的取得离不开中国特色新型智库发挥的决策咨询作用。**二是发挥着启迪智慧的作用**。为完善国家治理体系,提升国家治理能力现代化,促进国家富强民主文明和谐、社会公平正义民主法治、个人爱国敬业诚信友善,中国特色新型智库在这方面发挥了重要的决策咨询作用。解决了政府发展的各种困境,一批特色智库、新型智库为政府提供了新思想、新理念和新战略,发挥着启迪和借鉴的作用。从新观点和新思想的生产,到提供新的政策主张,再到提出科学的政策建议,全过程全方位提供了智慧火花,给予了精神力量。诸多中国特色新型智库,通过撰写评论、发表论文、出版专著、举办研讨会等方式和途径,努力将实地调研成果引向政策实践,积极引导和主动启迪广大人民群众,参与国家重大政策讨论活动,对政策制定的科学性,对政策实施的效果,做出专家解读与传播,推动社会思潮与时俱进。**三是凝聚人才的价值**。智库是高层次人才聚集地,凝聚了大批各类型的智库人才。中国特色新型智库发展,为政府储存和输送大量优秀人才,进一步提升国家治理能力的水平和素养,进而提升国家治理能力现代化,推动中国特色社会主义事业向前发展。这些都迫切需要发挥我国特色新型智库在公共外交中的优势,不断增强我国的国际影响力和国际话语权。[①] 中国特色新型智库凝聚了大批专业人才、管理人才,充分发挥专家团队优势,有效激励和鼓舞了智库人才,这些优秀智库人才能够驾驭和解决复杂问题,促进智库对国家政策的影响作用,加快智库建设,提升国家治理能力。**四是彰显着强国富民的作用**。国家文化软实力建设,离不开中国特色新型智库的发展,同时中国特色新型智库发展,提升了国家文化软实力。中华民族伟大复兴之路,既是经济、军事等硬实力提高的过程,也是思想文化、行为活动、意识形态等文化软实力凝聚的进程。中国特色新型智库的发展,有助于树立中国特色社会主义的良好形象,形象阐述了中国方案,生动地讲述了中国故事,有力地传播中国声音,彰显了中国特色,弘扬和践行了中华优秀传统文化,推动了社会主义核心价值观的培育。

总之,加强中国特色新型智库建设,不断提升国家文化软实力,是智库人才应尽的责任和担当。中国特色新型智库作为国家文化软实力重要组成部分,是国家形象的象征,是国家力量的体现,是综合国力的展现,是国家公共外交体系的形象窗口。

## 二、推进中国特色新型智库发展的基本现状

我国特色新型智库发展较快,已初具规模,取得了一定成效,发挥了有效功能。党委政府政策研究室、高等院校、社科院、党校、学术团体和民间智库在民主决策、公共政策过程中发挥了举足轻重的作用,进一步提高了决策的科学化、民主

---

① 习近平:《中共中央关于全面深化改革若干重大问题的决定》,《求是》2013 年 11 月 20 日。

化、智慧化、法制化水平,为建设中国特色社会主义现代化事业储备了优质人才,创新了清晰的思路,提供了准确的信息。当前,中国特色新型智库研究力量较为分散、职能交错,智库专家咨询作用发挥不够,决策能力有待进一步提升,高质量咨询成果有待进一步增强,人才培育、汇集、作用机制有待进一步健全。近几年来公开的书报刊物上关于中国特色新型智库的研究著作有 52 部,学术类文章 2907 篇,获得国家社科基金课题立项有 26 项。事实上,随着国家对文化软实力的重视,推进我国特色新型智库建设研究也会随着时代发展进步越发丰富起来,成果越来越多。

**(一)当前学术界研究的主要成果与观点**

随着中国特色新型智库发展,越来越多的智库专家学者更为深入地研究当前社会发展出现的新问题、新情况、新形势,在理论上、实践上分析研究出了高质量的学术成果,为政府决策提供了智力保障。

在理论研究上,各智库研究者把中国特色新型智库建设工作作为一项长期的战略性问题进行研究,并对新常态下智库建设的理论与实践进行分析研究,目前已初步形成了中国特色新型智库建设科研整体格局,实现了从简单工作研究到成熟理论研究,从单一学科领域研究到交叉学科综合研究,从局部问题研究到系统协同研究的转型,更好地为国家治理体系现代化与现代企业市场决策提供专业人才支撑与智力保障。

(1)关于以中国特色新型智库研究为主题方面的国家级课题立项汇总

推进中国特色新型智库建设,必须坚持理论与实践相结合原则,反过来,科学的理论更能正确地指导社会实践,对推动我国民主决策提供有力的智力保障。因此,加快国家特色新型智库研究需要重视理论基础,更需要立足实际,实事求是,学以致用,知行统一,注重实地调研,把握内在发展规律,出成果与出人才相结合,是智库建设的关键和核心。多年来,我国智库研究机构一直致力于新时期特色新型智库建设的理论与实践的探索,完成了多项有关国家社科基金、全国"十三五""十二五"规划课题以及教育部社科基金课题项目。比如较具有代表性课题有 2017 年国家社科基金课题有 4 项,南京艺术学院重大项目"中国特色艺术智库研究",河南牧业经济学院一般项目"美国智库关于中国南海问题的研究述评(2009—2016)",苏州科技大学一般项目"基于语料库的美国智库涉华政治话语的批评性分析",黑龙江大学一般项目"新型智库协同知识管理能力与智慧服务创新研究";2016 年国家社科基金课有 3 项,分别为中国社科院一般项目"绿色发展视野中的生态文明智库建设和评价研究",黑龙江省社科院一般项目"文献信息机构服务智库功能与能力研究",四川外国语大学西部项目"中国外交智库的发展、运行和功能研究";2015年国家社科基金课题有8项,分别为中国社会科学院重点项目"中国特色新型智库调查、评价与建设方略研究",武汉大学一般项目"西方智库反思对华误判和重构对华认知的跟踪研究",上海外国语大学一般项目"丝绸之路人文外交背景下的中阿智库合作研究",山东省委党校一般项目"图书馆智库职能与群体化新型智库建设研究",淮北师范大学一般项目"情报学视野下我国智库运行机制和能力体系建设研究",郑州大学一般项目"国家治理背景下的体育智库研究",北京师范大学一般项目"中国特色新型智库参与公共政策过程研究",上海外国语大学"中国智库的国际媒体影响力分析与话语权战略研究",2014年国家社科基金课题为零;2013年国家社科基金课题有2项,分别为云南省社科院青年项目"印度智库与印度对华外交政策研究",中国人民大学一般项目"中国智库核心竞争力研究",2012年国家社科基金课题为零;2011年国家社科基金课题有1项,为湖北大学一般项目"美国公共政策过程中的智库因素研究"。在全国教育科学"十三五"规划课题立项方面。2017年华南师范大学"基于语料库智能学习平台的读写能力培养研究",2016年内蒙古大学"美国一流大学智库研究",2015年西华师范大学"美国智库影响政府教育决策研究——兼论中国特色新型教育智库的建设路径",中南财经政法大学"高校智库参与决策咨询的制度设计研究",济南大学"知识生产模式视域下地方高校智库建设研究",华东师范大学"知识生产模式视域下地方高校智库建设研究",河北大学"发达国家大学智库发展研究——兼论中国特色高校智库的建设路径",2013年西南交通大学"老科学家学术成长经历对我国创新人才培养的启示"。

(2) 关于以中国特色新型智库研究为主题方面的学术专著

对近年来关于以智库为研究主题方面的主要学术专著进行搜索,据不完全统计,从1982年至2017年间共出版了52本相关学术专著。较早的智库研究学术专著出现在1982年吴天佑、傅曦《美国重要思想库》,时事出版社出版,智库研究学术专著的出版高峰期出现在2015年至2016年,在这两年就出版了19本专著。为何智库研究学术专著会集中出现在这两年呢?原因在于2015年1月20日中共中央办公厅、国务院办公厅印发了《关于加强中国特色新型智库建设的意见》,文件从重大意义、指导思想、基本原则、总体目标、构建中国特色新型智库发展新格局、深化管理体制改革、健全制度保障体系、加强组织领导等26个方面,提出了具体而详细的要求和做法。因此,2015年的学术专著数量相对于之前若干年出现了迅猛增长,这和中共中央总书记习近平在2015年多次谈到推进中国特色新型智库建设有紧密的关系,而且习近平总书记在不同场合多次提到要加强推进中国特色新型智库建设,这说明党和政府对特色新型智库建设问题的高度重视,可见国家的政策方向影响了学者们的研究方向。如表5成果著作的统计。

表5　以智库为主题的学术专著统计表

| 序号 | 书名 | 作者 | 出版时间 | 出版社 |
|---|---|---|---|---|
| 1 | 《美国重要思想库》 | 吴天佑　傅曦 | 1982 | 时事出版社 |
| 2 | 《领导者的外脑:当代西方思想库》 | 朱锋　王丹若 | 1990 | 浙江人民出版社 |
| 3 | 《现代思想库与科学决策》 | 李光 | 1991 | 科学出版社 |
| 4 | 《决策文化论》 | 鲍宗豪 | 1997 | 上海三联书店 |
| 5 | 《兰德决策——机遇预测与商业决策》 | 乔迪 | 1998 | 天地出版社 |
| 6 | 《领袖的外脑——世界著名思想库》 | 北京太平洋国际战略研究所 | 2000 | 中国社会科学出版社 |
| 7 | 《欧洲思想库及其对华研究》 | 冯仲平　孙春玲 | 2004 | 时事出版社 |
| 8 | 《中国思想库:政策过程中的影响力研究》 | 朱旭峰 | 2009 | 清华大学出版社 |
| 9 | 《国际著名智库研究》 | 李轶海 | 2010 | 上海社会科学院出版社 |
| 10 | 《中国智库竞争力建设方略》 | 李安方 | 2010 | 上海社会科学院出版社 |
| 11 | 《旋转门:美国思想库研究》 | 王莉丽 | 2010 | 国家行政学院出版社 |
| 12 | 《西方学者论智库》 | 金芳 | 2010 | 上海社会科学院出版社 |
| 13 | 《世界各国智库研究》 | 李建军　崔树义 | 2010 | 人民出版社 |
| 14 | 《中国智库发展报告》 | 于今 | 2011 | 国家行政学院出版社 |
| 15 | 《智库产业——演化机理与发展趋势》 | 李凌 | 2012 | 生活·读书·新知三联书店 |
| 16 | 《智库转型——理论创新与实践探索》 | 王健　沈桂龙等 | 2012 | 生活·读书·新知三联书店 |
| 17 | 《智库谋略——重大事件与智库贡献》 | 冯叔君等 | 2012 | 生活·读书·新知三联书店 |
| 18 | 《建设首都社会主义新智库研究》 | 谭维克 | 2012 | 中央文献出版社 |
| 19 | 《美欧智库比较研究》 | 褚鸣 | 2013 | 中国社会科学出版社 |
| 20 | 《中国智库发展报告(2012)》 | 于今 | 2013 | 红旗出版社 |
| 21 | 《海外智库——世界主要国家智库考察报告》 | 王佩亨　李国强 | 2013 | 中国财政经济出版社 |
| 22 | 《智库报告:2013年中国智库报告(影响力排名与政策建议)》 | 上海社会科学院智库研究中心 | 2014 | 上海社会科学院出版社 |
| 23 | 《大国智库》 | 王辉耀　苗绿 | 2014 | 人民出版社 |
| 24 | 《中国特色新型智库:胡鞍钢的观点》 | 胡鞍钢 | 2014 | 北京大学出版社 |
| 25 | 《江苏新型智库体系建设研究》 | 刘德海 | 2014 | 江苏人民出版社 |
| 26 | 《国外智库看"一带一路"》 | 王灵芝 | 2015 | 社会科学文献出版社 |
| 27 | 《智库评论》 | 谢寿光 | 2015 | 社会科学文献出版社 |
| 28 | 《建设首都新型智库——北京市哲学社会科学研究基地十年巡礼》 | 北京市哲学社会科学规划办公室 | 2015 | 中国人民大学出版社 |
| 29 | 《中国特色新型智库与国家治理现代化》 | 包月阳 | 2015 | 中国发展出版社 |
| 30 | 《智库视野:智库在国际重大事件中的影响》 | 冯叔君 | 2015 | 复旦大学出版社 |
| 31 | 《新型智库建设与湖南"十三五"发展》 | 湖湘智库论坛组委会主编 | 2015 | 湖南人民出版社 |
| 32 | 《全球智库:政策网络与治理》 | 〔美〕麦甘思〔美〕萨巴蒂尼 著,韩雪　王小文 译 | 2015 | 上海交通大学出版社 |

(续表)

| 序号 | 书名 | 作者 | 出版时间 | 出版社 |
| --- | --- | --- | --- | --- |
| 33 | 《新型智库建设理论与实践》 | 崔树义 杨金卫 | 2015 | 人民出版社 |
| 34 | 《中国智库名录》 | 蔡继辉 史晓琳 | 2015 | 社会科学文献出版社 |
| 35 | 《内部多元主义与中国新型智库建设》 | 郑永年 | 2016 | 东方出版社 |
| 36 | 《湘江时论:新型智库建设与湖南改革发展学术研讨会成果集》 | 湖南省省情研究会 | 2016 | 湘潭大学出版社 |
| 37 | 《山东新型智库建设研究》 | 刘险峰 | 2016 | 山东人民出版社 |
| 38 | 《新型智库建设与哲学社会科学研究(第九届中国社会科学前沿论坛论文集)》 | 高翔 | 2016 | 中国社会科学出版社 |
| 39 | 《欧美大国智库研究》 | 金彩红 | 2016 | 上海社会科学院出版社 |
| 40 | 《新智库的探索与实践》 | 王荣华 | 2016 | 上海人民出版社 |
| 41 | 《智库的力量》 | 詹姆斯·麦根 安娜·威登 吉莉恩·拉弗蒂 | 2016 | 社会科学文献出版社 |
| 42 | 《中国特色新型智库研究》 | 李清泉 | 2016 | 中国经济出版社 |
| 43 | 《伐谋:中国智库影响世界之道》 | 王文 | 2016 | 人民出版社 |
| 44 | 《探索新型智库发展之路——蓝迪国际智库报告(2015)》 | 王伟光 | 2016 | 社会科学文献出版社 |
| 45 | 《2015中国智库发展报告》 | 王斯敏 | 2016 | 社会科学文献出版社 |
| 46 | 《思想的掮客:智库与新政策精英的崛起》 | 詹姆斯·艾伦·史密斯 | 2017 | 南京大学出版社 |
| 47 | 《欧洲智库对欧盟中东政策的影响机制研究》 | 忻华 | 2017 | 社会科学文献出版社 |
| 48 | 《中国:引领包容性世界经济增长潮流——国外战略智库纵论中国的前进步伐》 | 王灵桂 | 2017 | 社会科学文献出版社 |
| 49 | 《中国——中东欧智库合作进展与评价报告(2015—2016)》 | 黄平 | 2017 | 中国社会科学出版社 |
| 50 | 《国会的理念:智库和美国外交政策》 | 唐纳德·E.埃布尔森 | 2017 | 南京大学出版社 |
| 51 | 《"一带一路"——中国智库观点》 | 张宇燕 | 2017 | 中国社会科学出版社 |
| 52 | 《青岛智库报告(2017)》 | 佟宝军 | 2017 | 中国海洋大学出版社 |

(3) 关于以智库为研究主题方面的期刊论文

从研究内容和分布范围来看,几年来中国特色智库建设研究主要在三个方面有了一定的突破,突出表现在:一是研究视角呈现出多种学科交叉的趋势,不再局限于人文社科专业,还表现在统计学、考古学等多学科领域方面的研究,比如传播学、语言学、哲学、计算机科学、心理学、教育学、社会学、统计学、系统学等学科视域下进行了研究。二是研究方法上有了较大的突破,大多数智库学者专家都坚持定量和定性、理论与实践相结合研究的方法,往往采取田野调查、问卷调查、统计分析、实地调研等方法,定量研究开展增加,出现了定性研究和定量研究等多重分析方法。三是研究领域上有了较大突破和拓展,智库机构逐步增多,并且沿海地区智库高于内陆地区的智库,党政智库比社会智库和民间智库增多,除了北京、上海、广州、深圳、厦门等传统研究机构强势区域外,新疆维吾尔自治区、西藏自治区、青海省、四川省、甘肃省等地区的智库研究工作取得了突破性进展,以新疆、西藏、青海等边远地区为研究对象的论文也开始出现。

在智库研究方面。经中国知网搜索,从1994年至2017年(2017年数据统计到6月份)以智库为主题的文献共有12 986篇。其中1994年有5篇,1995年有1篇,1996年有2篇,1997年有1篇,1998年0篇,1999年有1篇,2000年0篇,2001年有3篇,2002年有9篇,2003年有14篇,2004年有24篇,2005年有32篇,2006年有56篇,2007年有112篇,2008年186篇,2009年有437篇,2010年有493篇,2011年有557篇,2012年有663篇,2013年有1 057篇,2014年有1 612篇,2015年有2 944篇,2016年有3 620篇,2017年有1 157篇。在以智库为主题的文献中,政策咨询类2 739篇,综述类文献342篇,书讯会讯类1篇,报纸类4 102篇,硕士博士学位论文类292篇,国内会议类有220篇。论文成为智库研究的主要成果形式,从1994年至2017年以智库为主题的期刊论文共有8 341篇,具体分布情况如下:1995年有1篇,1996年有2篇,1997年有1篇,1998年0篇,1999年有1篇,2000年有1篇,2001年有3篇,2002年有7篇,2003年有11篇,2004年有18篇,2005年有25篇,2006年有37篇,2007年有57篇,2008年90篇,2009年有238篇,2010年有238篇,2011年有265篇,2012年有389篇,2013年650篇,2014年有1 092篇,2015年有1 841篇,2016年有2 615篇,2017年有757篇。从文献数的总量来看,2003年之前的文献还处于较低水平,2003年至2008年是我国智库研究成果的萌芽阶段,国内高等院校专家学者开始研究和分析智库对民主决策作用,从2008年至今出现了智库研究成果百花齐放的繁荣阶段,特别在2016年智库研究成为近几年探究的高峰,智库研究逐步进入专家学者的视野,表现出高度敏感,涌现出了许多智库专家,智库研究成为诸多学者分析探究的焦点和热点问题。

在特色智库研究方面。从1994年至2017年(2017年数据统计到6月份)以特色智库为主题的文献共有1 709篇,综述类文献有39篇,政策研究类有305篇,期刊1 413篇,报纸204篇,硕士学位论文53篇,国内会议25篇,博士学位论文12篇。在以特色智库为主题搜索中,发现大多数研究者主要从智库的"特色"着手,分析特色智库建设的问题与建议。从文献检索结果来看,其中1994年至2002年这几年关于特色智库研究的论文为0,从2003年起有2篇,2004年有1篇,2005年为0篇,2006年有1篇,2007年有3篇,2008年1篇,2009年有14篇,2010年有5篇,2011年有14篇,2012年有25篇,2013年有68篇,2014年有267篇,2015

年有495篇,2016年有584篇,2017年有229篇。

在新型智库研究方面。从1994年至2017年(2017年数据统计到6月份)以新型智库为主题的文献共有2 091篇,政策研究类有345篇,综述类文献51篇,期刊论文有1 506篇,报纸类494篇,硕士博士学位论文类58篇,国内会议28篇。多数学者研究主要从智库的"新型"入手,着力分析了新型智库建设面临的矛盾问题、理论框架、构建体系以及地方智库发展状况等方面,2016年新型智库研究为最高值。从中国知网数据分析来看,其中从1994年至2005年关于以新型智库研究为主题的文献资料中几乎没有发表论文,2006年起有1篇,2007年为0篇,2008年5篇,2009年有4篇,2010年有6篇,2011年有20篇,2012年有10篇,2013年有63篇,2014年有236篇,2015年有675篇,2016年有773篇,2017年有298篇。统计数据如表6所示。

表6 1994—2017年以智库、特色智库、新型智库为主题的学术论文检索统计

| 年份 | 1994 | 1995 | 1996 | 1997 | 1998 | 1999 | 2000 | 2001 | 2002 | 2003 | 2004 | 2005 |
| --- | --- | --- | --- | --- | --- | --- | --- | --- | --- | --- | --- | --- |
| 智库 | 5 | 1 | 2 | 1 | 0 | 1 | 0 | 3 | 9 | 14 | 24 | 32 |
| 特色智库 | 0 | 0 | 0 | 0 | 0 | 0 | 0 | 0 | 0 | 2 | 1 | 0 |
| 新型智库 | 0 | 0 | 0 | 0 | 0 | 0 | 0 | 0 | 0 | 0 | 0 | 0 |
| 总计 | 5 | 1 | 2 | 1 | 0 | 1 | 0 | 3 | 9 | 14 | 25 | 32 |
| 年份 | 2006 | 2007 | 2008 | 2009 | 2010 | 2011 | 2012 | 2013 | 2014 | 2015 | 2016 | 2017 |
| 智库 | 56 | 112 | 186 | 437 | 493 | 557 | 663 | 1 057 | 1 612 | 2 944 | 3 620 | 1 157 |
| 特色智库 | 1 | 3 | 1 | 14 | 5 | 14 | 25 | 68 | 267 | 495 | 584 | 229 |
| 新型智库 | 1 | 0 | 5 | 4 | 6 | 20 | 10 | 63 | 236 | 675 | 773 | 298 |
| 总计 | 58 | 115 | 192 | 455 | 504 | 591 | 698 | 1 188 | 2 115 | 4 114 | 4 977 | 1 684 |

数据来源:根据中国知网数据库整理,表中数字单位为"篇"。

运用中国知网(CNKI)"中国期刊全文数据库",对1994—2017年我国特色新型智库研究进行了统计分析,如表6所示。从表中可以发现,发文数量排名靠前的主要是从2012年开始至今,成为专家学者研究智库、特色智库、新型智库的高峰值。

在全国重点高等学校方面。以智库为主题,经中国智库高级检索的期刊有596篇,主要分布在中国人民大学133篇,其中2017年9篇,2016年38篇,2015年32篇,2014年27篇,2013年7篇,2012年3篇,2011年1篇,2010年1篇,2009年2篇,2008年3篇,2007年1篇;清华大学48篇,其中2009年2篇,2010年1篇,2011年2篇,2012年1篇,2013年6篇,2014年11篇,2015年9篇,2016年11篇,2017年5篇;北京大学共有48篇,其中2007年1篇,2009年2篇,2010

年 3 篇,2011 年 1 篇,2012 年 1 篇,2013 年 1 篇,2014 年 9 篇,2015 年 8 篇,2016 年 13 篇,2017 年 4 篇;南京大学 65 篇,其中,2017 年 26 篇,2016 年 26 篇,2015 年 2 篇,2014 年 6 篇,2013 年 3 篇,2012 年 5 篇,2010 年 1 篇,2009 年 2 篇,2008 年 1 篇;武汉大学 56 篇,其中,2017 年 8 篇,2016 年 26 篇,2015 年 12 篇,2014 年 8 篇,2013 年 1 篇,2009 年 1 篇;复旦大学 38 篇,其中 2017 年 3 篇,2016 年 12 篇,2015 年 6 篇,2014 年 1 篇,2012 年 2 篇,2011 年 3 篇,2010 年 1 篇,2006 年 2 篇;华东师范大学 27 篇,其中 2017 年 2 篇,2016 年 5 篇,2015 年 9 篇,2014 年 4 篇,2011 年 2 篇,2010 年 1 篇,2009 年 2 篇,2006 年 1 篇,2005 年 1 篇;厦门大学 24 篇,其中 2017 年 0 篇,2016 年 5 篇,2015 年 5 篇,2014 年 4 篇,2013 年 4 篇,2012 年 1 篇,2010 年 2 篇,2009 年 1 篇,2008 年 1 篇,2007 年 1 篇;中央党校 27 篇,其中 2017 年 3 篇,2016 年 16 篇,2015 年 1 篇,2014 年 2 篇,2010 年 1 篇,2009 年 2 篇,2008 年 1 篇,2007 年 1 篇;吉林大学 17 篇,其中 2017 年 5 篇,2016 年 6 篇,2014 年 2 篇,2013 年 4 篇;中山大学 11 篇,其中 2017 年 2 篇,2016 年 7 篇,2015 年 2 篇;上海交通大学 12 篇,其中 2017 年 3 篇,2015 年 2 篇,2014 年 7 篇;兰州大学 10 篇,其中 2017 年 1 篇,2016 年 4 篇,2015 年 4 篇,2013 年 1 篇;华南理工大学 11 篇,其中 2017 年 4 篇,2016 年 7 篇;同济大学 9 篇,其中 2017 年 3 篇,2016 年 1 篇,2015 年 2 篇,2014 年 1 篇,2013 年 1 篇,2012 年 1 篇;华中科技大学 8 篇,其中 2017 年 2 篇,2016 年 2 篇,2015 年 1 篇,2014 年 2 篇,2012 年 1 篇;山东大学 7 篇,其中 2016 年 3 篇,2015 年 2 篇,2014 年 1 篇,2008 年 1 篇;电子科技大学 7 篇,其中 2015 年 5 篇,2012 年 1 篇,2010 年 1 篇;四川大学 6 篇,其中 2016 年 2 篇,2015 年 3 篇,2013 年 1 篇;中南大学 5 篇,其中 2016 年 4 篇,2013 年 1 篇;北京航空航天大学 5 篇、大连理工大学 4 篇、东北大学 4 篇,其中 2017 年 3 篇,2016 年 13 篇,2015 年 7 篇,2014 年 3 篇,2013 年 3 篇,2012 年 2 篇,2011 年 3 篇,2010 年 1 篇,2006 年 1 篇;东北大学 4 篇、天津大学 3 篇、湖南大学 3 篇、西安交通大学 2 篇、重庆大学 2 篇、国防科技大学 2 篇。从覆盖面看,一共覆盖了 39 余所 985 高校中的 30 所重点大学,大多数以胡鞍钢、朱旭峰、薛澜等智库学者为代表的决策咨询团队,以黄开木、陈旭峰等为代表,北京大学、清华大学、武汉大学、南京大学等高校的智库学者,对中国特色新型大学智库发展、美国顶级高校智库、地方社科院发表了诸多学术论文。发表高质量的智库研究学术论文,引起了党和政府以及社会各界的广泛影响。从研究机构来看,主要集中在中国人民大学、清华大学、北京大学、武汉大学、南京大学、华东师范大学等居多。从发表年份来看,主要集中在 2010 年至 2017 年,每年发表的论文数量呈现上升趋势。

表7 以智库为主题研究成果的高等学校机构发表论文统计

| 序号 | 机构名称 | 论文数量 | 序号 | 机构名称 | 论文数量 |
| --- | --- | --- | --- | --- | --- |
| 1 | 中国人民大学 | 122 | 14 | 兰州大学 | 10 |
| 2 | 清华大学 | 48 | 15 | 同济大学 | 9 |
| 3 | 北京大学 | 48 | 16 | 华中科技大学 | 8 |
| 4 | 南京大学 | 57 | 17 | 山东大学 | 7 |
| 5 | 武汉大学 | 56 | 18 | 电子科技大学 | 7 |
| 6 | 复旦大学 | 38 | 19 | 四川大学 | 6 |
| 7 | 华东师范大学 | 27 | 20 | 中南大学 | 5 |
| 8 | 中央党校 | 27 | 21 | 东北大学 | 4 |
| 9 | 厦门大学 | 24 | 22 | 湖南大学 | 3 |
| 10 | 吉林大学 | 17 | 23 | 天津大学 | 3 |
| 11 | 上海交通大学 | 12 | 24 | 西安交通大学 | 2 |
| 12 | 中山大学 | 11 | 25 | 重庆大学 | 2 |
| 13 | 华南理工大学 | 11 | 26 | 国防科技大学 | 2 |

数据来源：根据中国知网数据库整理，表中数字单位为"篇"。

运用中国知网（CNKI）"中国期刊全文数据库"，对近几年智库研究的发文期刊分布进行统计分析，如表7所示。从表中可以发现，发文数量排名前20位机构绝大部分为"双一流"大校，这说明重点高校是国家特色新型智库研究的主力军。

在各省社会科学院方面。以智库为主题的研究对象的成果共有148篇，主要分布在全省各个地方社科院所：中国社会科学院148篇，其中2017年15篇，2016年43篇，2015年36篇，2014年14篇，2013年12篇，2012年5篇，2011年4篇，2010年6篇，2009年4篇，2008年2篇，2007年2篇，2006年2篇，2005年1篇，2004年2篇；上海社会科学院56篇，其中2017年3篇，2016年8篇，2015年17篇，2014年8篇，2013年6篇，2012年2篇，2011年1篇，2010年3篇，2009年3篇，2008年1篇，2006年3篇，2004年1篇；湖南省社会科学院有18篇，其中2017年2篇，2016年2篇，2015年3篇，2014年0篇，2013年3篇，2012年4篇，2011年2篇，2010年2篇；河北省社会科学院11篇，其中2016年3篇，2015年7篇，2011年1篇；河南省社会科学院7篇，其中2016年2篇，2015年1篇，2014年1篇，2013年1篇，2012年1篇，2009年1篇；广东省社会科学院8篇，其中2017年1篇，2016年2篇，2015年2篇，2013年2篇，2010年1篇；云南省社会科学院8篇，其中2017年1篇，2016年1篇，2015年2篇，2014年1篇，2013年2篇，2009年1篇；黑龙江省社会科学院8篇，其中2017年2篇，2016年3篇，2015年2篇，2014年1篇；吉林省社会科学院6篇，其中2016年4篇，2014年2篇；贵州省社会科学院5篇，其中2016年4篇，2015年1篇；四川省社会科学院4篇，其中2016年1篇，2014年2篇，2012年1篇；内蒙古社会科学院4篇，其中2016年2篇，2012年1篇，2009年1篇；山西省社会科学院6篇，其中2017年3篇，2014年2

篇,2006年1篇;北京市社会科学院3篇,其中2017年1篇,2016年1篇,2015年1篇;湖北省社会科学院3篇,其中2016年1篇,2014年1篇,2011年1篇;宁夏社会科学院4篇,其中2016年1篇,2015年2篇,2011年1篇;青海省社会科学院2篇,其中2015年1篇,2010年1篇;陕西省社会科学院1篇,2014年1篇;重庆社科院2篇,2014年2篇;江苏省社会科学院2015年有1篇、福建省社会科学院2012年有1篇、山东省社会科学院2016年有1篇。

表8 以智库为主题研究成果的社科院机构发表论文统计

| 序号 | 机构名称 | 论文数量 | 序号 | 机构名称 | 论文数量 |
|---|---|---|---|---|---|
| 1 | 中国社科院 | 148 | 12 | 四川社科院 | 4 |
| 2 | 上海社科院 | 56 | 13 | 内蒙古社科院 | 4 |
| 3 | 湖南社科院 | 18 | 14 | 山西社科院 | 3 |
| 4 | 河北社科院 | 13 | 15 | 北京社科院 | 3 |
| 5 | 河南社科院 | 8 | 16 | 湖北社科院 | 3 |
| 6 | 广东社科院 | 8 | 17 | 青海社科院 | 2 |
| 7 | 云南社科院 | 8 | 18 | 重庆社科院 | 2 |
| 8 | 黑龙江社科院 | 8 | 19 | 陕西社科院 | 1 |
| 9 | 吉林社科院 | 6 | 20 | 江苏社科院 | 1 |
| 10 | 贵州社科院 | 5 | 21 | 福建社科院 | 1 |
| 11 | 宁夏社科院 | 5 | 22 | 山东社科院 | 1 |

数据来源:根据中国知网数据库整理,表中数字单位为"篇"。

从研究数量可以看出,各省(自治区、直辖市)社科院智库方面的研究较为欠缺,研究力度不够,缺乏智库研究团队。

表9 以智库为主题学术论文的来源期刊分布统计

| 序号 | 期刊名称 | 论文数量 | 序号 | 期刊名称 | 论文数量 |
|---|---|---|---|---|---|
| 1 | 《中国社会科学院报》 | 407 | 11 | 《人民论坛》 | 96 |
| 2 | 《光明日报》 | 301 | 12 | 《对外传播》 | 94 |
| 3 | 《中国经济日报》 | 202 | 13 | 《中国国防报》 | 74 |
| 4 | 《中国市场》 | 144 | 14 | 《重庆社会科学》 | 38 |
| 5 | 《智库理论与实践》 | 144 | 15 | 《情报理论与实践》 | 23 |
| 6 | 《管理观察》 | 122 | 16 | 《教育研究》 | 12 |
| 7 | 《领导决策信息》 | 116 | 17 | 《南京社会科学》 | 7 |
| 8 | 《中国发展观察》 | 114 | 18 | 《新疆师范大学学报(哲学社会科学版)》 | 6 |
| 9 | 《人民日报》 | 103 | 19 | 《社会主义研究》 | 5 |
| 10 | 《社会观察》 | 97 | 20 | 《高等教育研究》 | 3 |

数据来源:根据中国知网数据库整理,表中数字单位为"篇"。

运用中国知网（CNKI）"中国期刊全文数据库"，对近几年以智库为主题学术期刊论文的来源进行了统计分析，如表9所示。从表中可以发现，发文数量排名前20位的刊物的分布领域主要集中在《中国社会科学院报》《光明日报》《中国经济日报》《人民日报》等报纸类，而在大学学报、社会科学类等中文核心期刊上发表的相关论文较分散。另外，在文化类期刊、经管类期刊、政治类期刊、新闻传播类期刊、艺术类期刊、教育类期刊均刊载了特色新型智库研究的相关论文，这说明特色新型智库研究得到了人文社科类期刊的普遍关注。

（4）关于以智库为研究主题方面的硕博论文

硕士博士学位论文象征着学术研究的延续性和新生智库团队代表，是新形势下加强中国特色智库研究的学术骨干力量，更是系统研究智库的重要成果。经中国知网搜索，1994年至2017年以"智库"为主题的硕士博士学位论文共有281篇，其中硕士研究生学位论文有254篇，博士研究生学位论文有27篇，主要集中在2016年94篇，2015年54篇，2014年33篇，2013年26篇，2012年29篇，2011年18篇，2010年10篇，2009年5篇，2008年3篇，2007年3篇，2006年1篇，2004年1篇，2002年1篇。2014年至2016年，代表性的硕士博士学位论文如下：论文有《智库演化论——历史、功能与动力的三维诠释》（中共中央党校，2016年）、《智治之维——智库在公共治理中的功能研究》（中国矿业大学，2016年）、《地方智库的构成要素和竞争力研究——以江苏省淮安市为例》（南京航空航天大学，2014年）、《中国特色新型智库建设问题研究》（大连理工大学，2015年）、《中国特色新型智库建设创新研究——以海南科研院所智库建设为例》（海南大学，2016年）、《大数据：中国特色新型智库建设途径研究》（华东政法大学，2016年）、《中国智库的影响力研究》（吉林财经大学，2016年）、《我国智库能力建设研究》（中共中央党校，2016年）、《研究型大学智库建设模式研究》（天津大学，2016年）、《贵州新型智库建设研究》（贵州大学，2016年）、《美国高校智库运行机制研究》（山东大学，2016年）、《我国新型智库建设研究》（郑州大学，2016年）、《中国民间智库参与政府公共政策制定问题研究》（重庆大学，2016年）、《廉政智库政策参与研究》（湖南大学，2016年）、《国外大学智库人才培养研究》（华东师范大学，2016年）、《美国教育智库运行机制研究——以美国教育科学研究院为例》（西华师范大学，2016年）、《美国智库的发展对中国特色新型智库建设的启示》（湖北理工大学，2016年）、《日本智库的运作机制——以日本国际问题研究所为例》（外交学院，2015年）。从研究数量上来看，总量较少，在已有成果中湖南大学、中央党校、海南大学、南京大学、山东大学、上海社会科学院、湖北大学、郑州大学、云南大学、安徽大学、兰州大学等居多。从发表年份来看，主要集中在2016年至2015年。总体而言，关于以"智库"为主题的硕士博士学位论文逐年递增，总体篇数呈现逐年上升，博士毕业论文占一定比例,说明对这方面的学术创新重视程度很高,成为大多数人的研究重点和热点,并且会对此探讨和研究将进一步深入。

(5) 关于以中国特色新型智库为主题的关键词及分类和相应篇数

从中国特色新型智库研究内容和对象来看,通过对中国知网检索的以"特色新型智库建设"为篇名的1 005篇,以"特色智库"为篇名的1 709篇,以"新型智库"为篇名的有2 091篇,以"智库"为篇名的有13 381篇,从这些论文题目进行统计分析,发现这些论文的研究对象主要集中在"特色""新型""智库",研究内容较为集中,重复研究多,创新研究少,如表10。从研究方法来看,现有成果主要运用文献资料法、定性分析法、经验总结法等,用定量分析法、调查研究法、观察分析法的成果少,统计分析的数据成果微乎其微。

从总量上看,关于以中国特色新型智库建设的论文数量较少,单从加强特色新型智库建设的论文和著作有不少,以中国特色新型智库建设研究的相关博士论文的关键词为例,几乎没有纯这方面的博士学位论文。从知网上输入关键词可看出,关于加强特色新型智库建设方面的论文数量上较为泛论、重复论述的数量占据很大比例,从本质上说明弘扬传承中华文明理论成果不足,从现象层面分析较为分散,挖掘和整理力度不够。

表10 加强中国特色新型智库发展的论文题目分类及相应篇数

| 理论类 | | 政策咨询类 | | 成果类 | | 院校类 | | 效果类 | |
| --- | --- | --- | --- | --- | --- | --- | --- | --- | --- |
| 建设问题 | 514 | 科学决策 | 432 | 研究综述 | 341 | 高校 | 239 | 时效性 | 7 |
| 内在关系 | 106 | 政策分析 | 3 | 实证研究 | 328 | 高职 | 47 | 发展载体 | 13 |
| 发展策略 | 52 | 发挥作用 | 516 | 对策策略 | 376 | 军校 | 4 | 发展趋势 | 41 |
| 探索途径 | 293 | 提供价值 | 861 | 解决途径 | 467 | 少数民族 | 51 | 效果 | 41 |
| 影响因素 | 17 | 民主管理 | 23 | 启迪启发 | 346 | 医学 | 32 | 评估指标 | 24 |
| 理论框架 | 629 | 决策咨询 | 12 | 实践应用 | 23 | 师范 | 0 | 实效性 | 12 |
| 认识探索 | 38 | 有益借鉴 | 387 | 案列研究 | 335 | 公安 | 44 | 话语体系 | 66 |

数据来源:根据中国知网数据库整理,表中数字单位为"篇"。

此外,以中国特色新型智库建设为主题的研究成果,其中多以特色智库建设为研究对象。从内在逻辑关系、主要问题、对策建议、发展趋势、影响因素、评估体系、决策咨询、路径探析等方面进行研究,然而针对加快推进中国特色新型智库建设的实际评价指标体系尚未成熟,尤其是在地方社科院、高等学校、党政研究室等方面的智库作用和价值体现在哪些方面,有待进一步挖掘和提炼,深入研究和探析。

(6) 关于以中国特色新型智库建设为主题论文下载数和引用量及比例

自从党的十八大后,习近平总书记在不同场合和各项会议中,多次强调加快推进中国特色新型智库建设,这在学术界和理论界中形成研究中国特色新型智库的浓厚氛围。特别是在京主持召开哲学社会科学工作座谈会上,习近平总书记强调指出,一个没有发达的自然科学的国家不可能走在世界前列,一个没有繁荣的哲学社会科学的国家也不可能走在世界前列。坚持和发展中国特色社会主义,哲学社会科学具有不可替代的重要地位,哲学社会科学工作者具有不可替代的重要作用。从数据分析可看出,以中国特色新型智库建设、特色智库、新型智库、智库为篇名的论文数量及比例,逐年上升。2012年以来,虽然学术论文数量与比重有所上升,但比重不均,成果结构有待深化,2015年中国特色新型智库所占比例为最高值71.71%,占新型智库比例57.74%,比上年度的比例要高,但比2015年的比例大幅下降,如表11所示。数据统计截止时间为2017年7月,数据来自中国知网检索。

表11 以中国特色新型智库建设、特色智库、新型智库、智库为篇名论文数量及比例

| 年份 | 特色智库（篇） | 新型智库（篇） | 中国特色新型智库建设（篇） | 中国特色新型智库建设占特色智库的比例 | 中国特色新型智库建设占新型智库的比例 |
| --- | --- | --- | --- | --- | --- |
| 2010 | 5 | 6 | 2 | 40.00% | 33.33% |
| 2011 | 14 | 20 | 7 | 50.00% | 35.00% |
| 2012 | 25 | 10 | 3 | 12.00% | 30.00% |
| 2013 | 68 | 63 | 37 | 54.44% | 58.73% |
| 2014 | 267 | 236 | 160 | 59.92% | 67.79% |
| 2015 | 495 | 675 | 355 | 71.71% | 52.59% |
| 2016 | 584 | 773 | 373 | 63.86% | 48.25% |
| 2017 | 228 | 299 | 132 | 57.89% | 44.14% |

数据来源:根据中国知网数据库整理,表中数字单位为"篇"。

从表11中可看出,从2010年起研究特色智库、新型智库、特色新型智库建设学术论文逐渐开始增多,中国特色新型智库建设研究占特色智库比例为71.71%,占新型智库建设比例为52.59%,2015年成为近几年研究特色新型智库的最高值。之后,关于中国特色新型智库建设的研究越来越受到专家的重视和关注,侧重在探索特色新型智库建设的实证和应用上,成果较为丰富,并取得了卓有成效。

表 12　中国特色新型智库发展成果中下载和引用最多论文

| 年份 | 下载数最多的文献 | 类型 | 次数 | 被引用次数最多的文献 | 类型 | 次数 |
| --- | --- | --- | --- | --- | --- | --- |
| 2017 | 《中国智库发展研究:国际经验、限度与路径选择》 | 论文 | 326 | 《中国智库国际化与未来发展趋势》 | 论文 | 3 |
| 2016 | 《国际智库发展趋势特点与我国新型智库建设》 | 论文 | 1 821 | 《中国高校智库发展现状与未来策略思考》 | 论文 | 22 |
| 2015 | 《论中国智库发展的现状、问题及改革重点》 | 论文 | 3 013 | 《国外智库信息服务的分析及启示》 | 论文 | 25 |
| 2014 | 《中国智库影响力的实证研究与政策建议》 | 论文 | 3 747 | 《构建中国特色新型智库研究的理论框架》 | 论文 | 57 |
| 2013 | 《建设中国特色新型智库》 | 论文 | 1 331 | 《创建中国特色新型智库——完善智库建设七项机制》 | 论文 | 22 |
| 2012 | 《推动哲学社会科学繁荣发展建设具有专业优势的思想库》 | 论文 | 222 | 《关于加强中国特色新型智库建设的思考》 | 论文 | 15 |
| 2011 | 《构建三位一体新格局建设中国特色新型智库——以河北省社科院为例》 | 论文 | 459 | 《构建三位一体新格局建设中国特色新型智库——以河北省社科院为例》 | 论文 | 2 |
| 2010 | 《对中国特色新型智库几个重大问题的思考》 | 论文 | 569 | 《中国特色新型智库建设及其思想传播》 | 论文 | 10 |
| 2009 | 《美国教育的"智库"及其影响力》 | 论文 | 1 557 | 《智库:图书馆发展的新机遇》 | 论文 | 12 |
| 2008 | 《浅析智库在日本外交决策中的作用》 | 论文 | 1 902 | 《美国智库的研究及对中国民间智库的启示》 | 论文 | 24 |

数据来源:根据中国知网数据库整理。

　　从上述论文下载数量和引用数量的数据分析中,可看出从 2008 年至 2017 年(数据统计为 7 月)下载次数最多的成果是上海社会科学智库研究中心项目组撰写的《中国智库影响力的实证研究与政策建议》发表在《社会科学》(2014 年第 4 期),达到下载量历史最高 3 747 次。历年引用数最多的成果为 2014 年薛澜发表在《中国行政管理》第 5 期中的《构建中国特色新型智库研究的理论框架》,引用次数为 57 次。从论文的引用数量来看,当前研究中国特色新型智库建设的成果相对较少,核心期刊刊登率和人大复印资料转载率不高,甚至近些年没有,经知网检索,高质量期刊论文还需进一步提升和加强。

　　综上所述,近年来有关的研究成果,定性研究越来越多,定量研究逐渐兴起,实证分析、数据统计、多学科联合研究成果逐渐增加。但在社会生活实践方面的典型案例研究偏少,优秀实践案例分析和研究不足,有益经验推广不够,有时出现以理论论理论、抽象论抽象的话语,读之感觉"大而空"的味道,缺少详细的数据分析,大多数以中央文件作为理论支撑,针对性不强、效果不佳,难免顾此失彼,制约研究的深入拓展。因此,要加强科学的理论指导,解决实际应用和实证研究,突破现有研究实效性低、研究方法滞后的瓶颈。

### (二) 关于中国特色新型智库研究的主要学术观点梳理

建设中国特色新型智库对服务党和政府科学民主决策、破解发展难题,发展中国特色社会主义、提升国家软实力、全面建成小康社会,具有重要的现实指导和理论价值。近年来,学术界关于中国特色新型智库建设不懈的努力探索,取得了一定社会成效,形成了一定的理论成果。

#### 1. 基础理论研究方面

理论研究是实践研究的基础和前提,科学理论指导实践发展。中国特色新型智库建设的基础理论研究主要表现在对智库概念辨析、特色智库价值、智库理论来源、智库发展现状等几个方面。

构建特色新型智库体系是国家治理体系和治理能力的现实需要,是加快推进国家文化软实力的重要内容,是应对经济全球化挑战的有效举措,更是为党和政府出谋划策、科学决策、民主管理的应有之意。

一是理论意义。从国家层面来看,加强中国特色新型智库建设,有助于促进中国特色社会主义各项事业健康发展,有利于提升中国特色社会主义道路自信、理论自信、制度自信和文化自信。河南省社会科学院课题组从推进中国特色社会主义事业发展的基本经验结论、增强中国特色社会主义"三个自信"的迫切需要、当前所处发展阶段与面临任务的客观要求、新时期全面深化改革的必然选择、提高决策科学化、民主化的必由之路等方面阐述了中国特色新型智库建设的意义。① 进一步做强中国特色新型智库,有助于进一步提升国家战略决策的科学化水平,为什么?原因在于任何重大决策都需要经历一个复杂的论证过程,需考虑影响决策的各种因素及其相互作用可能产生的不同结果,然后进行系统综合的比较,把最佳结果遴选出来作为决策的总目标。② 由此可以说明,遇到重大现实问题和突出矛盾时候,可借助由多学科专家组成的特色智库团队,在充分调查研究的基础上,经专家学者的深入研讨、民主协商、反复权衡、科学论证的过程,提出科学的理

---

① 河南省社会科学院课题组:《关于加强中国特色新型智库建设的思考》,《中国社会科学报》2013年11月27日。

② 张国祚:《做强新型智库提升国家软实力》,《人民日报》2014年10月14日。

念、思路和战略,提供切实可行的解决策略、方案、规划和举措,把重大问题和主要矛盾通过集体智慧和民主协商的方式加以处理和科学解决,从一定意义上说,加强特色新型智库建设,发挥特色新型智库作用,在整个过程中,就是不断提升国家战略决策科学化水平的过程,不断提升国家软实力的过程,不断彰显中国方案和中国精神魅力的过程。

二是决策价值。从研究内容来看,中国特色新型智库大多从基础数据、基本信息、基本情况等方面进行当代中国国情、国力研究。有的学者研究基本国情、发展阶段、发展趋势,并可作为研究基本国策、长期发展的前提和基础,基本国情主要包含人口及人力资源、自然、经济、社会、政治、文化等方面的国情,基本国情是研究不同领域发展战略的基础;有的智库学者从历史比较、国际比较、理论视角、实践维度等几个方面加以研究中国道路,有研究当代中国发展总道路及经验与教训、得与失,以及未来发展道路,中国特色新型智库还主要包涵着中国特色农业、特色新型工业化、特色新型城镇化、特色自主创新以及中国特色社会主义民主政治、社会主义法治、社会主义生态文明等多个方面的内容,有效地拓宽了特色新型智库研究的内容,为国家科学决策提供有益的借鉴价值和参考范本。

三是现实意义。从特色新型智库建设实际应用来看,加快推进中国特色新型智库建设,就是通过将中国发展和变革的社会实践,实事求是,因地制宜,分类指导,将中国方案和中国精神进行条理化、系统化、理论化、具体化和制度化,承担着社会发展和人民对美好生活向往的"瞭望者",谋划着国家重大决策和战略的"建设者",担当着国家未来发展决策的"建言者",践行着国家治理的"监督者",这几种角色就是要立足中国国情,要站得更高、看得更远、想得更深、看得更准。① 要不断强化特色新型智库坚持中国立场和传播有价值的中国声音,维护中国利益,培育和践行社会主义核心价值观,树立立足中国、放眼世界的忠诚意识和大局意识,深入贫困地区和人民群众中开展实地调研活动,解决全面建设小康社会的突出问题,正确问题意识和对策意识。支持和鼓励一批高校毕业深入基层、扎根基层,了解广大人民群众在艰苦条件下的真实面貌和现实生活,特别是高学历人员到老少边穷地区挂职锻炼,要培养一大批热爱祖国、忠于信仰、知识渊博、专业精深、足智多谋、意志顽强和具有协作精神的智库人才,让其在实践中得到磨砺,增长才干,提升能力。② 还有些学者从政治体制改革的思想力量、中国特色社会主义协商民

---

① 胡鞍钢:《中国特色新型智库建设及其思想传播——以清华大学国情研究院为例》,《中国科学院院刊》2016 年第 8 期。
② 张国祚:《做强新型智库提升国家软实力》,《人民日报》2014 年 10 月 14 日。

主两个方面阐述了中国特色新型智库建设的重要意义。① 加快推进特色新型智库建设就是要立足现实,根植实践这个现实的土壤,把智慧、能力、才干奉献于社会主义现代化建设的广袤土地上,精准地指导现实问题,成就美好未来生活。

2. 中国特色新型智库建设的概念辨析研究

一是要把握中国特色丰富内涵。科学理解中国特色新型智库的内涵,就需要把握两个关键词,即"中国特色"和"新型"。所谓"中国特色",就是要根据中国国情、社情、民情,形成具有民族风格、地方特色、人民满意的新思想、新理论和新观点,为国家决策咨询提供科学平台。此外,形成富有中国特色的智库,还要始终坚持以中国特色社会主义理论体系为指导,以维护国家和民族利益为出发点,以推动实现"两个一百年"奋斗目标、实现中华民族伟大复兴为己任,深入探讨改革开放和社会主义现代化建设重大问题,以高质量、高水平的研究成果服务于党和政府的决策,促进党委、政府决策科学化、民主化水平和国家治理能力的提升;所谓"特色",即一事物表现出来区别于其他事物而形成的独特风格和形式,该事物所表现出来的独特色彩、个性和特性。而这里特色智库就需要从中国国情出发,形成民族特色,获得人民群众的认可和接受。所谓"新型",即原来没有过的新的类型,也就是说"新型"这个概念是相对于"传统"而言的,在原来的基础上推陈出新、更新换代,形成特色鲜明的新型智库体系。有学者认为,特色新型智库,要以理论创新为基础,以服务科学决策为目的,以前瞻性研究为重点,以成果的实践对接效应为标准,在国家和区域发展的关键时刻能够提出重大理论概念和重大战略对策,切实为解决全面建设小康社会进程中的重大理论和现实问题服务。② 由此观之,建设中国特色新型智库,应具备建设性、战略性、独立性、开放性和多元性等方面的特色,富有中国风格、民族特性和中国精神。

二是要突出"特色""新型"。中国特色新型智库要具有中国特色,体现新型。一方面"特色"主要表现在发展理念上、组织架构上和科研成果上等三个方面。从中国特色新型智库的发展理念上看,要坚持中国特色,也就是要坚持中国共产党的领导、坚持社会主义制度、坚持中国特色社会主义道路。从中国特色新型智库的组织架构来看,要突出"中国特色",中国特色新型智库不同于西方智库,组织机构的发展要结合中国国情的制度体系。从中国特色新型智库的科研成果来看,智库研究成果既要具有中国特色,体现新型,又要围绕中国特色社会主义建设过程

---

① 顾海良:《新型智库建设与思想力量彰显》,《人民论坛》2014年第3期。
② 河南省社会科学院课题组:《关于加强中国特色新型智库建设的思考》,《中国社会科学报》2013年11月27日。

中的问题,结合中国发展的实际,对我国的经济社会发展的变革产生积极影响。另一方面"新型"主要表现为理念新、体系新、成果新和形式新等方面。从中国特色新型智库的发展理念层面看要突出"新"字,在新的历史发展时期,各种智库必须科学定位,明确各自的发展优势和主攻方向,围绕新时期党委政府对智库建设的新要求,形成具有前瞻性的发展理念。从中国特色新型智库的制度体系层面看要突出"新"字,打造新型智库是要突破原有的体制障碍,探索新型智库的管理体系,构建决策咨询制度体系。从中国特色新型智库科研成果层面看要突出"新"字,党委政府要求智库形成的研究成果要新、要快,对成果的质量要求越来越高。总之,中国特色新型智库必须要研究"新问题"、形成"新思路"、结合"新情况"、探索"新路径"、提出"新对策"[1],有效形成主意创新、理念创新、思想创新的良好氛围,进一步推进国内外各类智库和经济社会发展各领域著名专家学者的联系、交流、合作,促进相互学习、相互借鉴、共同提高。

三是要紧扣智库鲜明特点。中国特色新型智库除具备智库的共同特点外,还应具备"特""专""新""优"的鲜明特征。要紧扣"特",即独特性,要有中国特色。我国有独特的历史、独特的文化、独特的国情,因为这些独特性,使得中国特色新型智库相比其他智库而言,首先是国家不同,中国是社会主义国家,不是资本主义国家,而且是中国特色社会主义制度,具有制度优越性。其次,民主性质不同,具有多党协商的性质,国家是在中国共产党领导下,坚持改革开放,坚持四项基本原则,为把国家建设成为富强民主文明和谐美丽的社会主义现代化强国。我们最大的优势就是中国共产党领导,这就决定了我们必须急国家之所急、想国家之所想、还要想国家之所未想。党的价值与需求不同,这就决定了我们所提供的决策知识,一定是"知识为民、知识报国",还需要忧党忧国、报党报国。要紧扣"专",即专业化职业化,既要专业化,又要职业化。这是一流智库的最重要的特点。作为专业化,就是某一领域权威的专家,能够与同行竞争和对话,也能够为同行所认同和尊重。作为职业化,就是在专业化的基础上,长期专题研究、深度研究、跟踪研究,做到融会贯通,不仅高出一等,还要独树旗帜。再次,要紧扣"新",既要创新理念,又要创新组织形式。不拘一格办智库,集思广益谋创新,集学术智慧、人民智慧、国家智慧之大成,还要集历史智慧、世界智慧之大成。要紧扣"优",即优质、优秀、品质,不断创新质量高、影响深远的思想和智慧。及时提供高水平、可行性的发展思路或政策方案,不断发表有深度、有影响、有标志的优秀学术成果、代表作。有学者认为,中国特色新型智库的主要作用就是提供"两个服务",即全心全意服务

---

[1] 黄意武:《探索中国特色新型智库建设的实践路径》,《发展研究》2014 年第 2 期。

人民,服务国家;争做"两个一流",即做中国一流和世界一流的专业化与职业化的智库;实现"两个贡献",即为中国、为全人类贡献知识、思想和智慧。① 这也为建设中国特色新型智库指明了正确方向、提出了明确要求、提供了基本遵循。

3. 中国特色新型智库建设的对策建议研究

2016年5月17日,习近平总书记在哲学社会科学工作座谈会上强调指出,智库建设要把重点放在提高研究质量、推动内容创新上,要围绕我国和世界发展面临的重大问题,着力提出能够体现中国立场、中国智慧、中国价值的理念、主张、方案。这引起了学界对如何建设特色新型智库的高度关注,并提出了诸多有益的建议和对策。有的学者认为,中国特色新型智库建设要更好地适应中国特色社会主义现代化建设实际需要,就应着力修炼好主动作为的"硬功"、紧扣重点的"实功"、深入调研"长功"②。党委政府决策的做出,为保证决策的科学性、合理性,都需要经历复杂的高智力逻辑推理过程,还需要考虑各种因素导致的各种结果。因此,有学者认为,中国特色新型智库建设要在综合考虑各种因素、各种影响、各种结果的基础之上做出最佳选择、合理布局,需要集思广益,应当来自相关专家的智慧。③ 在经济全球化、世界多极化、信息网络化时代,政府要有智慧地抵御各种影响决策的思潮侵扰,正确处理各种影响决策的利益格局、价值取向,坚定立场,把握方向,辩证看待,深入调研,防止决策面前非此即彼、非得即失。智库在深入调查研究、反复商讨的基础上,获得最佳理论、策略、方法、建议,为党委政府提供决策。

有学者认为,要以借鉴国际智库发展经验,提升中国智库建设水平为基本方向,创新性地将企业竞争力理论应用于中国特色社会主义新智库的建设进程之中,在对智库竞争力的概念内涵进行界定和系统分析的基础上,试图探索一个评估中国智库综合竞争力的指标体系框架,以期为今后开展中国智库建设成效评估奠定理论基础。④ 有学者认为,智囊团要加强能力建设,提高学术能力和政策研究能力,提高决策研究能力以及提高舆论引导能力。要提高国际化水平,既参与国际事务,引进人才资源的同时要加强国际流动,最好能吸引西方学者为中国思想库服务,充分利用互联网来提升中国智库影响力⑤。针对地方特色新型智库建设,有学者提出建设首都社会主义新智库的重要意义、总体思路、功能设计、制度建

---

① 胡鞍钢:《建设中国特色新型智库:实践与总结》,《上海行政学院学报》2014年第2期。
② 周湘智:《合格智库的三项修炼》,《新湘评论》2016年第8期。
③ 张国祚:《加强智库建设是重大而紧迫的战略任务》,《光明日报》2014年3月31日。
④ 李安方:《中国智库竞争力建设方略》,上海社会科学院出版社2010年版。
⑤ 朱旭峰、礼若竹:《中国思想库的国际化建设》,《重庆社会科学》2012年第11期。

设、学科建设等相关内容。① 结合运营国内国际化智库的经验和体会,研究和分析了全球化时代的智库发展背景、世界智库发展概况及中国智库发展所处的地位,深刻分析了中国智库的成长历程和环境、角色定位和功能,尤其总结和分享了中国民间智库的实践经验,指出了中国智库发展存在的困境与挑战,勾勒了未来中国智库发展的路径和前景。② 加强中国特色新型智库建设,不仅要立足客观实际,实事求是,与时俱进,而且要开阔视野,着眼未来,大力培育高端新型智库人才,提升中国特色新型智库的影响力和辐射力。

### (三) 实践探索持续推进

加强中国特色新型智库建设是一项长期系统工程。近年来,从中央到地方政府出台了关于加强新型智库建设实施意见的制度文件,进一步加强了地方新型智库建设,建立健全地方决策咨询制度,切实提升了新型智库的发展水平。理论是实践的产物,也必然随着实践的发展而发展,否则就不能指导新的实践。③ 理论只有随着实践发展而不断创新,才能不断指导新的实践。

#### 1. 中央文件提供了指导性意见

自中共十八大以来,中央颁布了多个重量级文件,完善和规范了地方新型智库建设的要求。2015年1月21日,中共中央办公厅、国务院办公厅印发了《关于加强中国特色新型智库建设的意见》,从加强中国特色新型智库建设的重大意义(即中国特色新型智库是党和政府科学民主依法决策的重要支撑、是国家治理体系和治理能力现代化的重要内容、是国家软实力的重要组成部分)着眼,提出中国特色新型智库建设的指导思想、基本原则和总体目标,构建中国特色新型智库发展新格局(即促进社科院和党校行政学院智库创新发展、推动高校智库发展完善、建设高水平科技创新智库和企业智库、规范和引导社会智库健康发展、实施国家高端智库建设规划、增强中央和国家机关所属政策研究机构决策服务能力),深化管理体制改革(深化组织管理体制改革、深化研究体制改革、深化经费管理制度改革、深化成果评价和应用转化机制改革、深化国际交流合作机制改革),健全制度保障体系(即落实政府信息公开制度、完善重大决策意见征集制度、建立健全政策评估制度、建立政府购买决策咨询服务制度、健全舆论引导机制),加强组织领导(即高度重视智库建设、不断完善智库管理、加大资金投入保障力度、加强智库人才队伍建设)等六大方面二十六个具体举措。

---

① 谭维克:《建设首都社会主义新智库研究》,中央文献出版社2012年版。
② 王辉耀、苗绿:《大国智库》,人民出版社2014年版。
③ 张国祚:《创新21世纪马克思主义必须着力研究的四个问题》,《马克思主义研究》2017年第3期。

文化部出台了《文化艺术智库体系建设工程》，水利部印发了《关于大力加强水利智库建设的实施意见》，中国科协发布了《关于建设高水平科技创新智库意见》。

2. 地方政府出台了多个鼓励性文件

强化了贯彻执行和落实，采取了有力措施抓紧抓好。全国各省、自治区、直辖市相继颁布了地方新型智库建设的指导意见，如《关于加强湖南新型智库建设的实施意见》《关于加强江苏新型智库建设的实施意见》《关于加强广西特色新型智库建设的实施意见》《关于加强上海高校新型智库建设的指导意见》《山东省加强中国特色新型智库建设的实施意见》《关于加强贵州省新型智库建设的实施意见》《关于加强云南新型智库建设的实施意见》《关于加强河北新型智库建设的意见》《关于加强安徽新型智库建设的意见》《关于加强陕西省新型智库建设的实施意见》《关于加强山西新型智库建设的实施意见》《关于加强黑龙江新型智库建设的实施意见》《关于加强吉林新型智库建设的实施意见》《关于加强辽宁新型智库建设的实施意见》《关于加强内蒙古新型智库建设的实施意见》，大多数文件从准确把握新型智库建设的总体要求、基本原则和主要目标等方面加强新型智库建设，努力从实际出发建设一批新型智库，通过注重优化智库的组织形式、开展多种形式的研究咨询活动、加大智库建设资金的投入力度、加强智库人才队伍建设、加强对智库建设的宣传引导等多种方式和途径，加快推进地方特色新型智库建设。

表13 全国各地区、系统新型智库建设实施方案发表情况统计

| 分类 | 已公布新型智库建设实施意见的 | | 有草案但尚未发布的 |
| --- | --- | --- | --- |
| | 公开 | 内部 | |
| 地区 | 湖南、河北、江苏、广西、内蒙古、陕西、贵州、天津、上海、浙江 | 辽宁、吉林、黑龙江、安徽、四川、广东、甘肃 | 北京、重庆、湖北、新疆、西藏、青海 |
| 系统 | 科协、水利部 | 文化部 | 军民、民政、中组部 |

资料来源：2016年智库报告、网络和实地调研的整理。

综观各地出台的特色新型智库建设方案，其内容主要沿袭了中央《关于加强中国特色新型智库建设的意见》的总体思路与主要框架。各省、自治区和直辖市颁布方案旨在统筹推进党政部门、社科院、党校行政学院、高校、军队、科研院所、企业、社会智库和民间智库的协同发展，形成定位明晰、特色鲜明、规模适度、布局合理的多层次的新型智库体系。

表 14  部分省份重点建设智库发展框架比较

| 省份 | 牵头部门 | 省重点建设智库 | 管理协同机构 |
| --- | --- | --- | --- |
| 湖南 | 省委宣传部 | 湖南省社会科学院、湖南省政府发展研究中心、湖南省委党校(湖南行政学院)、国防科技大学、中南大学、湖南大学、湖南师范大学首批7个省级重点智库 | 省智库论坛、湖南智库网 |
| 广西 | 决策咨询委员会 | "一带一路"研究院、广西社会科学院中国东南亚研究所、社科联东南亚经济与政治研究中心、广西大学中国—东盟研究院、广西民族大学中国—东盟研究中心等 | 智库联盟 |
| 河北 | 省委政策研究室 | 省委省政府决策咨询委员会和省社科院等 | 省智库领导小组 |
| 江苏 | 智库委员会 | 省委党校行政学院、省社科院、省科协、省重点新闻媒体、部分驻宁高校和科研院所及有条件的地方先行开展高端智库建设试点 | 重大决策咨询工作联席会议 |
| 吉林 | 省委宣传部 | 省委政研室、省委党校、省社科院、吉林大学、东北师范大学等 | 省智库联席会议 |
| 辽宁 | 决策咨询委员会 | 省政府发展研究中心、社科院、辽宁大学、东北大学等 | 政策研究室 |
| 浙江 | 省委宣传部 | 浙江大学、省社科院、省委党校、省咨询委、省发展规划研究院等 | 省智库联席会议 |
| 四川 | 决策咨询委员会 | 经济、政治、文化、社会、生态建设研究领域十九类主题新型智库等 | 省政策研究室 |
| 上海 | 市委宣传部 | 一批市级新型智库 | 智库管理委员会 |

资料来源：2016年智库报告、网络、实地调研的整理。

如表14，从管理机构来看，多数省份特色新型智库建设主要由省委宣传部、省决策咨询委员会、智库建设领导小组并由省委分管领导担任组长、省新型智库建设办公室等牵头组织，还有些省份由省哲学社会科学规划办公室合署办公。从重点建设的智库来看，大部分为体制内智库，社会智库、民间智库较少，特别是省政策研究室、省政府发展研究中心、高等院校、社科院、行政学院、党校等。

3. 决策报告被政府认可采纳

高等院校、地方社科院、研究所等智库机构的研究报告和对策建议，被党委政府和地方政府认可，并采纳应用。许多智库机构的建言献策、调研报告、政策建议获得相关领导的肯定性批示和政府部门的采纳应用，被中央和省委省政府领导批示，特别是地方高校机构向相关政府部门提交研究报告获得肯定性批示，并加以借鉴运用。如《关于发展我国共享经济的若干建议》《关于高校科技成果转化中存在的问题及建议》《关于湖南省设立私募基金小镇生态系统的建议》《湖南省互联网金融现状调查与规范发展建议》等调研报告被农工党中央领导批示，再比如，《关于实行健康扶贫、加强我省妇女宫颈癌筛查的建议》《采取稳定脱贫措施建立长效扶贫机制》《中南民族大学积极服务武陵山片区区域发展与脱贫攻坚》《移民（脱贫）搬迁"三精"管理模式值得推广——"石泉经验"调查研究》等研究报告或调研报告，被地方政府采纳运用。从实践成效看，要充分发挥高校智库作用、服务国家社会发展的重要途径，充分反映了地方新型智库在解决国家重大需求和社会问题方面做出了积极贡献，并形成了良好风尚，智库成果为党和政府决策发挥了较好的咨询参考作用。

### （四）研究特点及趋势

近年来，学者专家围绕中国特色新型智库建设研究，越来越将趋于理性化、大众化和通俗化，趋于向创造性转化和创新性发展，趋于宣传面广泛化、常态化。

#### 1. 研究特点

一是研究成果日渐增多。本报告选用中国知网（CNKI）数据库平台的"期刊数据库"作为数据来源进行检索，文献输入智库或中国特色新型智库建设关键词，采用检索策略为题名字段中含有智库、思想库的文献进行检索，各年文献数量逐年增加，2013年、2014年、2015年、2016年、2017年这五年文献检索数据不断攀升，学界的相关研究成果逐渐增加，尤其是2014年以来，相关文献增加迅速。有关智库的学术专著也是近五年来逐渐增多。

二是研究内容逐渐丰富。在中国知网检索的文献中，包括关于智库和思想库的学术专著、报纸、会议中，我们发现，在很长一段时间内，国内关于智库和思想库的研究成果以介绍欧美等国智库发展经验居多。近年来，随着相关研究的增多，研究内容逐渐丰富，从关注、借鉴国外智库发展逐渐探讨中国特色新型智库的发展；对于中国特色新型智库的研究包括发展历程、发展现状、智库分类、不同类型智库的发展、智库的运行、智库融资、基本现状、体制机制、评价体系、对策举措等方面。自2013年以来，越来越多的研究开始探讨中国特色新型智库的界定、如何建设中国特色新型智库等方面进行了深入研究。

三是研究队伍逐步扩大。从地域分布来看，由沿海城市逐渐向内陆地区蔓延，以前中国特色新型智库研究处于起步阶段，规模较小，研究人员主要集中在北京、上海、广州、厦门等大城市。如今，内地研究机构相继开始朝着应用型智库建设发展，逐渐深入展开研究活动。从成立研究中心来看，各省开设了智库专题网站，专门探讨中国特色智库智库建设的研讨会开始出现，研究队伍日益增大，如上海社科院成立了智库研究中心，上海大学成立了智库产业研究中心，上海市教委依托复旦大学成立了上海市高校智库研究和管理中心，国务院发展研究中心公共管理与人力资源研究所成立了"国外智库管理体系研究"课题组，山东省社科院成立了"世界各国智库研究"课题组,研究队伍明显壮大。尤其值得一提的是,一些博士研究生、硕士研究生还把智库(思想库)研究作为自己学位论文的选题,从中国知网"中国博士、硕士学位论文全文数据库"中可检索到的硕士、博士学位论文有 45 篇,标志着智库研究的影响已经波及青年学子,呈现出兴旺之势。

四是学术活动明显增多。近年来由政府部门、高校与科研单位主办的全国性的智库研究学术会议多次,参加的专家学者众多,学术水平较高。会议内容涉及高校智库建设、中国梦与智库建设、文化软实力与智库建设、国家治理与智库建设、科技、人才与智库建设等诸多方面的问题。

2. 研究趋势

一是研究主体多样化。随着智库发展多元化趋势,今后越来越多智库研究主体,表现出既有党委政府、行业背景的教育智库,也有公司企业、私人组织的民间智库,多种"混合"型智库模式将呈现在公众面前。

二是研究内容广泛化。关于中国特色新型智库建设研究主题将会日益突出时代性,紧密结合社会发展需要,符合以人民为中心的根本要求。以特色、新型为主题,分析新时期中国特色新型智库建设的特点及基本类型,以解决突出问题为主题,研究辨析内涵、价值与特性,探索时代价值与现实意义。围绕习近平总书记关于中国特色新型智库建设的一系列重要讲话精神,开展研究活动。研究视角日益与现代生活紧密相连,切合时代性。从近几年研究中国特色新型智库实践总结、发展战略、问题对策等方面的著作和论文逐渐增强。

三是组织形式多样化。既有政府智库、高校智库、民间智库等综合性研究机构,也有针对某一领域的专业性研究机构,这也要求智库人才具备跨学科、跨部门、跨单位的协同研究的能力。研究成果日益大众化、通俗化。前些年,学者们对中国特色新型智库研究停留在理论上、口头上,缺乏组织性,形式单一。中国特色新型智库本身就具有形象性、生动性和应用性,不能将一些抽象理论、粗糙话语、深奥道理,转化为形象生动、易懂易记、浅显明实际应用价值,让更多普通老百姓认可和接受。

四是发展途径协同化。研究学科日益呈现出综合性、交叉性和融合的特点,传统智库交叉学科研究越来越成为一种趋势,呈现出马克思主义理论、社会学、心理学、系统学、统计学等与自然科学"联姻"协同发展,研究形式逐渐向交叉、纵深、联合的方向发展。既有国内和国际协同,也有行业内外协同,打破以往党委政府、企业、高校、地方社科院所的约束和界限,实施政府与高校协同、地方社科院所与上级部门协同,实现联合协同发展目标。

## 三、推进中国特色新型智库发展的主要问题

几年来,中国特色新型智库建设方兴未艾,多种特色、新型的智库层出不穷,不断涌现。但如何形成具有中国特色、富有新意的智库,如何形成中国特色的以多样性运作方式的社会专业化智库,自2013年以来,随着国内智库研究越来越广泛、深入,还存在一些问题。

### (一)建设什么样特色的新型智库

各种类型智库都有组织形式,有其本质要求和内在属性。通常情况下,各种类型智库具有研究性、专业性、独立性、前瞻性和创新性,同时还具有策略性、应用性和服务性的特点,为党委政府提供决策咨询功能。但实际上,许多智库并没有明确定位目标,研究方向较为模糊,角色形象较为含糊,未能更好地彰显特色、体现价值和发挥作用。

1. "特"在何处

中国特色新型智库"特"在何处?这个问题一直困扰着智库工作者,所谓"特"即为特色、特性、特点之意,主要体现在中国特色。发展何种特色智库成为智库工作者的重点考虑的要素,成为研究的重点和难点。但在实际中,特色智库的特色未能更好地融入中国国情,失去了中国精神独特魅力,丢掉了富有中国气派的民族价值,缺失了具有中国风格的无限韵味。多数智库往往停留在表面,漂浮于表层。一是价值追求的特色问题。我国特色新型智库建设,中央有明确要求,坚持马列主义、毛泽东思想和中国特色社会主义理论体系,以开展重大现实问题和公共政策研究为重点,以建立工作机制和保障制度为支撑,坚持改革创新的思维,形成多点支撑格局,努力打造党委、政府信得过、靠得住、用得上的思想库和智囊团,发挥智库在资政建言、理论创新、舆论引导、社会服务、对外交流等方面的重要功能。然而,在实际研究工作中,许多智库往往成果较少,未能更为精准地服务于中国特色社会主义现代化建设,未能以人民为中心,脱离群众,脱离实际。专家学者的咨询作用发挥不够。二是特色专家智库偏少的问题。当前大多数智库都是兼职身份,身兼数职的专家,时间精力有限,未能更好地投入到决策咨询研究工作上来,形成不了系统而齐全的智库理论知识体系。从目前来看,没有形成统一的咨询专家库,专家的构成也往往集中在高校、党校、社科院等智库机构,而这些智库专家却相对固定,国家层面和外省党政机关智库专家偏少,未能形成跨省智囊团队,国际层面的专家更少。三是特色机制未能健全问题。特色智库还需体现在制度的优越性上,还需要形成统一的咨询专家机制,专家咨询力量尚未得到有效整合,统一数据库,致使有的咨询重复,实用型和操作型智库较多,多能型、理论型咨询偏少,活动开展资金不足,调研经费和课题研究保障经费缺乏,难以调动专家的

积极性和主动性。四是特色成果缺少的问题。在针对某项课题进行深入调研过程中,没有对重大决策和项目决策咨询保障制度,形成的研究报告质量就难以保证。特别是在咨询或委托调研课题工作开展较少的情况下,更需要制度作为保障,形成优质的调研成果。即使有,大多是为了满足眼前工作的需要,处于分散状态,缺乏全面性、深刻性、系统性和整体性,缺少前瞻性、针对性、可操作性强且有机统一和协同推进的咨询调研成果,形成不了特色鲜明的决策成果。

2. "新"在何处

特色新型智库"新"在何处。一是中国特色新型智库需要或者具备什么样的新型功能和责任使命,对中国特色新型智库建设缺乏总体架构。自中国特色新型智库建设的要求提出以来,诸多学者对如何开展建设工作,从不同的角度提出了对策建议,包括官方智库和民间智库的建设、高校智库的建设、智库建设的管理运营等方面。但是,这些对策建议存在两个关键的问题:第一,并未体现出"中国特色""新型"智库的建设,很多仅仅是一般意义上智库建设的、放之四海而皆准的建议;第二,研究较为分散,不成体系,缺乏总体架构。对于如何在新的发展环境、面临的国内外挑战和体制条件下如何去构建中国特色的智库体系研究还不够。特别是对于当前中国需要什么样的智库,如何建设智库方面,存在薄弱环节。研究力量分散。由于各研究机构的设置和职能定位不一,研究资源又没有进行有效整合,造成经费保障和人力资源普遍不足,且存在多头组织、力量分散、课题重复的现象,各研究部门研究侧重点不明确,加上信息沟通不畅,对经济社会的实时动态掌握不够,研究成果及时性、针对性不强,成果没有形成共享机制。二是参与决策的机制不完善,研究成果的转化率不高。当前,很多重大事项的调查研究、综合规划、方案论证、咨询建议等前期工作由职能部门全权负责,其结果是部门利益往往会自觉不自觉地影响重大事项的决策和执行,研究部门往往很难对科学决策产生积极影响。此外,研究机构一般除领导交办的少量任务外,大部分时间都是自找研究题目,由于不能准确、及时地掌握领导的意图或对全市情况缺乏全面深入的了解,所以调研成果很难转化为决策,没有很好地发挥参谋助手的作用。

3. "用"在何处

研究某个社会化、现代化、城市化问题,花费了巨大的精力,形成了高质量的决策成果,成果转化为实际生活,实现了价值目标。接下来就是如何使用智库的问题,成果转化为什么,如何用好智库成果。高质量决策咨询成果缺乏,社会认可度不高,影响力不足。据考察,我国特色新型智库作用与功能主要通过政策咨询及其承担研究项目体现出来。教育智库成为地方政府的资政和伐谋的重要助手,对地方人才培育、文化传承、社会发展具有积极作用。总之,从中国新型智库建设"用"而言,往往不接地气,发挥作用不强,覆盖面不广泛,定位上不匹配,需求与问题脱节,导致了研究成果质量较低,分量不够,水平不高,特色不明显,被领导肯定性批示较少,采纳运用甚少。

**(二) 中国特色新型智库如何建设**

1. 人才培育机制尚未健全

中国特色新型智库建设靠人才,杰出人才需要良好的培育机制。当前,我国在汇集、培养、引进优秀人才方面并没有发挥出应有的作用,智库人才培养机制尚未建立。缺少完善的人才汇集机制和培养机制,高端智库人才的"请进来"和"走出去"难以落实,激励人才机制不到位,导致咨询人员的整体素质难以满足工作的需要,作用难以发挥。没有引入市场机制和竞争机制,缺乏经济杠杆效应和市场调节作用,造成决策咨询调研的专家学者来源较窄、层次不够高、能力有限,人员重复出现,研究主动性不强,研究成果对推动经济社会发展作用有限。没有建立人文关怀和心理疏导的人才培养机制,对于现有体制内的研究人员和智库工作者,没有系统有效参与社会培训和培养机制,造成研究人员的自身研究能力不强,与专家学者沟通能力欠缺,主动性缺乏,咨询研究水平受限。没有建立"内培外引"人才汇集和流动机制,咨询调研的人才来源有限,往往局限于高校专家学者和党政机关研究人员,缺少社会各界以及机关退养、退休的一大批理论素养好、实践经验丰富的同志参与其中,形成人才汇集力量,为政府决策服务提供科学依据和智慧支撑。

2. 思想认识不够和深入研究不深

一方面对中国智库发展现状的分析不够,国内学者对中国智库发展的历程、类型、发展现状、发展中存在的问题如资金来源、意见表达、参与咨询渠道、影响力等进行了概括和分析,但不全面、不深入,尤其是对发展中存在问题的分析,大多仅是指出存在的问题,而对于问题产生的原因却缺乏深入、系统的分析。由于认识上的不足,很难提出解决这些问题的针对性措施。另一方面对中国特色新型智库建设的认识不够。智库在我国古已有之,但现代意义上的智库起源于西方国家,国外学者从不同角度对其进行了界定,我国学者也在借鉴国外学者的基础上对智库的内涵进行了阐释,但尚未被国内学界认可的定义;而对于中国特色新型智库,与一般意义上的智库、与国外的智库有何区别?"中国特色"和"新型"的具体含义如何?如何界定?中国特色新型智库在当代中国担负着什么样的角色?功能如何?无论学界还是政界都未给出明确的、规范的解释。同时,党和国家领导人指明了建设中国特色新型智库的意义,但具体体现在哪些方面?如何理解智库建设是服务党和政府科学民主决策、破解发展难题的迫切需要?如何理解智库建设与国家文化软实力提升的关系?还可以从哪些方面深化对中国特色新型智库建设的重大意义?对此,学界也没有进行深入的探讨和解释。而这些问题如不解决,无疑会制约中国特色新型智库建设工作的开展。

3. 实践转化和运用难以实现

对国外智库建设和研究缺乏辩证认识。无论是智库建设的实践还是智库的理论研究,国外尤其是英美等国家都走在前列。对此,国内学者通过翻译国外文献、到国外进行实地考察等方式获取了大量的相关信息,也逐步结合中国实践总结了对自身智库建设的一些启示和经验;但需要注意的是,国外智库建设也并非尽善尽美,也存在一些问题。同时,我国的社会制度、发展体制与其他国家有着很大的差别,别国的经验只能借鉴,我国智库建设还应探索中国特色发展的道路。

4. 制度性研究不够

"市场在资源配置中起决定性作用",智库在市场经济体制中如何生存和发展?在智库建设中如何处理政府和市场的关系?作为市场主体,智库的服务对象、经营模式、运营机制如何确定?智库的研究方向、专业分工如何确定?智库内部建设与外部环境的关如何处理?如何使智库的内部机制更好地适应外部环境,满足社会需求?如何处理人员的专职与兼职的关系,如何科学设计人员构成?如何科学评价智库的工作和影响力?关于这些问题,制度层面的设计和研究都还很少。

(三) 中国特色新型智库如何转化

1. 成果质量不高,应用性不强

在开展实地调研和咨询调研过程中,存在沉不下身、静不下心、勤不了腿去调查问题,俯不下身来研究问题的现象,造成高质量的调研报告和对策建议缺少。造成这方面的原因是多方面的,既有主观方面的原因,也有客观方面的原因,概括起来就是在于学习国家政策不够,理论知识掌握不丰富,特别对国家政策、法规没有深入理解,对党委和政府工作的要求领会不深刻、不全面,往往一遇到问题就动辄上网搜索相关的内容,形成"拿来主义"风气,调研材料往往照搬照抄他人经验,调研报告材料大话、空话、套话多,假话多,没有用大数据、客观事实说话。研究情况掌握不准,前期准备不足,思想认识不到位,满足于应付了事,完成规定任务即可,不深入思考,不实地探究,凭空想象,摸着脑袋下结论,导致了决策咨询不准确,提出对策建议质量不高,应用性不强,前瞻性不够,针对性和实效性不佳。针对调研对象情况了解,材料掌握不全面,仅仅满足于看材料、听汇报,走马观花,流于形式,撰写出的咨询调研材料只看到表面现象,而没有触及和深入分析产生这些问题的根源何在,没有加以深刻剖析,而往往盲人摸象瞎猜测,导致了决策咨询形成了"头疼医头、脚疼医脚"恶性循环现象。不少智库的调研成果局限于眼前问题,分析内容眼界不宽,思路不宽,狭隘短视,对国际和国内的形势掌握不多,分析不准,研究国际热点问题较少,参与国际性、全球性课题研讨会更少,研究能力丧失,缺乏智库领域的话语权,使得智库成员对社会问题研究的深度不够、前瞻性不强,指导性较弱,不适应社会发展需要,不符合新时代中国特色社会主义现代化发展的实际需求,脱离群众,偏离实际。一些智库成员的作用未能充分发挥出来,决策咨询功能发挥不够。邀请学者专家来座谈、讲座,会前沟通不够,会后交流较少,使得学者专家对研究课题和调研材料了解不全面,分析不深入,准备不充分,座谈时发言针对性不强,甚至有的枯燥乏味,大而空,抽象难懂,缺少有价值的意见建议,对提升实际工作的水平帮助不多①。对智库的国际比较研究来看,美国依然是世界上拥有智库数量最多的国家,有1 835家。中国依然是世界第二智库大国,拥有智库数量达到435家。英国和印度智库数量位列中国之后,分别拥有288家和280家。如表15所示。

表15 全球智库综合排名榜中国智库排名统计表

| 序号 | 智库名称 | 名次 |
| --- | --- | --- |
| 1 | 中国现代国际关系研究院 | 33 |
| 2 | 中国社会科学院 | 36 |
| 3 | 中国国际问题研究院 | 39 |
| 4 | 国务院发展研究中心 | 52 |
| 5 | 上海国际问题研究院 | 73 |
| 6 | 北京大学国际战略研究院 | 79 |
| 7 | 天则经济研究所 | 104 |
| 8 | 中国与全球化智库 | 111 |
| 9 | 中国人民大学重阳金融研究院 | 149 |

根据《全球智库报告2016》整理。

从表15中可看出,2016年全球智库综合排名榜单175强中,有9家中国智库入选,分别是:中国现代国际关系研究院(第33名)、中国社会科学院(第36名)、中国国际问题研究院(第39名)、国务院发展研究中心(第52名)、上海国际问题研究院(第73名)、北京大学国际战略研究院(第79名)、中国与全球化智库(第111名)、中国人民大学重阳金融研究院(第149名)。

2. 协同推进不够,系统性有待提升

在中国特色新型智库建设过程中,小、弱、散等现象较为突出,力量分散,定位不准,高质量研究成果不多,部分研究缺乏针对性和实践性,过于强调学术性,这些问题制约了我国特色新型智库发展。高质量智库不多,影响力不足。目前我国智库数量位居世界第二位,虽然智库数量较多,但有影响力的高端智库较少。独

---

① 江克勤:《关于加强地方新型智库建设的思考》,湖南智库网,2015年12月2日。

立性不强,丧失独立运行模式。各种智库在运作过程中往往需要依赖各种政策来获得政府立项课题,使得智库运行过程难以平衡其体制与政策研究独立性之间的关系。主要表现在研究过程中缺乏自主性、批判性、前瞻性和创新性,智库研究项目需要财力物力支撑,不得不依赖于党委政府,特别是民间智库、地方社科院单位智库、高校智库获取的资源少,不具有权力性机构的智库,就不得不依赖于党委政府。在现实中,智库需要承担政府部门委托项目来发挥决策咨询功效,而在开展研究过程中又受制于政府,研究问题难以做到客观公正、公平公开,造成了智库作用发挥被虚化、弱化。缺乏独立运行模式。部分智库研究基地和研究中心的存在属于"挂靠",并非独立建制,在开展具体研究工作过程需要看"上级脸色"行事,有些研究工作无法开拓创新。党政军智库与其他智库两种不同处境,党政军智库具有独立性,作为"直系"开展工作顺风顺水,而作为"挂靠"的智库研究基地与显赫的党政军智囊团机构相比,简直就是天壤之别,附庸和依赖使其应有的功能无法发挥。

3. 新型智库开放性不强,独立性不够

基于政府决策体制,新型智库往往以传统的参谋和判断的角色来发挥作用,这就导致了我国特色新型智库较为封闭和官僚,带有传统性、独断性等特点,致使智库开放程度大打折扣。国内智库与国际智库缺少交流合作平台和渠道,既难以吸纳海外智库人才,也不能派遣我国智库专业人员赴海外学习,沟通交流受阻,无法实现智库人才"走出去"和"引进来"。党委政府智库与民间智库、高校智库、社科院等缺少合作,各自为政,各管各家,学术观点缺少切磋和探讨。定量研究不足。国外学者在20世纪90年代中期已经开始把定量研究引入智库影响力的评价中,而我国学者在这方面的深入研究较少,个别学者,如朱旭峰全面吸收国外成熟理论和模型,首次对中国思想库的影响力进行了实证分析;上海社会科学院智库研究中心沿用美国宾夕法尼亚大学"智库与公民社会研究组"的方法,首次对中国智库的影响力进行了综合排名。但需要注意的是,国外智库影响力测度的模型是否能直接用于中国智库的评价中,这本身是个值得商榷的问题。

4. 研究力量分散,职能交错

我国新型智库并不是花样新,名称新,而是要在切实有效服务党委政府与地方经济发展中产生社会效益和实际价值的新型智库。当前智库研究中心兴办名目繁多的国际智库峰会,会议规模越来越大,邀请嘉宾级别越来越高,花费钱财越来越慷慨,媒体前抢眼球、抢观点的大报道[①],存在着形式主义现象;地方高校智库研究基地或智库中心遍地开花、到处都是,甚至在高校不同办公楼之间挂着种类

---

① 鲍宗豪:《建设中国特色的"新型"智库》,《党政论坛》2017年第3期。

繁多的智库基地、智库研究中心等牌子,实际上是为了争取更多编制、更多经费,而真正为党委政府科学决策智库不多,发挥教育智库作用的甚少。中国特色新型智库价值取向不能仅仅追求领导批示和获得肯定,而是要立足长远,做到全球化、社会化和专业化的价值取向。在实践中,多数智库不具备全球眼光、全球胸怀、全球视野和全球影响,未能形成具有全球影响的智库产品,不具有中国特色新型的智库品牌。缺乏专业化的智库,以往智库追求大而全,而忽视了专业、专注、精益求精。中国特色新型智库应该有不同层次、不同方面、不同追求的价值取向,而不能做"全能选手"的全面发展,需要立足和专注于"一带一路"国际问题,专注于全面建成小康社会中出现的种种问题,潜心研究乡村治理、城市化、现代化等方面的智库问题。官方智库存在着功能单一、研究视野狭窄、管理方式固化,组织管理方式陈旧,市场竞争力弱小等问题,特别是在国家形象塑造问题、抓住"一带一路"建设机遇问题、发挥海外华人华侨作用问题等几个文化软实力建设方面关注度需要进一步提升[①],切实加强调查研究分析。

## 四、推动中国特色新型智库发展的对策建议

习近平总书记在全国哲学社会科学工作座谈会上强调指出,中国特色新型智库建设要把重点放在提高研究质量和推动智库内容创新上,特别要加强决策部门同智库的信息共享和互动交流,把党政部门政策研究同智库对策研究紧密结合起来,要建设一批国家急需、特色鲜明、制度创新、引领发展的高端智库,引导和推动智库建设健康发展、更好发挥作用。因此,在党和政府层面,要完善决策咨询体制机制,引导公众参与政策过程,积极构建新型智库体系,丰富智库资金来源渠道,积极促进智库建设的环境基础;在社会层面,要营造较为宽松的政治氛围,充分认识智库巨大作用,科学衡量评价新型智库,改善智库发展外围环境,努力拓展智库建设的需求基础;在智库自身层面,要增强智库自身的效能,加强智库人才的培养,提升研究服务的能力,形成良性互动的关系,夯实智库建设的内生动力基础,逐渐形成解疑惑、建真言、谋良策、出人才、出成果、出思想的特色智库体系。

### (一)坚定中国特色新型智库发展目标,彰显智库品牌魅力

我国特色新型智库作为党委、政府领导下的从事哲学社会科学研究、决策咨询服务的专门机构,为党和政府的决策建议发挥着独特优势。为此,在加快推进中国特色新型智库发展过程中,必须坚持中国特色和中国品牌的办库的目标定位,协同推进理论研究与基础研究,进一步推动特色智库的建设和发展。

---

① 张国祚:《当前我国文化软实力建设研究需要关注的几个问题》,《红旗文稿》2016年第24期。

1. 坚持中国特色和中国品牌的目标定位

加强中国特色新型智库建设,就是要突出"特色",强化"品牌"意识,没有"特色"的智库不能称为中国特色新型智库,没有"新型"的智库也不能称为中国特色新型智库。因此,要构建中国特色新型智库体系,就需要彰显中国特色,突出中国品牌。

一是要有效地彰显中国特色。没有"特色"的智库,就发挥不了应有的决策咨询作用,平淡平庸的智库发展就会逐渐被社会所淘汰,形成不了高质量的决策咨询报告。推进中国特色新型智库发展,就是要彰显中国特色,而要突出中国特色就需要以突出"中国实践"为基础,以研究"中国问题"为导向,以体现"中国风格"为特征,以形成"中国学派"为使命和责任担当。① 要重点研究社会突出矛盾与社会发展的关系,重点研究以专业化为手段,注重方略,侧重方法,进一步拓展决策思路,以拓展中国道路、中国制度、中国文化为主题,深入调研,丰富和完善中国制度,提出中国方案,概括中国理论。

二是要着力打造中国智库品牌。良好的品牌是一种外在的形象窗口,也是智库发展的重要口碑。构建中国特色新型智库体系就是要彰显智库品牌,而彰显中国智库品牌魅力就需要适应中国特色新型智库的发展规律和特点,突出新型智库研究领域的专长,整合研究优势,发展富有民族风格的智库品牌,打造智库所依托的中国品牌和中国形象。彰显中国智库品牌,可通过高质量的研究报告、深入实际的调研材料、科学合理的决策建议,在国家重大社会热点问题和经济社会发展战略决策中,不断发出中国智库声音,形成独具特色的智库品牌、智库特色、智库风格,着力打造有力量的智库品牌。特别在国家高端智库领域中更需要形成智库品牌,例如,参与制定国家"十三五"重大战略总体设计的时候,就需要组织智库品牌深入全国各地调研,制定出符合国情的发展规划。

三是要生动地传播中国声音。中国声音就是中国在世界舞台上的话语权。有力地传播中国声音,就要不断地强化中国特色新型智库的社会责任与历史担当,提升中国特色新型智库对国家重大决策的正面影响力和辐射力,从而提升国际竞争力,拥有发言权。谁掌握了国际话语权,谁就会在国际舞台上发出有分量的中国声音。作为中国特色新型智库,这就需要出版有一定影响力的著作,翻译出不同语言的著作,发表高质量的学术论文,在理论上和实践上不断获得话语权。

2. 坚持政策研究与基础研究的协同推进

中国特色新型智库主要就是要解决重大理论与现实问题,围绕社会热点问题开展有针对性调研活动,这就需要切实做到基础性研究和政策性研究紧密结合,

---

① 胡鞍钢:《建设中国特色新型智库:实践与总结》,《上海行政学院学报》2014 年第 4 期。

决策咨询与转化运用相结合,协同推进中国特色智库发展。

一是要切实做到学术研究和政策研究"两不误"。学术研究离不开政策研究,同时政策研究又离开学术研究的支撑,两者相互依赖,相互作用,相得益彰。中国特色新型智库建设离不开基础研究和学术研究,一旦离开了决策研究和学术研究,那么中国特色新型智库就会成为无本之木、无源之水,就犹如沙滩上建造一栋高楼大厦一样,微风一吹就坍塌那么脆弱不堪。在实践中,基础研究与政策研究就是互相离不开的"两条腿",谁也离不开谁,中国特色新型智库建设就必须要坚持这"两条腿走路",同时还需要兼顾基础的学术研究和政策相关的应用研究,切实做到以学术研究为关键,以政策研究为导向,以应用研究为落脚点,不断提升中国特色新型智库建设的决策咨询水平和能力。

二是要切实做到决策咨询与知识转换"用得上"。马克思和恩格斯曾富有远见地指出"全部社会生活在本质上是实践的"①,也就是说,决策咨询仅仅为一种思想观念和好的建议对策,不能直接转化为现实生产力,还需要付诸行动。拥有了理论知识、理论水平、理论能力还不行,更需要把知识转化为一种实际应用的价值,把决策咨询转化为党委政府指导实践生产生活的可参考、可复制、可学习的模板。拥有了决策咨询并不能代表指导社会实践,还需要进一步转化为一种行为活动,决策咨询只能作为一种思想建议和指导方略,还不能直接转化应用,解决社会现实问题。因此,决策咨询与转化运用必须"并肩走",不能停留在表面,既要能作为党委政府参考借鉴的决策咨询,又要能作为社会生产活动的产品。

三是要切实做到特色与新型"并肩走"。习近平总书记多次强调,要加快构建中国特色新型智库建设,建立健全适应中国特色新型智库发展要求的体制机制。这就意味着中国特色新型智库建设,既要"特色",又要"新型",既有独具风格的智库,又有种类新颖的智库。富有特色的智库促进新型智库的发展,同时种类齐全的新型智库又能孕育特色鲜明的智库。因为加快建设中国特色新型智库既是一种理论上的创新之举,又是提升国家战略决策能力的重要途径,只有把中国特色新型智库发展好、建设好,才能焕发出思想理论光芒。中国特色新型智库具有巨大的现实指导意义和作用,对此,马克思曾有句精辟的论述:"批判的武器当然不能代替武器的批判,物质力量只能用物质力量来摧毁,但是理论一经掌握群众,也会变成物质力量"②。因此,在实践中,智库研究成果不仅要成书、成文、成报告,而且要形成风格迥异的特色和类型繁多的中国特色新型智库。

(二) 着力构建决策咨询机制,营造浓厚的智库发展氛围

加强中国特色新型智库建设,是一项长期系统工程,需要全社会共同参与。

---

① 《马克思恩格斯选集》第1卷,人民出版社1995年版,第56页。
② 同上书,第9页。

党和国家、地方社科院、高等学校、民间智库等共同努力提升中国特色新型智库建设水平。

1. 建立健全机制,保障智库健康有序发展

制度即为共同遵守的办事规章、行为准则之意。若越过规章之外就会违规违约,甚至触碰制度底线而受到惩罚。因此,有效制度能够促进和保障智库人才的作用发挥,提高决策咨询的积极性和主动性。决策咨询制度实际上就是一种智库建设的保障,为智库建设提供更为民主的决策环境。各级政府应积极"推进和完善决策咨询制度,以信息公开为突破口,实现政府决策的透明化、科学化、民主化"目标[1],为加快建设特色新型智库建设提供重要保障。要构建科学有效的激励机制。加快特色智库建设,促进智库转型升级,推动学术科研创新,需要建立和完善科学、有效、合理的激励机制,建立健全智库管理制度,更新组织管理理念,完善科研组织和管理方式。以史为鉴,认真总结经验,因地制宜,因人而异,结合智库建设实际,制定出台和修订完善符合决策咨询规律和科研发展规律的管理制度与办法,为智库创新提供优质而坚固的制度保障。为了能够在综合考虑各种因素、各种影响、各种结果的基础之上做出最佳选择、合理布局,必须集思广益。这就需要有一套制度来保障,即决策咨询制度。[2] 一方面,要建立科研课题和项目申报的竞争机制,使智库研究团队在申报项目中不断竞争,甚至还需要申报课题进行答辩,选优选强选特智库研究团队,提升智库课题的研究质量和水平。另一方面,要进一步完善科研智库课题管理机制,研究并制定符合科研课题发展和研究的管理机制,精心地组织科研创新团队,整合资源,协同推进,开展智库联合攻关,激励和鼓舞智库专家申报更高层次的国家研究项目与重大攻关项目。此外,要创新智库激励机制,加大对智库精品研究成果的奖励力度,尤其要加大对社会经济发展产生重大影响力的智库作品的奖励,特别是获得国家和省部级以上领导批示,并转化成为党和政府决策重要依据的研究成果,应予以更高的鼓励和奖励,充分调动和积极鼓励智库人员开展实际应用对策研究的主动性。

2. 深入实地调研,掌握决策咨询翔实素材

充分发挥学科门类多、专家云集的优势和研究专长,凝练主攻方向、突出专业特色、注重成果质量,增强理论和政策创新能力。一是围绕中央和省委决策急需的重大课题,瞄准重大战略需求,注重聚焦事关全局和长远的重大问题,开展前瞻性、战略性、储备性政策研究,形成质量高、效果好、针对性强的研究成果,让智库的"对策"变为党和政府的决策。当前和今后很长一段时期,紧紧围绕"三个定

---

[1] 王辉耀、苗绿:《大国智库》,人民出版社 2014 年版,第 297—298 页。

[2] 张国祚:《加强智库建设是重大而紧迫的战略任务》,《光明日报》2014 年 3 月 31 日。

位",主动服务和融入国家发展战略,实现"四个全面"战略布局,推进"一带一路""长江经济带"建设,落实"五大发展理念",深化供给侧结构性改革,加大产业结构调整和产业培育,建设生态文明,增进民族团结,把握经济社会发展大局的重大问题,开展前瞻性、战略性、储备性政策研究,推出与国家经济社会发展相适应的、针对性强的、实用管用好用的高质量研究成果,真正做到"智库的对策变为党委和政府的决策"。二是抓准、抓实、抓细科研课题的策划设计、组织管理和成果转化等各项具体工作。认真做好前期研究、中期论证、后期宣传,提出具有理论分析、学理支撑、调查论证和实践价值的研究成果;及时吸收和介绍国外智库研究有益经验,宣传国内各省、自治区、直辖市的智库建设的成功做法,向地方政府提供有参考价值的研究报告和动态信息;进一步拓展成果报送渠道,提升上报成果的质量和水平,为党和国家做出科学决策、民主决策、依法决策提供决策咨询服务。三是深入偏远地区积极调研。加强与民间智库、地方社科院的沟通联系,密切关注、深入研究经济社会发展中的各类热点、难点问题,及时向党和国家提出具有前瞻性、针对性和可操作性的对策建议。

### 3. 推进文化建设,增强智库发展持久力

智库文化是加强中国特色新型智库建设的灵魂,是中国特色智库建设的凝聚力和持久力的动力之源。全国各地智库应要形成智库建设的文化氛围,追求一种国家富强民主文明和谐美丽的价值取向,始终秉持着与中国兴盛同行、与祖国发展同步、与改革开放相伴的发展理念,始终把为国、为党、为民作为中国特色新型智库发展的根本宗旨,坚持知识为民和知识报国。一方面要着力营造团队智库文化。团队建设是中国特色新型智库发展的关键,切实打造一支领军人物和职业化智库团队,特别是在高校智库中打造高素质智库团队,把培育人才、教书育人相结合,让智库团队迸发出熠熠生辉的光芒。另一方面要着力营造制度文化。制度文化是中国特色新型智库发展的活力所在。这种制度文化包括形成激励相容的考核机制、人文关怀机制、奖励机制和团队协同创作机制。在实践中,要组建一支由青年人才融入团队当中,以老带新,以课题促科研,以科研促智库建设,发挥智库团队精神,使智库研究方向更明确,奋斗目标更清晰。总之,合理配置研究力量,发挥各自专长。通过精神文化、制度文化、行为文化的渗透,让智库人才能够迸发出新的灵感,出更丰富的成果,出更优秀的人才,出高质量的咨询决策报告。

### (三)有效搭建决策咨询平台,提升智库发展内生动力

打铁还需自身硬。提升中国特色新型智库自身能力决定了其研究服务水平和未来发展的前景。扩展和提升自身能力是加快推进中国特色新型智库发展的内在需要。为此,要着力加强特色智库决策咨询、信息共享、成果转换、国内外交流等平台建设,切实提升中国特色新型智库发展的精神动力。

1. 要构建决策咨询服务平台,增强智库发展的影响力

智库本身的作用就会产生思想理论力量,而智库力量的核心就是思想力量,思想力量首要的就是提出科学决策。为此,要求中国特色新型智库加强自身决策咨询服务能力,扩大智库发展的影响力和服务力。

一是强化服务平台意识,实现全方位组织形式向打造精品型智库的华丽转身。平台即为某种事物发展提供相应的机会和载体之意。在实践中,要进一步强化决策咨询服务意识,提高服务能力,为中国特色新型智库研究提供更宽广、更便捷的决策咨询服务。面对社会变革,世界各种元素交织、信息交流、文化交融和矛盾交锋的情况下,就"当代中国如何围绕实现民族复兴这一奋斗目标而凝聚起奋发图强的力量"这一主题开展调查研究,深入实践提升智库服务能力,把智库发展作为自身发展的责任。中国特色新型智库的平台建设就要通过对已有的研究平台、人才培养平台、成果推广平台、信息发布平台等一系列传统方式的智库平台,进行改革创新和转型升级,不断推动智库平台创新,实现决策咨询方式、科研组织形式向多功能、全方位、多领域、开放式华丽转身,促进智库成果向服务型、精品型、应用型转化。

二是要强化创新意识。创新发展是推进中国特色新型智库发展的灵魂,只有提升了智库创新能力,拥有了创新品牌,中国特色新型智库才具备了"特色""新型"这两个根本要素。中国特色新型智库研究不仅要打破原有的研究模式,摆脱传统智库思维藩篱和束缚,构建一种全员服务、全方位服务、全过程服务的开放式研究模式,深化拓展智库发展空间。要对现有智库存在的学科专业建设滞后、科研管理手段落后、成果转化不够等问题,进行全方位改进和完善,特别要明确学科建设方向,创新和更新科研组织和管理方式,修订完善科研手段与科研方法,加快科研成果转化进度,改进智库发布方式和人才培养使用方式,把握智库理论学科体系和话语体系。针对国家重大现实问题,逐步建立一批具有创新型、应用型、前沿型、交叉型等学科特色鲜明的研究服务平台,不断提升国家治理体系现代化和治理能力现代化,不断增强服务地方经济社会发展的综合能力和决策咨询研究水平。

三是要强化协同意识。加快推进中国特色新型智库发展不能单兵作战,封闭单干,而是要进一步增强智库协同性、整体性和协调性。结合实际,创新智库运行模式,组合智库新人员,有计划地打破传统以各个研究机构或研究机构为中心的研究团队形式,各部门、各机构应通力合作,切实做到跨学科、跨部门、跨单位协同创新工作,防止研究机构"单打独斗"孤立模式。切实强化协同意识,加强政府机关、企事业单位、高等学校、社科院所等机构共同创建协同创新中心,充分发挥各自的特色和优势,共享研究基础、研究目标、研究任务等资源,扩大研究成果的最

大范围,增强成果的影响力和辐射力,发挥协同创新的独特功效。

四是要增强开放意识。要摆脱过去单纯地重理论轻实践、重结果轻调研的"书斋式"闭门研究,脱离实际工作的智库成果往往缺乏说服性,而是要通过应用对策和建议研究,深入实际,把准问题意识,提升解决问题和分析问题能力,从现实社会生活和工作实践中去发现问题、研究问题、分析问题和提升解决问题水平。在研究方法上要创新,要找准研究方向,适应学科前沿问题,结合大数据,与现实衔接,与问题结合,从传统的定性研究转向定量研究,跳出过去擅长研究问题的思维羁绊,注重对现实问题的研究分析。围绕研究主题,结合社会经济发展状况、社会动态、宣传舆论、国家政策等研究对象,进行定时定量分析,用事实和数据证明,科学分析研究结果,准确把握最新的研究数据和研究动态,不断增强创新型智库研究的成效。

2. 要构建智库成果转换平台,提升智库发展的实践力

在加快推进中国特色新型智库建设过程中,要注重智库成文成书成报告等成果的实际转化,让更多智库成果转化为生产生活的实际需求,不断提高中国特色新型智库成果转化的实践力。

一是要注重独立性,主动自觉地完成高质量成果。作为中国特色新型智库,关键要保持能独当一面的作用,不能受制于人,特别在智库成果转化上应保持成果的独立性。在开展相关研究过程中,应遵循不唯书、不唯上、只唯实的基本信条,实事求是,与时俱进,开拓进取,独立自主地开展选题和研究工作。要摆脱"半官化半民化"的智库发展模式的束缚,脱离受制于政府部门的种种藩篱,不能根据某些利益集团需求开展决策咨询论证工作。要用理论思维和实践思维①,进一步加强智库发展的实践力,真正把中国特色新型智库发展作为国家文化软实力建设的重要内容,开展深入研究工作,独立自主地完成党和人民交给自己的任务,在接触真知识、真问题、真方法的过程中,不断得到磨砺和锻炼,增长独立地解决问题和分析问题的本领,提升自我发展的才干。

二是要注重前瞻性,敏锐地发现问题和解决问题。中国特色新型智库应开展前瞻性、时代性、焦点性问题的研究,要关注那些民生问题、城市问题、贫困问题、现代化问题、改革问题等系列长远发展的大问题,而不能仅仅局限于当前存在的一般性问题,也不能仅仅局限于当前条件下能够解决和实现的建议对策。中国特色新型智库本身就具有内在的发展活力和生命力,而智库生命力又在于智库的影响力和话语权,拥有智库的话语权就掌握了智库的发展前途。反过来,智库的话语权则取决于研究成果的认可度,宣传和推广得越多越能反映智库的影响力。另

---

① 张国祚:《理论思维与文化软实力》,湖南大学出版社2016年版,第3页。

外,要充分利用自身的专业优势,以职业化、专业化的方式参与国家重大现实问题的课题,坚持问题意识,对每个问题分析和研究,提出每项建议意见,都必须要建立在坚实理论和实际运用的基础上分析研究,不能运用于实际生活,解决老百姓现实生活问题,不能予以研究和提供决策服务,不能仅凭借直接判断和道听途说妄下结论,不能随意得出结果加以运用。把工作预案准备得更充分、更周详、更有效,遇到问题时,切实做到心中有数,成竹在胸,处变不惊。中国特色新型智库建设,必须着力增强智库思想产品的预见性,为党和国家决策提供有效的理论准备和政策储备。①

三是要注重成果宣传性,有效地实现成果转化目标。过去诸多智库机构在推广和宣传研究成果问题上,认识不到位,工夫下得不够,甚至有些智库专家狭隘地认为,我们的研究成果早晚会被人应用于实际生活中,利用新闻媒体向社会推荐和宣传研究成果没有必要,不屑一顾。这就导致了科研成果转化程度大大降低,埋没一些智库研究成果的实际价值。科研成果转化难,成为加快特色智库建设亟待解决的重要问题。原因何在,一方面智库研究停留在理论层面,缺少应用价值和社会效益,导致科研成果转化率低,致使科研成果未能及时应用到实际生产生活当中去;另一方面基于科研成果不能指导实践、难以及时推广应用,容易失去创新性、针对性和实效性,久而久之导致了科研成果转化速度较慢,失去了实际效益。由此可以看出,构建智库成果转化平台显得尤为重要。要积极构建重大研究成果和新型研究成果的发布机制,可以组织和举办新闻发布会、成果研讨会、专家座谈会等途径,及时推广研究成果,让社会各界知晓研究成果的来龙去脉;可举办重大智库发布论坛、开展宣传活动、召开新闻媒体专访、开辟专题栏目等形式,也可设置特色新型智库的内部交流刊物,开设和编辑特色新型智库研究专栏,绘声绘色,图文并茂,让更多的人民群众及时认识和了解最新的研究成果,不断扩大研究成果的影响力。

3. 要构建智库信息共享平台,扩大智库发展的辐射力

随着社会的不断发展变化,社会已经进入网络化信息化时代,人人都是麦克风,人人具有话语权。社会每天都发生着新的变化,出现了各种各样的新情况,国情社情民情随着信息化、网络化而不断变化发展。这意味着加强中国特色新型智库建设必须充分认知到信息交流的重要性。

一是要注重传统与现代新型媒体技术信息资源的共享,不断增强智库发展的时代性。研究新形势下出现的新规律,新要求,要牢固树立信息交流也是一种科研生产力的思想观念。为此,要加快推进党政智库、社科院所智库、高校智库、民

---

① 韩庆祥、黄相怀:《智库:发挥思想的力量》,《光明日报》2017年5月25日。

间智库等机构的网络建设,完善信息化决策咨询服务手段的现代化,发挥报纸、广播、电视、宣传橱窗等传统媒介的作用,同时还要利用手机微信、微博、论坛、社交平台等现代信息技术手段,整理和收集智库研究的资料,充分利用网络技术等新型媒体资料收集、分析和加工的功能,为实地调研、决策服务提供便捷全面而翔实的信息资料。在智库成果方面,有利于收集、编辑、报送智库研究成果,针对智库专家、学者开展研究、研判预判、分析解决所得出的理论成果,提供方便快捷的渠道,能够及时有效地提供智力支持和信息服务支持。在智库检测方面,要对现代社会出现的热点焦点问题和重点领域的信息进行统一的收集处理,进行分析归纳,及时有效地跟踪检测,能够快速反应和提出问题的对策建议,这样就会对社会舆情监控的信息收集和整理工作带来的方便和好处,提供真实可靠的数据资料。

二是信息交流的共享要注重走出去与引进来,不断开拓智库人才的理论视野。智库人才的培养既要"走出去",又要注重"引进来",不断提升办库能力和水平。加强各国的智库交流合作,有利于智库研究者开阔视野,增长见识,提高战略思维。通过整合政府机关、科研院所、高校、企事业单位及社会各界的力量,搭建支持智库专家"走出去"开展学术交流的舞台,在国际智库平台上施展才华,彰显中国智库的力量。在学术交流过程中,加强学者专家的沟通和思想交流,要增进自身知识思想储备,对问题的认识和参与更为理想化,不再是"简单地看热闹、发牢骚和民族主义情绪发泄等层面上"①,首先要与国内高水平、优质量的智库机构进行广泛的合作交流,特别在"双一流"高水平大学、科研机构、地方社科院建立长期的资源共享机制,积极搭建信息互动平台,加强国内外研究机构的交流力度,联合其研究力量和研究资源,对重大研究项目进行联合攻关,创建智库协同创新中心。通过邀请国内外知名高端智库学者专家召开座谈会、举办论坛等学术研究活动,既能展示中国特色新型智库自身的研究成果,也能发现自身的不足和缺陷。

三是要强化合作与开放结合,不断增强智库发展的亲和力。建立开放性、自由性的研究方式,通过学术研讨、组织论坛等主题活动,加强互动交流,增进互信合作,互利共赢,也可以与国外著名大学互派访问学者,攻读研究学位,提升合作研究团队的素质。要鼓励智库人员针对某个重大研究问题出国调研,形成研究对比模式,定期邀请国内外著名专家学者以智库为主题,举办学术交流讲座;要加强国际智库交流合作,向世界各国派遣青年学者,加强沟通,组织一批智库学者赴世界著名大学交流学习,进一步巩固和拓宽国内智库与国外智库的交流合作,提高智库的国际化水平。智库的功能和作用,就是消化学术界的理论成果,把理论转化为"接地气"的政策分析、政策建议。在学术交流活动过程中,不能骄傲自满,高

---

① 王莉丽:《旋转门:美国思想库研究》,国家行政学院出版社2010年版,第192页。

高在上,而是要用政府部门的工作话语阐述相对抽象的理论话语。但是,我们也要防止智库脱离理论,忽视长期的学术积累,掉进"经验主义"的泥潭,总是处于"快速响应"的状态。另外还需着力改善智库发展外围环境。马克思和恩格斯指出,"人创造环境,同样,环境也创造人"①。美国著名小说家海明威在其《老人与海》中富有远见地指出,人生活在这个世界不可能是一座孤岛,而是相互联系、互为依赖的生存环境。改善智库发展环境是提升智库创新能力的关键所在,进一步改善中国特色新型智库发展的外围环境,切实有效地提升中国特色新型智库发展的亲和力、影响力。

---

① 《马克思恩格斯选集》第1卷,人民出版社1995年版,第243页。

# "全球治理"视域下中国文化软实力发展报告

王文余[*]

**摘要：** 进入21世纪，人类面临着由全球化进程推进所产生的大量全球问题和全球冲突，这些问题和冲突使得全球治理比任何时候都重要。但是由于世界政治经济发展不平衡导致的结构性差异，全球治理的话语权更多地掌握在西方发达国家手中，成为极少数国家谋求"霸权红利"的护身符。作为当今世界上的社会主义大国，也是世界上最大的发展中国家，在全球治理领域讲好"中国故事"、发出"中国声音"、贡献"中国智慧"，事关"全球治理"的发展方向和治理成效。为此，中国必须趁势而为，在不断增强自身硬实力的同时，大力发展中国文化软实力。新中国成立以来，中国文化软实力在发展中不断增强，然而，面对西方敌对势力长期对中国的"妖魔化"、文化贬损和打压，发展中国的文化软实力还有很长的路要走，我们必须增强文化自信，以自身作为发展中国家走向现代化的成功实践，用全球治理的"中国方案"和"中国行动"，去一一化解中国文化软实力发展面临的困难和问题。

当今社会，世界成为一个相互联系的整体，"地球村"是对人类发展休戚与共的生动描绘。目前，不仅人类共同的文明发展成果全球共享，发展过程中所出现的问题也蔓延全球，比如恐怖主义、粮食危机、艾滋病、全球变暖、经济危机等，这些问题已经不是以一国之力能够妥善解决的，因此，全球治理的思想应运而生。全球治理其本身追求的价值是很有意义的，对于促进全球合作，发挥全人类的智慧共同解决人类面临的发展问题很有价值，但是由于世界政治经济发展不平衡导致的结构性差异，全球治理的话语权更多地掌握在西方发达国家手中，这就为极少数国家谋求"霸权红利"提供了护身符。

中国不可能"独善其身"，必须积极主动地参与全球治理，依托自己的硬实力去推动并引领全球治理的体制机制沿着更加公平、公正、合理的方向发展。党的

---

[*] 王文余，西南大学马克思主义理论研究中心研究员，西南大学马克思主义学院原党委书记，新疆应用职业技术学院副院长（中央第九批援疆干部），博士，特聘教授，硕士研究生导师。

十八大报告指出,"坚定维护国家利益和我国公民、法人在海外合法权益,加强同世界各国交流合作,推动全球治理机制变革,积极促进世界和平与发展,在国际事务中的代表性和话语权进一步增强,为改革发展争取了有利国际环境"①。"人类只有一个地球,各国共处一个世界"②,"合作共赢,就是要倡导人类命运共同体意识,在追求共同利益时兼顾他国合理关切,在谋求本国发展中促进各国共同发展,建立更加平等均衡的新型全球发展伙伴关系,同舟共济、权责共担,增进人类共同利益"③。2011年《中国的和平发展》白皮书指出:"世界已形成'你中有我','我中有你'的命运共同体","要以命运共同体的新视角,以同舟共济、合作共赢的新理念"发展对外关系。2015年9月,习近平同志在联合国指出:"中国将始终做国际秩序的维护者,坚持走合作发展的道路。中国是第一个在联合国宪章上签字的国家,将继续维护以联合国宪章宗旨和原则为核心的国际秩序和国际体系。中国将继续同广大发展中国家站在一起,坚定支持增加发展中国家特别是非洲国家在国际治理体系中的代表性和发言权。中国在联合国的一票永远属于发展中国家。"④推动并引领全球治理的体制机制沿着更加公平、公正、合理的方向发展,既需要硬实力,又需要发展中国文化软实力。

## 一、全球治理台前幕后的比拼

### (一)"全球治理"是大国比拼的新领域

1992年,联合国有关组织发起成立"全球治理委员会",并创办《全球治理》杂志。1995年,联合国在庆祝成立50周年之时,发表了《天涯成比邻》的报告,较为明确地阐释了"全球治理"这一概念及"全球治理"与经济全球化、全球安全和联合国改革等的关系。⑤ 2000年,联合国千年大会的报告中进一步较为全面详细地阐述了"全球治理"的相关问题。⑥ 德国学者德克·梅斯纳指出,我们所追求的"全球治理"的目标应该是"发展一整套包括制度、规则及新型国际合作机制在内的体制,以此为基础不断应对全球挑战和跨国现象所产生的问题"⑦。自此以后,随着

---

① 《中国共产党第十八次全国代表大会文件汇编》,人民出版社2012年版,第4页。
② 同上书,第43页。
③ 同上。
④ 习近平:《携手构建合作共赢新伙伴 同心打造人类命运共同体——在第七十届联合国大会一般性辩论时的讲话》,载《习近平谈治国理政》第2卷,外文出版社2018年版,第526页。
⑤ Commission on Global Governance, *Our Global Neighborhood*, New York: Oxford University Press, 1995.
⑥ 吴兴唐:《"全球治理"的置疑性解读》,《当代世界》2007年第12期。
⑦ D. Messner, *Ist Außenpolitiknoch Außenpolitik... und was isteigentlichInnenpolitik. Einige Beobachtungenzur Transformation der Politikin der' ra des Globalismus PROKLA. Zeitschriftfürkritische Sozialw issen2schaft*, Vol. 30, No. 118, 2000, p. 28.

全球相互依存和全球性问题的日益严峻,全球治理议题的广度和深度不断扩大,昔日的全球治理体系治理效率下降,显露出愈来愈多的问题,全球治理面临着诸多困境。2008年金融危机之后,全球治理再度成为国际社会广泛关注的话题。同时,国际力量对比正深刻发生着变化,新兴国家的崛起对国际体系改革与世界秩序转型提出了新的要求,旧有的全球治理架构及其体系已经无法适应国际社会发展的现实需要,新形势要求新的全球治理模式。

当今世界大国之间权力的争夺主要表现为综合国力的竞争,尤其是冷战结束以来,以雄厚的经济实力和强大的军事实力去追逐权力已经不符合历史发展的潮流,所以各大国越来越重视运用文化软实力的手段,试图用本国的价值观念和制度模式去影响和吸引他国,以实现自己对国际政治权力的追逐。[①] 在新的全球治理体制机制形成的过程中,治理理念由"国家中心治理模式"向"全球多边主义治理模式"的转变,导致全球治理的行为主体增加,一方面大量的非国家行为体参与其中,并能够实质性地影响治理进程,成为特定议题领域分享权势的主体。另一方面,一些新兴国家逐渐崛起,如中国、印度、巴西、南非等金砖国家,它们的实力和影响力逐渐提升,要求在全球治理领域拥有更大的话语权和影响力。虽然全球治理导致非国家行为体的大量增加,但主权国家尤其是大国仍扮演着主导角色。在新一轮国际权力格局变动的大背景下,全球治理领域成了传统西方大国与新兴大国国家实力尤其是软实力竞争的新领域。

现行的全球治理体系,是以联合国为中心的国际安全治理体系和布雷顿森林体系组成的,是第二次世界大战后以美国为首的西方发达国家主导下建立和运转的。其支撑运转的主导性政治力量是美国与西方发达国家的军事优势和经济优势,它的一系列核心机制和价值规范也是在其理念倡导下形成的。[②] 总的来说,现行的治理体系是"中心—外围"的,发达国家处于治理的"中心",是"治理者",而发展中国家则位于"外围",是"被治理者"。中国、印度、巴西、俄罗斯、南非等新兴大国的群体性崛起,正在改变全球权力格局,综合国力的增强使得它们参与全球治理的意愿和能力增强,并要求在全球治理机构中拥有更多的代表权和发言权,对由西方主导的全球治理体系提出了挑战。显然,所有大国都认识到全球治理体制机制需要变革,但是诉求的不同导致全球治理领域呈现出两种力量状态:一是传统强国将继续维持全球治理的话语权优势,二是新兴大国试图推动全球治理发生有利于自身的变革。于是,发达国家与新兴大国在全球治理领域展开了激烈较量,七国集团(G7)、二十国集团(G20)和金砖国家(BRICS)并存,出现各种各样地

---

① 参见王文余:《大国博弈中的文化软实力》,《光明日报》2013年7月11日第7版。
② 卢静:《当前全球治理的制度困境及其改革》,《外交评论》2014年第1期。

区安排等,大国矛盾上升,"共治"前景黯淡,碎片化式的"分治"明显:传统发达国家力图守住二战以来对其有利的全球体系与制度,维护以美国为主导的,少数发达国家及组织支撑、配合的传统国际体系。如八国集团开除俄罗斯后,美国及其盟友进一步加强 G7 功能,推进北约全球化步伐和建立亚洲"小北约"①;新兴大国之间积极参与国际机制建设,积极协调政策立场,提出共同政治主张和发展要求,如在 2009 年哥本哈根气候大会上,"基础四国"BASIC(巴西、印度、南非、中国)联合提出主张,维护发展中国家的权益,并积极推动相互之间合作机制的建设和发展,如金砖国家机制等。尽管新兴国家的实力有所增强,但在现行治理体系中存在着它们承担的责任与权利、影响力与代表权之间不平等的问题。总之,美国等发达国家仍在全球治理结构中占据主导地位,新兴国家难以在短期内对西方主导的话语权构成实质性挑战。台前比拼的是软实力,幕后比拼的则是硬实力,全球治理表面上是话语权之争,实际上仍是国际权力利益之争。

**(二) 全球治理话语权争夺更趋激烈**

各种国际政治力量(尤其是大国或大国集团)面对全球治理体制机制的改革,纷纷提出各自主张开展了激烈的话语权争夺,以期建立对自己更加有利的全球治理体系。

1. 美国:单独主导,永续霸权

美国是现存全球治理体系的缔造者、组织者和领导者,更是最大的利益获得者。二战后,美国通过主导建立联合国、国际货币基金组织、世界银行、世界贸易组织、北约等全球性政治、经济和军事组织以及大量的功能性地区组织,建立了以美国为中心的全球治理体系,并在冷战后仍牢牢主导着全球治理的话语权,为美国赢得了可观的"霸权红利"。然而,2008 年国际金融危机后,美国经济发展速度放缓,难以承担全球治理公共物品的巨大成本,提供公共物品的能力与意愿大大降低,过度使用武力使美国软硬实力受到削弱,"美国治下的和平"难以维持,其在全球治理问题领域的话语权主导地位出现动摇。面对日益凸显的全球问题和新兴经济体要求变革国际政治经济秩序的呼声,美国在希望继续维持其在全球治理领域中主导地位的同时,也在本国利益至上的导向下推动全球治理规则的小幅调整,以满足新兴国家的部分要求(如增加中国、印度、巴西等国在 IMF 的投票权),在全球治理领域中采取攻守兼备的措施。

一方面,在国际贸易、网络安全、国际反恐等领域,美国积极提出新倡议、新主张,试图树立在这些领域的新规则、新理念,维护美国在全球治理话语权上的主导

---

① 《全球治理面临五大问题》,新华网,http://news.xinhuanet.com/world/2014-07/16/c_126751858.htm? prolongation=1, 2014-07-16。

地位。《美国2015年国家安全战略》报告指出，美国依旧是国际秩序的领导者，美国应对全球性危机与挑战有清晰的认识，必须认清美国具有独特的能力动员和领导国际社会应对挑战。[①] 在价值观领域，美国坚持强大而持续的美国领导对基于规则的国际秩序非常关键，该秩序可以促进全球安全与繁荣以及各国人民的尊严和人权；在国际贸易领域，提出要加强其在全球金融规则中的核心作用，使美国始终处于全球自由贸易的中心；在网络安全领域，制定网络安全的全球标准，构建对网络威胁破坏和调查的国际能力；在核安全领域，美国推进布拉格议程，阻止核武器的扩散和保障核材料安全；在反恐领域，领导其他合作伙伴对抗极端组织的全球行动，并发起了国际反恐峰会；在环境领域，推动"新能源革命"，并突破性承诺减少温室气体排放，巩固形成的环境共识；在社会领域，继续领导制定国际社会发展议程，推动消除贫困、促进可持续发展等。

另一方面，因经济实力的下滑，美国认识到自身已无法全权主导全球治理事务这一事实，逐渐改变奉行的单边主义模式，将多边合作视为实现全球战略的重要工具，积极推动在具体问题领域的国际合作，力图通过巧实力建立伙伴关系，并将新兴国家纳入其主导的全球秩序中，寻求在更广阔的范围内主导秩序重构。如为了赢得新兴经济体支持其国际金融改革计划，美国赞成新兴市场和发展中国家在国际金融机制中的份额和表决权的增加；为维护美国在亚太地区的话语权和影响力，美国积极推进"泛太平洋战略"经济伙伴关系协定，并致力于增强亚太经合组织、东盟、东亚峰会等区域机制的建设，推广共同规则与规范；加强与同盟国家之间的合作，如美、日、韩在导弹防御系统、朝核问题等议题上加强合作；同时美国还积极利用全球治理新模式二十国集团（G20），积极推动与中国等新兴国家在经济领域等合作。除此之外，美国继续进行大规模对外援助，最新对外援助预算额达424亿美元，经济和发展援助额为256亿美元，安全援助经费为168亿美元[②]，稳居全球第一。

2. 欧盟：推广经验，提升影响

二战以后，欧洲任何单个的力量都难以在全球治理架构中赢得话语权，它们既是旧秩序的落魄者，也是受益者。欧盟在地区一体化和治理中的成功经验，使其在冷战后全球治理进程中成为重要的行为体之一。作为自由主义制度治理体系的倡导者，欧盟主张多边主义的全球治理模式，并依托欧盟自身区域治理的经验，积极参与全球治理，保障并不断扩大自身在全球事务的话语权和影响力。

---

① 《美国 2015 年国家安全报告》，360 图书馆，http://www.360doc.com/content/15/0608/22/15549792_476671265.shtml。

② The White House:"Fisal Year 2017 Budget Resolution", Washington, 2016, https://budget.house.gov/uploadedfiles/fy2017_a_balanced_budget_for_a_stronger_america.pdf.

在全球治理体系转型的关键时期,欧盟深刻认识到全球治理话语权竞争的激烈性和重要性,在坚持维护既有的国际体系的基本结构的前提下,推进全球治理机制改革,主张加强全球治理中的调节性权力,设立与之对应的管理机构。更重要的是,欧盟积极提供欧盟经验,主张将全球治理的对象领域具体化,并根据具体领域采取不同治理方式,同时,参考欧盟治理模式制定全球治理的有关规则,促进自己在相关领域的话语权的提高,获得欧盟自身独立以及主导地位。

在全球治理机制设计中,欧盟积极推动亚欧峰会的建设,并在2016年将"互联互通"纳入亚欧会议的主流合作框架,推动亚欧会议作为亚欧各国协商合作与互动交流的重要平台,降低亚欧大陆存在的高额融资成本和地缘风险;在全球经济治理领域,欧盟倡导公平、公开且透明的自由贸易,在平衡贸易自由化目标与社会公共需求的基础上提倡"人文关怀",强调集体讨价还价的权利、公共卫生、可持续发展等非市场因素的重要性,并将欧盟区域内的经济与货币联盟经验在全球经济治理领域推广;在全球环境治理领域,欧盟主张采用"欧盟标准",将对外投资的条件与环境治理结合起来,迫使发展中国家接受其较高的环境治理标准;同时欧盟还确立了"控制冲突、促进合作,减少不少确定性以及供应全球公共产品的"全球治理理念,积极进行全球公共产品的提供,主导着全球公益领域的治理。

总之,在全球治理话语权的竞争中,欧盟继续通过将多边主义与区域主义相结合的途径,凭借自身的市场、资本、技术及其生活方式的吸引力,以及积累的有效治理经验和协调能力,在全球范围内积极推广欧盟模式、欧盟经验以及欧盟标准,促进自己在相关领域内的话语权和影响力的提高。

3. 日本:立足亚洲,争夺区域主导权

作为七国集团中唯一的亚洲国家,日本在第二次世界大战后利用全球性组织、区域性组织、双边外交活动以及对外援助等积极参与全球治理,并成为全球治理相关领域的主要参与者和重要贡献者。在国际秩序转型的新形势下,日本力图通过制定和调整国家战略,开展经济外交,提供公共产品等途径争夺全球治理规则的制定权和话语权,以彻底摆脱二战战败国地位。

在全球经济治理体制变革中,日本曾多次提出构建以日本为核心的亚太次区域经济合作的众多战略构想,虽未成功,却体现了日本主动参与经济治理的主流自我意识;同时,日本还积极抢夺国际贸易规则制定权。在跨太平洋伙伴关系协定(TPP)问题上,日本政府十分看重TPP谈判,试图以美日联手引领亚太经济合作,控制全球经济治理规则。即使在美国退出TPP的情况下,安倍政府仍强行在国会通过了对TPP的审议,试图使日本从TPP的配角转变成绝对主角,占据全球经济治理新规则制高点。

在亚洲地区,日本积极与中国开展争夺政治经济安全领袖的竞争,维护自己在该领域的地位。针对中国倡导成立的亚洲基础设施投资银行(亚投行,AIIB),日本不但拒绝加入,还抹黑亚投行,并提出"高品质的基础设施投资"理念及其融资策略,企图依托亚洲开发银行(ADB)来巩固日本在亚洲地区的金融主导权。同时日本还强化与东盟的关系,完善东盟货币援助框架的建设,并与东盟决定设立400亿美元的货币互换协议,加强东南亚国家联盟未来应对经济危机的能力,应对紧急情况下的流动性不足,并对冲人民币影响的扩张。同时还积极推动所谓"共同价值观"外交,宣称要"与东盟国家一道,致力于普及和扩大自由民主、基本人权等普遍价值观"。

此外,日本还将提供公共产品作为本国应尽的义务,强调"日本要为世界和平与稳定做贡献,为创造更好的世界发挥作用"。日本积极参与全球环境治理,加强环保交流,扩大环保技术出口市场,赢得了"世界环保超级大国",争得本国在环境治理领域一定的话语权;为缓解金融危机的影响,日本还主动向国际货币基金组织(IMF)追加注资并提供大量贷款,如 2012 年向 IMF 注资 600 亿美元。同时,日本将政府开发援助(ODA)作为提高自己在全球治理的话语权的途径,如为非洲培养行政、产业、农业技术、教育等各领域的人才,提供资金支持达 450 亿美元;为东盟提供 200 亿美元贷款,提供教育、文化、保健、医疗援助,提高本国在全球治理领域的影响力和软实力。

4. 新兴大国:借力合势,改变地位

新兴大国,如中国、俄罗斯、印度、巴西、墨西哥和南非等,随着自身经济实力的增加,参与全球治理的意愿和能力提高,迫切要求改变在当前全球治理中的边缘地位,提高自身话语权和影响力。面对发达国家长期主导的全球治理体系,新兴大国借力合势,积极协调政策立场,通过相互合作与支持,提高在全球事务中的影响力和话语权。二十国集团首脑会议,是新兴大国登上全球治理舞台的标志性事件,并利用这一平台积极发出自己的声音。

首先,新兴大国参与全球治理的意愿和能力提高,积极加入和发起国际组织,承办国际会议,利用现有治理体制提出全球倡议发出自己的声音。近年来,中国、俄罗斯、巴西和印度等积极筹办多种国际论坛,如俄罗斯和中国均承办了 G20 峰会、APEC 论坛,中国举办全球智库论坛、全球媒体大会、博鳌论坛等国际性论坛,俄罗斯每年举办大型圣彼得堡国际创新论坛等。新兴大国还提出自己关于全球治理的理念,如中国提出了共同构建"人类命运共同体"。同时,新兴大国还加强自身在区域范围内的影响力和话语权,在亚洲,中国推动许多区域性倡议,如优惠贸易协定(PTAs)、东盟与中日韩合作机制(ASEAN Plus Three)、东亚峰会(the East Asian Summit)等。在南美,巴西试图成为区域性领导者,并倡导成立了南方共同市场(the Southern Common Market)和南美国家共同体(South American

Community of Nations)。另外,新兴大国之间还建立了自身的对话与合作机制,建立"南南合作"组织,进行有关问题领域的制度性建设,如印巴南对话论坛(IBSA Dialogue Forum)和"金砖国家"领导人峰会(BRICS summit)。在国际金融治理领域,金砖国家于2014年7月宣布成立了金砖国家开发银行,并签订初始资金规模达1000亿美元的应急储备安排协议,预防成员国短期流动性压力,推动新兴国家货币合作,加强全球金融安全网络建设等。

另一方面,新兴大国在维护现有全球治理格局框架下,要求提高在有关国际组织中的代表权和发言权,并积极推动现有机制改革,补充优化完善现有治理机制。如中国和俄罗斯积极推动国际货币体系改革,主张"建立超主权储备货币";巴西提出了应改变当前以国际货币基金组织为主导的国际贷款机制,并主张建立一个新型国际资本流动调整机制,以降低新兴经济体未来继续遭受金融危机冲击的风险。同时,新兴大国还积极推动国际货币金融机构份额和投票权改革,以增加自身的发言权。以金砖国家为首的新兴国家积极推动了IMF和世界银行向其转移更多的份额和股权,提高在国际金融领域的话语权。如2009年9月,"金砖四国"积极推动IMF和世界银行分别向新兴市场和发展中国家转移7%和6%的份额和股权,并最终达成新的份额改革方案。2014年7月,金砖国家领导人再次推动IMF改革进程的方案,以确保提高新兴市场和发展中国家的话语权和代表性,并敦促世行和各成员于2015年10月完成世界银行集团下一轮股权审议。① 在全球环境治理领域,中国、印度、南非和巴西等国新兴发展中国家携起手来组成"统一战线",形成了"基础四国",共同努力达成减排协议的通过,并呼吁发达国家承担具有法律约束力的减排义务,反对由发达国家提出的减排目标,而发展中国家将负责采取与国家实力相适应的减排行动。中国与印度、巴西、南非等在2009年哥本哈根气候大会期间以及2015年巴黎气候峰会期间,共同努力促成减排协议的通过。中国在2016年9月杭州二十国集团峰会与美国一道率先提交了《巴黎峰会达成的气候治理协议》等。

总之,随着全球权力格局的变化和全球问题的日趋严重,全球治理领域日益成为大国竞争的新领域,传统西方发达国家立足于维护自己已有的话语权和影响力,新兴大国要求提高自身的地位,全球治理话语权的竞争十分激烈。

**(三)中国硬实力的大幅度提升为中国参与全球治理赢得底气**

当今世界正处于物质主义走向非物质主义的时代,20世纪中后期以来,全球化进程的日渐加速,国家硬实力和软实力成为衡量国家在世界话语权的综合评定

---

① 《新兴国家视角下的金砖国家与全球经济治理体系变革》,中国共产党新闻网,http://cpc.people.com.cn/n/2014/0811/c68742-25444329.html,2014-8-11。

标准。所谓"硬实力",是指一个国家的经济、军事、科技等方面的综合实力,硬实力可被理解为国家的物质实力。硬实力是有形的载体,在话语权的提升上,国家硬实力的力量毋庸置疑。

中国经济实力稳居世界第二并是当今世界经济增长的又一个火车头。经过68年的快速发展,中国逐步融入全球治理的体系,在近十年中,中国硬实力逐渐提升,每年更是对世界经济增长贡献率超过了30%。我国国内生产总值(GDP)一直保持稳定增长,从2008年42 220亿美元增加至2016年119 684亿美元,全球GDP排行跃居世界第二,其占全世界GDP的比重也由2008年的7.27%上升至2016年的14.84%,全球GDP占比的飞跃性提升也体现出我国经济高速的发展状态,以及就经济方面而言中国的国际地位的巨大提升。出口总额由2010年10.7万亿元增至2016年13.84万亿元,进口总额由2010年9.46万亿元增至2016年10.49万亿元,进出口的增加也体现了中国在世界市场上地位的提升,展现了我国庞大的进出口贸易规模,同时也是经济硬实力的体现。在对外金融实力方面,中国外汇储备在近十年来快速增长,2008年19 460亿美元增至2016年30 105亿美元,增长了54.7个百分点,外汇储备的提升,表明了中国近十年以来综合国力的提升,在国际市场中中国扮演的角色越来越重要,对维护国际市场的稳定,参与全球治理的话语权得到提升。

中国科技实力是发展中国家中最耀眼的。随着近十年来中国经济飞速的发展,国家对科技的投入和重视程度逐年上升,经济硬实力可以被看作是军事硬实力和科技硬实力的支撑。科技创新能力规划、改变一个国家生产结构。科技创新在国家产业整体竞争力中占有重要作用,科技硬实力也是提升国家全球治理参与的重要筹码。从科研投入上来看,至2016年全社会研究和开发支出达15 440亿元,是中国历史上首次超过15 000亿元,占总GDP的2.1%,企业占比为78%,科技进步贡献率增至56.2%,创新型国家建设取得重要进展。《国家中长期科学和技术发展计划纲要(2006—2020年)》颁布以来,中国在科技上的资金支持和投入上步入稳定增长阶段,有效机制也逐步建立。科技部调研室主任胥和平说,自2002年以来,我国科技创新能力稳步提升,部分领域进入世界前列,整体上与国际先进水平进一步缩小,对世界科技发展影响迅速提高,科技为经济社会发展和国家安全提供了强有力的支撑,科技发展基础条件和环境日益改善。至2016年,自然指数排行榜(自然指数是根据各国或各科研机构对每年发表的约6万篇高质量科研论文的贡献情况,既计算论文总数,又计算不同国家和机构在每篇论文上的相对贡献的排行榜)显示,中国是全球高质量科研论文的第二大贡献国,仅次于美国。在自然指数排列前十的国家中,只有中国在2012年至2015年期间呈现两位数的年均增长率,并且有些中国大学的年复合增长率高达25%。在全球科研机构排名中,中国科学院以1357.82分继续蝉联榜首,这一分值几乎比排名第二的美国哈佛大学(772.33分)多出一倍,法国国家科研中心排名第三。中国从十年以前的世界工厂,逐步由中国制造走向中国创造,科技的发展需要经济基础的支持,同时科技发展也带动着经济。在全球治理化的背景下,中国科技技术硬实力的发展不仅为中国国家安全提供了保障,而且提升了中国在全球治理中的话语权。

中国军事实力显著增强,成为维护世界和平的主要力量。中华人民共和国是世界现役部队规模最大的国家,大约228.5万人。近年来中国也积极裁军,旨在打造一支现代化军队、高科技军队、高素质军队。中国拥有核武器,近年来积极研发先进导弹、核潜艇、战斗机等,更是拥有了自己的航母。亚丁湾护航行动、国际维和、2015年"93大阅兵"等向世界充分展示了和平之师的强大实力。虽然现代军事水平与美国还是有很大差距,但对于立足维护国家安全和世界和平而言,中国的军事实力足以让任何一个对手敬畏。中国现在军费每年超过1000亿美元。据俄罗斯卫星网2月15日报道,每年公布全球军力指数的全球战力排名(GFP)的专家认为,美国、俄罗斯和中国在世界大国军力中稳居前三。美国军力仍居首位,紧随其后的是俄罗斯和中国,美国在军费方面远远超过排行榜上的其他国家,这是美国在去年的排行榜上高居榜首的关键因素。GFP的专家认为,俄罗斯的坦克数量几乎比美国的多一倍,但飞机数量却比美国的少。中国的战车数量比美国多,但比俄罗斯少。①

经济的高速发展,加上中国制度上、道路上的优势,在全球治理体系中不再仅仅只是参与,而是得到世界广泛的关注和认同,逐步成为推动发展全球治理的核心成员。中国一直是国际合作和国际多边主义的倡导者和践行者,始终坚持互利共赢的原则。在经过68年不懈努力以后,中国已经成为世界第二大经济强国、安理会常任理事国以及二十国集团核心成员,彻底摆脱"东亚病夫"的国际形象,以这样的实力为底气,在全球治理方面,中国不断展现大国风范,赢得了各国的尊重,提升了在全球治理中的话语权。

(四)十八大以来,中国在全球治理领域的耀眼表现

十八大以来,习近平总书记在重要的国际会议、国际组织、双边外交、多边外交等场合的讲话,充分展示了中国在全球安全治理、经济治理、发展治理、社会治理以及区域治理五个层面的新思想、新观点、新论断,这不仅为国内发展创造了稳定的外部环境,为全球可持续发展提供了宝贵的智力支持,同时也为国际体系的发展和完善做出了重要贡献。

---

① http://gz.bendibao.com/news/2016216/content211229.shtml.

1. 全球安全治理的中国主张

| 全球安全治理 | 提出时间 | 中国主张 |
| --- | --- | --- |
| 保障核安全 | 2016年4月1日第四届核安全峰会 | 强化政治投入,凝聚国际共识,构建以合作共赢为核心的新型国际关系,推进全球安全治理;强化国家责任,部署实施核安全战略,构筑严密持久防线;强化国际合作,打造核安全命运共同体,推进协调;强化核安全文化,营造共建共享氛围。 |
| 应对恐怖主义 | 2016年4月1日第四届核安全峰会 | 各国要根据安理会决议,协同好国际、地区和国内层面的行动,加强合作,坚决遏制恐怖势力蔓延的势头。要综合运用政治、经济、文化、外交等手段,标本兼治,铲除滋生恐怖主义的土壤。 |
| 维护网络安全 | 2015年第二届世界互联网大会 | 各国应该携手努力,共同遏制信息技术滥用,反对网络监听和网络攻击,反对网络空间军备竞赛。国际网络空间治理,应该坚持多边参与,有事大家商量着办,发挥政府、国际组织、互联网企业、技术社群、公民个人等各个主体作用,不搞单边主义,不搞一方主导或由几方凑在一起说了算。各国应该加强沟通交流,完善网络空间对话协商机制,研究制定全球互联网治理规则,使全球互联网治理体系更加公正合理,更加平衡地反映大多数国家意愿和利益。 |

2. 全球经济治理的中国行动

| 全球经济治理 | 提出时间 | 中国新实践 |
| --- | --- | --- |
| 金砖国家开发银行 | 金砖国家领导人第五次会晤 | 在各方共同努力下,我们今天就建立金砖国家开发银行达成共识。 |
| 亚投行 | 习近平在亚投行开业仪式上的致辞 | 2015年12月,《亚洲基础设施投资银行协定》达到法定生效条件,亚投行正式宣告成立。 |
| 一带一路 | 2013年9月和10月,中国国家主席习近平在出访中亚和东南亚国家期间 | 习近平先后提出共建"丝绸之路经济带"和"21世纪海上丝绸之路"的重大倡议,得到国际社会高度关注。 |

3. 全球发展治理的中国观点

| 全球发展治理 | 提出时间 | 中国新观点 |
| --- | --- | --- |
| 弘扬万隆精神合作共赢 | 2015年印尼万隆会议 | 习近平指出要"推动建设人类命运共同体,更好地造福亚非人民及其他地区人民",并提出以下主张:一、深化亚非合作;二、拓展南南合作;三、推进南北合作。 |

(续表)

| 全球发展治理 | 提出时间 | 中国新观点 |
| --- | --- | --- |
| 合作共赢共同发展 | 2015年联合国成立70周年系列峰会 | 习近平宣布设立20亿美元的"南南合作援助基金",增加对最不发达国家的投资,免除一系列国家债务,设立国际发展知识中心,探讨构建全球能源互联网等。习近平还提出要争取"公平、开放、全面、创新"的发展,努力实现各国共同发展。 |
| 全球合作节能减排 | 2015年气候变化巴黎大会 | 习近平主席提出了"四个有利于",即巴黎大会应有利于实现公约目标,引领绿色发展;应有利于凝聚全球力量,鼓励广泛参与;应有利于加大投入,强化行动保障;应有利于照顾各国国情讲求务实有效。习近平还提出了创造"三个未来"的主张,即创造一个各尽所能、合作共赢的未来;创造一个奉行法治、公平正义的未来;创造一个包容互鉴、共同发展的未来。 |
| 新型大国关系 | 2012年11月8日中国共产党第十八次全国代表大会 | 党的十八大报告关于中国外交政策的建议中,明确指出:"我们将改善和发展同发达关系,拓宽合作领域,妥善处理分歧,推动建立长期稳定健康发展的新型大国关系。"新型大国关系由此成为中国外交战略的重要内容。 |
| 国际关系民主化 | 2015年10月12日在中共中央政治局第27次集体学习时讲话 | 推动全球治理体制向着更加公正合理方向发展;推进全球治理体制变革是大势所趋;坚定维护二战胜利成果;推进全球治理规则民主化、法治化;弘扬共商共建共享的全球治理理念。 |

4. 中国参与全球社会治理的新理念

| 全球社会治理 | 提出时间 | 中国新理念 |
| --- | --- | --- |
| 建设反腐败合作网络 | 2014年澳大利亚G20峰会 | "深化反腐败国际合作,争取构建二十国集团反腐败务实合作网络,营造风清气正的商业环境。"——习近平 |
| 尊重网络主权维护网络安全 | 2015年世界互联网大会 | 习主席提出国际社会应该"尊重各国自主选择网络发展道路、网络管理模式、互联网公共政策和平等参与国际网络空间治理的权利"。"网络空间,不应成为各国角力的战场,更不能成为违法犯罪的温床。各国应该共同努力,防范和反对利用网络空间进行的恐怖、贩毒、洗钱、赌博等犯罪活动。" |

5. 中国参与全球区域治理的新论断

| 全球区域治理 | 提出时间 | 中国新论断 |
| --- | --- | --- |
| 金砖国家要"双轮"驱动 | 2014年11月,习近平在金砖国家领导人非正式会晤中的讲话 | 金砖国家合作要做到政治和经济"双轮"驱动,既做世界经济动力引擎,又做国际和平之盾,深化在国际政治和安全领域协调和合作,捍卫国际公平正义。 |
| 团结互助开放互鉴 | 2015年7月俄罗斯乌法,上合组织成员国元首理事会第十五次会议 | 习近平提出五点主张:第一,坚持"上海精神",打造本地区命运共同体;第二,加强行动能力,筑牢地区安全屏障;第三,深挖合作潜力,充实务实合作内容;第四,推动民心相通,巩固世代睦邻友好;第五,保持开放互鉴,推动组织发展。 |
| 中非友好南南合作 | 2015年12月南非,中非合作论坛约翰内斯堡峰会 | 习主席提出了一系列对非援助方案,并宣布将中非双边关系提升为"全面战略合作伙伴关系",表示"中非永远是好朋友、好伙伴、好兄弟",引起了外国政要和媒体的强烈反响。 |
| "亚洲方式" | 2015年博鳌亚洲论坛 | 习近平说,冷战结束后,亚洲国家在推进区域合作实践中逐步形成了相互尊重、协商一致、照顾各方舒适度的"亚洲方式"。这些都为正确处理国家关系、推动建立新型国际关系做出了历史性贡献。 |
| 东亚经济共同体 | 2015年博鳌亚洲论坛 | 习近平说,中国和东盟国家携手建设更为紧密的中国—东盟命运共同体,东盟和中国、日本、韩国致力于2020年建成东亚经济共同体。 |
| 开放型亚太经济格局 | 2014年中国APEC峰会 | 我们要共同建立互信、包容、合作、共赢的亚太伙伴关系,志同道合是伙伴,求同存异也是伙伴。我们要携手打造开放型亚太经济格局,开放带来进步、封闭导致落后。 |
| 亚太自由贸易区 | 2015年菲律宾APEC峰会 | 我们要推进地区化,打造开放型亚太经济。我们要加快进程,尽早建成亚太自由贸易区。 |
| 中韩自由贸易协定 | 2015年6月1日习近平主席与韩国总统朴槿惠就两国正式签署中韩自贸协定互致祝贺 | 习近平强调,作为东亚和亚太地区的重要经济体,中韩两国签署自贸协定,是一个具有里程碑意义的事件,不仅将推动双边经贸关系实现新的飞跃,给两国民众带来更多实实在在的好处,而且也成为东亚和亚太地区经济全球化进程乃至全球经济发展做出更大贡献。 |
| 中欧四大伙伴关系 | 2014年3月31日国家主席习近平在比利时布鲁塞尔同欧洲理事会主席范龙佩举行会谈 | 要从战略高度看待中欧关系,将中欧两大力量、两大市场、两大文明结合起来,共同打造中欧和平、增长、改革、文明四大伙伴关系,为中欧合作注入新动力,为世界发展繁荣做出更大贡献。 |

习近平同志在全球治理领域所发表的理念、主张、观点、论断和中国行动,向全世界系统阐明了中国对于全球治理的新理论、新观点、新实践,为全球治理勾画了一幅崭新的蓝图,展现了中国智慧,贡献了中国力量。

## 二、全球治理视域下中国文化软实力发展状况

### (一)中国国际影响力大幅提升

习近平讲述"中国故事",阐明"中国机遇",提出"中国方案",表达"中国态度",走出"中国道路",在国际社会刮起了一股"中国风"。当今世界,凡是有人的地方都能见到中国人的身影,凡是有商品云集的地方都会有"中国制造",凡是重要的国际会议如果听不到中国的声音但也有关于中国的话题,可以毫不夸张地说,在当今世界,无论何时何地何领域,中国的影响都广泛地存在着。在一遍又一遍"中国何以能"的反思中,中国传统文化的国际价值,与时俱进的马克思主义中国化的最新成果成为中国文化软实力在国际社会最深刻持久的影响。

中华民族五千年的优秀文明史,中国传统文化具有丰富的国际价值,对世界和平发展具有深刻的影响。春秋战国时期传统外交思想既已形成,至明清得以进一步发展。2008年北京奥运会开幕式,中国用古代四大文明之一的活字印刷术在舞台上呈现"和"字,向世界人民传递中国追求的和平、和谐价值理念,也向世人展现中国古代先人的智慧与哲学。中华传统文化主张"和为贵"。和平作为传统外交最基本的理念,如今也是中国现代外交最核心的价值取向。最具代表性的儒、道,孔子和老子都反对战争,反对强权。儒家主张与人为善,以德治国。人与人、国与国之间交往须遵守"仁、礼、和、信"的道德原则。墨家则主张"兼爱"和"非攻"。受各流派不同文化角度、价值取向和哲学思想影响,中国自古都是爱好和平、反对侵略扩张的礼仪之邦。在国家间博弈中,与西方文化主张"区分敌友"不同的是,中国强调"化敌为友"。毛泽东、周恩来等人在接见外宾和出访别国时都反复强调中国绝不扩张、永不称霸的和平外交政策,以此打消周边国家对于中国发展的顾虑,赢得其他国家的信任。以道德主义为指导的中国传统外交思想虽在19世纪中叶受到西方外交理念的挑战,但在新中国成立后也呈现出了不断加强的态势。

中国化的马克思主义以一种强劲的文明姿态屹立于世界民族之林,在国际舞台上逐渐发挥其影响力,中国化的马克思主义不是故步自封,更不是闭门造车,而是打开国门,以开放包容的心态融入世界文明并引领着世界。当今世界民生问题成为社会热点,人们的重心转向现实性的具体问题,人们的价值取向也偏向现实利益,中国化的马克思主义能否代表大多数人的根本利益决定着人们是否能够真正理解马克思主义的内在含义、决定着中国的国际影响力能否持续攀升。习近平

在参观"复兴之路"展览时提出中国特色社会主义现阶段的"中国梦"的理念,并指出:"实现中华民族伟大复兴,就是中华民族近代以来最伟大的梦想。这个梦想,凝聚了几代中国人的夙愿,体现了中华民族和中国人民的整体利益,是每一个中华儿女的共同期盼。"①中国梦的强大内核即体现了对国家、民族和人民的价值情怀。习近平总书记在庆祝建党95周年大会上的讲话中把文化自信与道路自信、理论自信、制度自信并提,突显文化自信的重要性。自信不单是自己给予自己的,还要有他人给予的,文化自信不只是国人对本国的文化树立自信,更要在对外交流中得到世界的反馈和肯定。中国梦与世界各国人民的梦想是相通的,中国梦不仅聚焦国内,还具有全球视野和国际胸怀。随着中国梦理论的不断完善,外延也不断延伸,中国梦逐渐走向世界。为了让世界各国人民都能感同身受,习近平提出中国梦的"姊妹"概念——共有共享的人类命运共同体的世界梦,这既反映中国坚定不移走和平发展道路的决心,也体现打造人类命运共同体的诉求。中国梦与世界梦相辅相成,中国梦的实现离不开和谐的国际环境,离不开国际社会的理解和支持,中国梦的实现也必然为世界各国人民带来福祉,为人类发展带来世界利益。同时在实现中国梦的过程中,中国将与世界携手,共同实现美丽的世界梦。习近平在2016年新年贺词中提到:"中国将永远向世界敞开怀抱,也将尽己所能向面临困境的人们伸出援手,让我们的'朋友圈'越来越大。"②这是中国的世界观,也是世界的中国梦,今天的"中国梦"是世界的"中国梦",今天的"世界梦"同样是中国的"世界梦"。

  世界格局进一步多极化的走向使得各国又面临着新的挑战,一家独大的局面难以立足,只有各个国家相互依存,共商共治,互利互惠,协同发展,你中有我,我中有你,同舟共济,打造人类命运共同体,才能融入世界的发展趋势、找到生存的最佳支点。习近平积极倡导"人类命运共同体",并在处理国际事务中展现着中国的使命担当。作为一个负责任的大国,中国积极参与全球治理,并在力所能及的范围内起到表率作用,为建设国际新秩序、保障世界和平发展做出了重要贡献。"十三五"规划期间,中国继续用实际行动践行命运共同体的奋斗目标,与他国分享发展机遇,帮助他国度过危机,许多国家或者组织纷纷认同命运共同体的世界观并积极响应,与中国在多个领域均达成伙伴关系,中国与非洲国家、东盟国家、阿拉伯国家等都结成了命运共同体。中国正从大国迈向强国的行列,今天的中国在国际上的影响力大大攀升,日益走进国际舞台的中央。

---

  ① 《十八大以来重要文献选编》(上),中央文献出版社2014年版,第84页。
  ② 崔东:《习近平的2016步履:"只要路走对了,就不怕遥远"》,人民网,http://politics.people.com.cn/n1/2017/0103/c1001-28995158.html。

## （二）中国负责任大国形象越来越清晰

第二次世界大战爆发，中国人民顽强抵抗日本军国主义毫无人道的疯狂侵略进攻。作为开始时间最早、持续时间最长的反法西斯侵略国家，中国为争取战争的胜利，赢得世界的和平，做出了巨大贡献。近代丧权辱国和十四年抗战，带来的不只是国家的滞后发展，更是给中国人民留下了不可磨灭的悲痛记忆和渴望和平的殷切期盼。长久以来，中国人民牢记血的历史教训，坚持为保卫和壮大世界和平力量做出不懈努力。新中国成立后，在处理与各国的关系当中，中国政府始终倡导和坚持着和平共处五项原则这一与联合国宪章精神一致的国际关系基本准则。

当前，国际形势正发生着深刻复杂的变化，面对新的变化和各国渴望寻求共同发展的愿景，我国在坚持独立自主、和平共处五项原则下，外交上取得了显著性的新成就。中国作为最大的发展中国家，在承担义务和责任的同时，坚持和平与发展的时代主题，顺应和平、发展、合作、共赢的时代潮流，推动建构了以合作共赢为核心的新型国际关系，开启了有中国特色的外交新征途。面对国际金融危机、霸权主义、强权政治、新干涉主义等诸多问题和挑战，作为维护世界和平与发展的中坚力量，国际社会值得信赖与合作的坚实伙伴，中国勇于站上国际舞台，推动建构以合作共赢为核心的新型国际关系，为维护世界和平、促进共同发展贡献出自己的一分力量。中国鼓舞着各国追寻自身发展的同时，也促进了各国的发展；鼓舞各国人民在追求共享尊严、共享成果、共享安全的同时，也维护了世界和平。党的十八大提出"两个一百年"的奋斗目标，实现中华民族伟大复兴的中国梦。实现奋斗目标离不开和平的环境，纵观中外历史、现实、展望未来，想要实现中华民族的伟大复兴，必须更加坚定不移走和平发展道路。自新中国成立以来近70年的历史证明，世界的繁荣和稳定才是中国最好的机遇。2015年9月，习近平总书记出席第七十届联合国大会一般性辩论时指出："当今世界，各国相互依存、休戚与共。我们要继承和弘扬联合国宪章的宗旨和原则，构建以合作共赢为核心的新型国际关系，打造人类命运共同体。"①中国倡导人类命运共同体意识，就是在为追求各国共同发展，建立新型国际关系做出不懈努力。

中国既是二战后国际机制的坚决维护者，又是推动旧国际秩序与时俱进的改革者和践行者，充分展示了中国负责任大国的形象。中国国家元首和政府首脑都曾经在多种国际场合明确表示要坚决维护二战后国际体制，同时又主张要更新观念，根据当今世界发展变化，适时推进国际体系的变革，彻底摒弃冷战思维和零和思维，不能"身体进入了21世纪，脑袋还停留在20世纪"。为此，中国积极在亚丁湾护航，积极参与联合国国际维和行动，坚决对霸权主义和强权政治说"不"，努力

---

① 《习近平总书记系列重要讲话读本（2016年版）》，学习出版社、人民出版社2016年版，第264页。

帮助落后国家发展。坚定不移地奉行互利共赢的开放战略,积极推进实施"一带一路"倡议,积极参与国家经济治理,推行共商、共建、共享的平等互利方式,促进沿线不同国家文化交流、民心互通。中非交往中,习近平同志在坦桑尼亚讲到"真、实、亲、诚",向非洲人民表达中非共同发展的愿景。在哈萨克斯坦提出加强"政策沟通、道路联通、贸易畅通、货币流通、民心相通"五通理念。由中国投资和规划的蒙内铁路,经过五年的修建,终于在2017年5月底通车。这条铁路的建成,不仅标志着相对落后的非洲国家肯尼亚有了第一条现代化铁路,更标志着地区一体化建设和东非铁路网迈出了重要的一步。实现了中国与非洲国家交往中真正意义上的"合作共赢"。蒙内铁路完全符合中国标准,从设计、制造、建设等,都由中国企业独立支撑完成。这不光用实际行动塑造着"中国品牌",更用行动讲述着"中国故事",铸造中国共享、共赢的负责任大国形象。

(三)中国国际号召力显著增强

西方国家在处理全球问题上越发顾此失彼、漏洞百出,以西方国家为主导的全球治理体系日渐式微。国际关系民主化成为当今的国际趋势,世界各国期盼更加平等公正的声音参与全球治理。从哥本哈根气候大会到《巴黎协定》中国主张成了最后共识,从WTO到联合国,中国都能赢得广泛的支持,从"一带一路"到"亚投行"的运营,各主要国家都踊跃参与,充分显示中国的号召力在显著增强。而"一带一路"倡议的实施则充分展示了中国的国际号召力。

历史上的丝绸之路为沿线国家输送利益,曾经辉煌的成就为现在延续历史的合作提供了激励和借鉴。如果说历史上陆上贸易创造了东方繁荣和欧洲崛起,海上贸易成就了欧美发达和世界觉醒,未来的海陆空贸易则将促进世界走向共富共荣的新时代。为迎接这样的时代到来,秉承着古丝绸之路的精神,2013年习近平将中华文化中有关治理理念的精髓之处与全球治理的内在需要相结合,提出"一带一路"倡议,成为全球治理改革的先行者。"一带一路"沿线主要由一些实力相对薄弱的小国组成,而且各国的价值观念、发展程度、建设重心、国体政体、宗教信仰以及在国际上扮演的角色均有差异,但是各个国家的得天独厚的优势也是其他国家无可替代的。各国通过互补性的合作,借助别人的优点来弥补自身的不足,将会大大加快本国的发展进程、加强各国之间的对话和交流、实现产业转移、平衡全球化的力量。但是"一带一路"倡议在起初遇到一定的阻力。反华势力宣扬的"中国威胁论"使得一些国家对中国疑虑重重,它们错误地认为"一带一路"倡议是中国向其他国家抛出的诱饵,意在吞噬他国的实力、夺取他国的资源、输出过剩的产能、推行人民币国际化。中国以自己的实际行动回应了"中国威胁论",使越来越多的国家在经济上看好中国,认清了中国维护世界自由贸易体系和开放型世界经济的良苦用心,看到了中国的文明示范,意识到"一带一路"倡议能够解决本国的技术资金等难题、全方位提升自身的综合国力,所以积极投身其中,与中国建立合作伙伴关系。随着"一带一路"倡议的有效落实和积极参与,沿线国家获得了更多的发展机遇,享受到了合作带来的红利,该倡议进度超出预期,成果非常显著,例如中国与俄罗斯军事合作的层次不断提高,哈萨克斯坦境内的中资企业不断增多,两国的贸易额直线上升,斯里兰卡与中国在交通、城市建设和电力等领域开拓了贸易合作,老挝铁路全线开工,德黑兰至马什哈德高铁投入施工,亚洲基础设施投资银行正式成立。2017年5月召开的第一届"一带一路"国际合作高峰论坛,与会国家涵盖了亚、非、欧、美、大洋洲的110多个国家的各界人士及61个国际组织的代表,就连美国也急促地参加了。高峰论坛上,中国与沿线国家在基础设施建设、智库合作、文化交流等领域签署了协议,出台了包含环保、科技和金融等领域的政策,使得"一带一路"倡议获得了更实质性的进步。在下一阶段,各国将联合组建工作小组,推动"一带一路"倡议的重大项目落地生根。

**(四)中国的国际吸引力越来越强**

截至2016年12月31日,全球140个国家(地区)建立512所孔子学院。其中,亚洲32个国家(地区)115所,非洲33个国家48所,欧洲41个国家170所,美洲21个国家161所,大洋洲3个国家18所。孔子课堂76个国家(地区)共1 073个(科摩罗、缅甸、马里、突尼斯、瓦努阿图、格林纳达、莱索托、库克群岛、安道尔、欧盟只有课堂,没有学院),其中,亚洲20个国家100个,非洲15个国家27个,欧洲29个国家293个,美洲8个国家554个,大洋洲4个国家99个。① 孔子学院是中外合作建立的非营利性教育机构,致力于适应世界各国(地区)人民对汉语学习的需要,增进世界各国(地区)人民对中国语言文化的了解,加强中国与世界各国教育文化交流合作,发展中国与外国的友好关系,促进世界多元文化发展,构建和谐世界。孔子学院开展汉语教学和中外教育、文化等方面的交流与合作。所提供的服务包括:开展汉语教学;培训汉语教师,提供汉语教学资源;开展汉语考试和汉语教师资格认证;提供中国教育、文化等信息咨询;开展中外语言文化交流活动。各地孔子学院充分利用自身优势,开展丰富多彩的教学和文化活动,逐步形成了各具特色的办学模式,成为各国学习汉语言文化、了解当代中国的重要场所,受到当地社会各界的热烈欢迎。孔子学院和孔子课堂如雨后春笋般的发展,充分显示了当今中国在全世界的吸引力。

习近平总书记在庆祝中国共产党成立95周年大会上发表的重要讲话中提出很多备受瞩目的创新理念,除了"不忘初心",还指出全党要坚定文化自信。在尔后的一个多月里,他在公开讲话中更是三次提到"文化自信"。习近平指出,文化

---

① 数据来源:http://www.hanban.edu.cn/confuciousinstitutes/node_10961.htm。

自信,是更基础、更广泛、更深厚的自信。由此可见,中国的自信,最本质是文化自信。随着中国经济的高速稳定的发展,经济地位和影响力日趋增强。中国的文化也逐渐被各国人民学习借鉴。从习近平同志的讲话中可以看出,中国的文化自信,归根到底是中华民族优秀的传统文化、革命文化和社会主义先进文化三个层面的自信。

2017年5月27日美国当地时间,第38届世界头脑奥林匹克决赛在美国完美落幕,中国队员获得11座奖杯的佳绩。值得一提的是,在本届决赛中,队员们将《西游记》中的人物、中国京剧、万里长城、年神、鞭炮、春联、刺绣等饱含中国传统文化的元素融入创意节目之中,让传统文化在世界的舞台得到充分的展示。面对赛题的规则,中国代表队的优秀青少年们给出了完美的"中国答案",赢得了世界各国参赛队伍的阵阵掌声,也赢得了中国传统文化被尊重,被认同的掌声。自2008年以来一年一度的上海高校留学生龙舟赛在每年6月3日如期举行。参赛期间留学生们还可以体验穿汉服、吃粽子、听京剧、汉字书法等传统文化因素,为越来越多渴望了解中国传统文化的外国人打开了中华文明之窗。文化吸引力的提高,关系着我国国际地位和影响力的提高,推动文化事业、产业的快速发展以增强我国文化竞争力。上海市推出"学校"与"城市"双驱动留学生来华战略。城市交流方面,推进"上海市外国留学生实践基地"和"上海国际学生服务中心";学校则有国际化师资队伍、国际化专业课程和国际化校园氛围。这既为外国留学生提供了中国文化体验基地,也促进了我国文化事业的发展。为推动中华文化"走出去",促进国际文化发展与交流,秉承和平合作、开放互鉴、互利共赢的思路精神,2017"一带一路"文化发展论坛在深圳举行,吸引了沿线国家代表等300余人次参会。为积极推进"一带一路"建设,中国在亚欧非多个国家举办了中外传媒论坛及国家展览等大型合作活动,为文化贸易、交流,搭建了广泛的平台。文相连则心相通,心相通则民相亲,民相亲则国相交,中国不断将儒家"人文颂""一带一路国际音乐季"等传统文化品牌推向国际舞台,切实推进了"一带一路"文化相连互信、文明互鉴、民心相通的目标前进。2016年,习近平总书记在党的新闻舆论工作座谈会上要求新闻工作者要履行连接中外、沟通世界的职责和使命。改进和创新新闻传播形式、手段,提高新闻工作质量和能力,增强感染力和吸引力。被外国媒体评价为具有全球影响力的中国两会,今年吸引了来自全球的1500多名外国记者的参加报道,比去年增加了200多名。各国记者的争相参会报道,替中国发出了"中国声音",讲述了"中国故事",也传播了"中国价值",同时也印证着中国的崛起在世界上更具有影响力和吸引力。据现有数量统计,2016年国外入境旅游人数达1.38亿人次。同比增长了3.8%,中国的软实力正逐步提高,吸引力逐渐增强。

### (五) 中国对全球治理的话语权显著提高

在国际交往中,维护国家利益的常规手段逐渐发生变化,完善和融入国际体系不仅要有强大的军事力量、雄厚的经济实力和稳定的政治环境,更要有引领社会思潮、在意识形态领域表现出非凡影响力的话语权。西方国家主导当前的全球治理话语体系,要想在全球治理中发挥中国特色社会主义的优势、壮大社会主义国家的力量、在国际社会中建立民主平等的国际秩序,进一步争取对全球治理的国际话语权是题中应有之义。

话语权显著提高的标志之一是勇于主动发声。十八大以来,中国的一举一动、一言一行越来越牵动着全世界的神经,中国对国际事务所承担的责任和义务也随之提升,众多全球性和地区性的问题都期待中国参与,中国在全球事务中的话语越来越多,分量越来越重。无论在什么样的场合、时间,无论涉及什么样的议题,只要与全球治理有关,中国就会主动发声,向国际社会阐释全球治理的中国主张。"中国主张"从时代要求出发,站在国际共同利益的高度更多关注的是国际公共议题,在全球治理问题上发出了别样的声音,使得国际社会愿意听;"中国主张"融合中外语言逻辑,打破认知上的障碍,使得国际社会能够听得懂;"中国主张"如同回味无穷的韵律,琢磨透了才能体味其中奥妙,使得国际社会乐意反复听。"中国主张"自提出以来,中国在共建亚洲命运共同体、维护网络安全、促进全球合作、解决全球气候问题、建立新型国际关系、加快扶贫减贫进程等领域的话语权越来越大。中国作为世界上最大的发展中国家,一直致力于改革现有的国际经济秩序、创新国际经济发展模式,中国在制定国际经济政策和国际机制等方面的影响力正显著提升,现已从国际游戏规则的被动听从者转变为积极制定者。在二十国集团领导人杭州峰会上,习近平首次全面而深刻地阐述了中国的全球治理观,为解决当今世界经济领域的问题提出了切实有效的方案。

话语权显著提高的标志之二是敢于亮出旗帜。西方国家一直以"民主""自由"和"人权卫士"来标榜自己,抢占道德的高峰,看似道貌岸然,实则表里不一,为了争夺自己的利益不惜使用各种手段。2008年国际金融危机后遗症的治理、全球反恐"愈反愈恐"的怪圈、全球环境与气候治理的"逆流"等等,面对纷繁复杂的国际难题,人们纷纷将目光和注意力投向马克思主义、关注和反思中国成功背后的国际理论价值,从2004年雷默提出"北京共识"开始,国际敌对势力不愿看到中国的成功是马克思主义与中国实践相结合,并且与时俱进地发展马克思主义的成功,它们害怕中国的迅速崛起和成功应对全球一系列问题逐渐撼动西方大国的国际地位和国际形象,于是,它们不厌其烦地用西方的理论来解读和误导国际国内舆论。他们选取百姓关注的社会热点,充当"正义使者",为百姓"代言",对历代中国领导人的讲话以及中国特色社会主义断章取义,攻击社会主义,企图颠覆国家政体和政党制度,歪曲中国革命史,宣扬私有化,鼓吹西方资本主义,将历史虚无主义、新自由主义等反马克思主义的社会思潮灌输给社会大众,掌控公众舆论,动摇公众的信仰。面对各种错误思潮,中国果断地亮明自己的旗帜。2013年8月,习近平同志明确提出意识形态工作是"极端重要"的工作,并在许多重要场所宣称要毫不动摇地坚持马克思主义。明确指出中国特色社会主义是社会主义不是别的什么主义,科学社会主义的原则不能丢。明确地告诉全世界,中国的成功不仅是国家、民族的成功,而且是中国共产党的成功,对中国特色社会主义道路、制度、理论和文化充满坚定的自信。

话语权显著提高的标志之三是善于掌控和利用媒体发声。从阿桑奇事件、棱镜门事件所暴露出的国际互联网安全问题,也使中国认识到新媒体在维护国家安全和传播中国声音中的重要地位,更是将来赢得国际话语权的重要领域。中国政府和主流媒体适时抓住了"大数据"这个时代特点,充分利用自身互联网的优势,打击西方的价值观渗透,并积极向其他国家宣传中国的优秀文化,掌控话语的主导权。面对西方愈演愈烈的文化霸权,中国加大了对网络的整合力度,在平等对话的基础上,在不妨碍信息流动的前提下,加强了对信息的监控,通过多种信息渠道对网络上的文化垃圾进行及时的过滤和清理。继2014年前提出的"建设网络强国""保障网络安全""创新互联网技术"等战略思维以后,习近平在2016年的网络安全和信息化工作座谈会上进一步强调要树立正确的网络安全观,加快构建关键信息基础设施安全保障体系,全天候全方位感知网络安全态势,增强网络安全防御能力和威慑能力。① 习近平在2016年的世界互联网大会上还提出了"尊重网络主权、维护和平安全、促进开放合作、构建良好秩序的全球互联网治理体系"的四项原则。② 其次,中国利用最佳的媒介与话语组合,不是采用美国等西方国家的文化渗透手段,通过华丽的场景和对感官的冲击构建的幻想去引导人们重塑价值取向,而是在坚持世界文化多元化的前提下,以大众能够接受的视角、以深入人心的剧情和角色、以活灵活现的中国元素来进行文化解码,在潜移默化的影响下理性地拓展中华文化资源,努力在国际平台上构建中华文化的主体地位。

## 三、全球治理视域下发展中国文化软实力亟待解决的若干问题

在全球治理视域下,中国的文化软实力得到了长足的发展,借由国际化的平台,中国的大国形象也进一步清晰,在国际事务中的号召力和吸引力也显著增强。

---

① 《习近平:树立正确的网络安全观》,中新网,http://www.chinanews.com/gn/2016/04-20/7841217.shtml。
② 《习近平在第二届世界互联网大会开幕式上的讲话(全文)》,新华网,http://news.xinhuanet.com/fortune/2015-12/16/c_1117481089.htm。

但对于当前的国际环境而言,正是新兴大国崛起与优化国际环境的关键期,随着中国经济实力的提升,在国际舞台发声诉求也会越来越多。因此,发展中国文化软实力还有很长的路要走。

### (一) 马克思主义理论与全球治理理论有机结合的研究不够

全球治理理论最初是在20世纪90年代初,由社会党国际前主席、国际发展委员会主席勃兰特在谈论冷战结束后世界未来发展的前景时提出的。在此之后的20多年,全球治理理论得到了很大的发展,国内学界对于该理论的研究投入的力度和重视程度逐年提高。在中国知网CNKI数据库中检索主题词"全球治理理论"(截止到2017年6月6日)显示:自1996年以来共有文献1299条结果,其中发表在期刊上的论文有944篇、硕博士学位论文193篇、会议论文34篇、报纸124篇。通过对比全球治理理论中文发文量和全球治理理论中文环比增长量,如图1所示,我国对全球治理理论的学术关注度是呈上升趋势的,尤其是近3年到了新高度。然而在学科分布的对比统计中,如图2所示,1299篇文章中仅有16篇是归属于马克思主义理论学科的。由此可见,虽然我国学术界对于全球治理理论研究投入的力度和重视度都是逐年提高,但是将马克思主义理论与全球治理理论有机结合并引领全球治理的研究还远远不够,仍停留在介绍和解释西方全球治理理论的阶段,更没有形成反映中国立场、观点和方法的全球治理理论。2016年5月17日,习近平总书记在哲学社会科学工作座谈会上的讲话中指出:"当代中国正经历着我国历史上最为广泛而深刻的社会变革,也正进行着人类历史上最为宏大而独特的实践创新。这种前无古人的伟大实践,必将给理论创造、学术繁荣提供强大

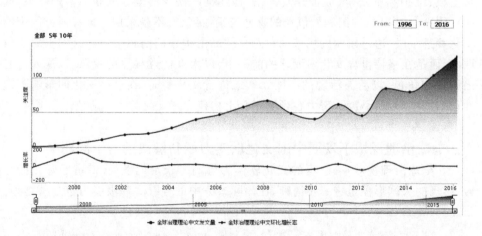

图1

资料来源:CNKI计量可视化分析。

动力和广阔空间。这是一个需要理论而且一定能够产生理论的时代,这是一个需要思想而且一定能够产生思想的时代。"

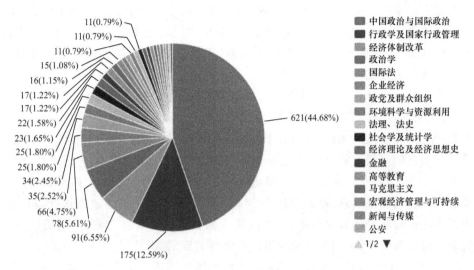

图 2 学科分布

资料来源:CNKI 计量可视化分析。

马克思主义诞生于 19 世纪中叶,早于全球治理理论约一个半世纪,虽然马克思和恩格斯并没有专门的关于全球治理理论著作,也没有对全球治理理论有专门的论述,但这并不代表马克思和恩格斯没有相应的全球治理理论方面的思想。尤其是 2008 年国际金融危机之后,越来越多的理论家和政治精英又转而把全球经济治理的目光投向马克思主义。众所周知,马克思主义是致力于全人类解放、最终实现共产主义的理论。在马克思、恩格斯的经典著作中,许多篇目都包含着关于全球治理的理论思想和内容,比如马克思、恩格斯关于国家的论述、关于世界历史的论述、关于国际主义的论述、关于时代观的论述、关于战争与和平的论述等,这些论述中所蕴含的思想和内容对于现代中国参与全球治理有着重大指导意义。马克思主义的继承者和发展者也有很多关于全球治理方面的论述,比如毛泽东"三个世界"划分理论,邓小平关于和平与发展的论述、习近平关于"人类命运共同体"理论构想等,这对于中国积极参与全球治理有着重要的现实意义。所以,在未来应该进一步加强把马克思主义理论与全球治理理论有机结合,发扬马克思主义与时俱进的理论品质,并形成反映当今世界特征的马克思主义全球治理理论。

## (二)对中国优秀传统文化的国际价值挖掘不够充分

一个民族屹立于世界民族之林,不能只靠一个经济的躯体,还要有强大的文化作为支撑。邓小平在谈到社会主义建设的时候就强调要"两条腿走路",如今中国参与全球治理也应该坚持"两条腿走路"。越来越多的国家清醒地认识到文化已经成为国家核心竞争力中的重要因素,习近平同志在全国宣传思想工作会议上的讲话中强调:"讲清楚中华优秀传统文化是中华民族的突出优势,是我们最深厚的文化软实力。"[1]因此,中国参与国际治理,离不开文化软实力的建设,离不开对中国优秀传统文化的深入挖掘和传播。

中国是一个有着上下五千年悠久历史的文明古国,中国优秀传统文化源远流长、博大精深。2014年9月,在纪念孔子诞辰2565周年国际学术研讨会暨国际儒学联合会第五届会员大会上,习近平同志明确指出:"包括儒家思想在内的中国优秀传统文化中蕴藏着解决当代人类面临的难题的重要启示,比如,关于道法自然、天人合一的思想……居安思危的思想,等等。中国优秀传统文化的丰富哲学思想、人文精神、教化思想、道德理念等,可以为人们认识和改造世界提供有益启迪,可以为治国理政提供有益启示,也可以为道德建设提供有益启发。"[2]习近平同志这番话意味深长,对中国参与全球治理有重要的启示。

近年来,中国学界在全球治理视域下对中国优秀传统文化的国际价值做了比较多的梳理。学者们多认为在多元化的现实国际关系中,"和为贵""睦仁善邻"的共生共处之道是国与国之间文明交流不可或缺的基本原则;"道法自然""天人合一"是解决全球生态问题,实现人与自然和谐发展的题中应有之义;"天下大同""四海之内皆兄弟"提倡全人类友爱和谐,"和而不同"揭示出世界是多样统一的"和合"世界等为建立和谐国际新秩序奠定了广泛而坚实的文化基础;"仁爱"即博爱,具有普世的价值,不管是孔子的"博施于民而能济众"或者孟子的"老吾老以及人之老,幼吾幼以及人之幼",还是韩愈的"博爱之为仁"等,都一致认为爱不仅限于家族内部,更是超越了家庭、民族、国家的界限,即"博爱"。可以说,中国优秀传统文化应该是我们在世界舞台上的亮丽名片,是我们参与全球治理,讲好中国故事的绝佳素材,是中华民族屹立于世界民族之林的最深厚的软实力。

然而,在增强中国文化软实力,不断提高中国在全球治理中的参与能力、拓展参与路径的过程中,对中国优秀传统文化的挖掘还远远不够。首先,对传统文化资源的浪费严重。中国在五千年的发展中,形成了大量的具有民族特色和文化底蕴的文化遗产,在这些文化遗产中蕴藏着悠久的中国传统文化,是可贵的文化财富。然而不管是有形的物质文化资源还是无形的非物质文化财富,我们都没有给

---

[1] 《习近平在全国宣传思想工作会议上的讲话》,《人民日报》2013年8月20日。
[2] 《习近平在纪念孔子诞辰2565周年国际学术研讨会暨国际儒学联合会第五届会员大会开幕会上的讲话》,《人民日报》2014年9月25日。

予应有的重视和珍惜。比如我们对于古老建筑的破坏是无法弥补的,再比如现在很多中国人对于中国的传统节日如清明节、端午节等一点都不重视,反而对西方的感恩节、圣诞节等非常热衷。反观我们的邻国韩国却在2006年将端午节申报为世界非物质文化遗产。这种对于传统文化资源严重浪费的现象是值得我们反思的。其次,对传统文化的创造性转化和创新性发展不足。在西方文化主导的全球化突飞猛进的今天,也产生了非常严重的政治、经济、文化、生态等多方面的危机与失衡。我们参与国际治理,就反思西方文化价值的合理性和合法性,深入挖掘中国优秀传统文化的国际价值,敢于亮剑、敢于发出中国声音、敢于讲好中国故事,这是中国优秀传统文化确立其全球公共权威的最佳机遇。然而,中国优秀传统文化如何创造性转化和创新性发展为"现代化语言""世界性文化",成为全球共识的价值观念,对此我们的研究和实践还远远不足。

"当中国成为世界的一个重要部分,我们就必须讨论中国的文化思想对于世界的意义。如果中国的知识体系不能参与世界的知识体系的建构而因此产生新的世界普遍知识体系,不能成为知识生产大国,那么,即使有了巨大的经济规模,即使是个物质生产大国,还将仍然是个小国"[1]。在全球化背景下,中国要成为一个真正意义上的大国,实现民族伟大复兴,必须不断增强文化软实力,那我们对中国优秀传统文化资源的保护、开发和利用,对将其转化为软实力的方式、途径的研究和探索,以及对其精神和价值内涵的挖掘还任重而道远。

### (三) 中国文化的内聚功能有待加强

文化内聚功能的发挥主要体现在其凝聚力上。文化的凝聚力可以分为自然凝聚力和社会凝聚力。文化的自然凝聚力受到血缘与亲缘因素和居住环境的地域因素的影响,相对比较稳定。而文化的社会凝聚力却受到更多因素的影响,比如政治因素、经济因素、思想因素等。我们这里谈的中国文化的凝聚力,主要针对其社会凝聚力。而这种文化的社会凝聚力主要体现在价值整合功能和行为导向功能两个方面。价值整合的结果,行为导向的结果是步调一致,这样全社会就会形成合力,从而增强民族的凝聚力。

习近平同志在庆祝中国共产党成立95周年大会上的讲话中提到:"在5000多年文明发展中孕育的中华优秀传统文化,在党和人民伟大斗争中孕育的革命文化和社会主义先进文化,积淀着中华民族最深层的精神追求,代表着中华民族独特的精神标识。"[2]可见中国文化的内涵丰富,不仅包括中国优秀传统文化,还有包括革命文化和社会主义先进文化在内的反映主流意识形态的文化。尽管中国文化

---

[1] 赵汀阳:《天下体系:世界制度哲学导论》,中国人民大学出版社2011年版,第2页。
[2] 《习近平谈治国理政》第2卷,外文出版社2018年版,第36页。

绵延五千年,拥有大量的文化资源和丰富的内涵,然而中国文化的内聚功能仍然有待加强。长期以来,在西方文化侵蚀下,我们缺乏文化自信,不仅国家至今仍处于分裂状态,而且面对各种敌对势力仍存在许多不同的杂音。历史反复不断地证明,只要国家没有强大的内聚力,就会成为大小列强肆意欺侮的"东亚病夫"。如何增强文化自信,早日实现国家统一,用一个声音在国际社会发声,这是对中国文化内聚功能的巨大考验。

### (四)破解中国国际形象被西方敌对势力"妖魔化"的力度不够

国际局势复杂多变,中国作为最大的发展中国家在世界舞台上迅速"崛起",世界各国的目光聚焦于中国,或疑惑,或审视,或赞许,或挑剔。事实上,自新中国成立以来,以美国为主导的西方国家对中国的"妖魔化"从来就没有停止过。"不遵守国际法""专制集权""人权问题""中国威胁论""中国崩溃论""不负责任论""新殖民主义"等不绝于耳,中国国际形象被西方主流媒体和政治精英严重"妖魔化"。然而,我们却始终秉持着"走自己的路,让别人去说吧"的态度,任由敌对势力"妖魔化"中国,即便有所应对,也往往被对手歪曲利用,成为新的"妖魔化"中国的事例。中国应该如何回应西方国家的质疑和价值冲突?面对如此复杂的国际环境,中国应该如何应对?这些都是在全球治理进程中构建大国国际形象亟待解决的问题。

### (五)中国声音的国际传播不够通畅

受全球化的影响,各国之间的联系更加密切,各国间的依赖性不断增强,与此同时,利益的联系与冲突也更为密切。"各人自扫门前雪,莫管他人瓦上霜",不是一个全球性大国的处世之道。中国作为最大的发展中国家在世界舞台上的崛起改变了大国间较量的局势。中国越来越多地参与到国际事务的管理中,一些国家出于自身利益的考量,一方面以各种各样的手段阻止中国在国际社会发声,甚至以各种各样的技术手法按它们的意图予以曲解;另一方面,我们往往认为既然"秀才遇到兵,有理也说不清",那我们就干脆不说了,采取置若罔闻的态度和鸵鸟政策,导致出现"沉默的螺旋":对方越说越起劲,越说越有"理",一些真实的对中国友好的声音被"孤立"了,在众口一词的谎言里,正能量的人害怕被孤立,也就只能保持"沉默"。"谎言重复千遍就成了真理",于是国际舆论越来越不利于中国。中国声音在国际上传播不出去,或者传播出去了别人不愿听、不愿信,甚至还出现了不敢听、不敢说的局面。

## 四、全球治理视域下发展中国文化软实力的对策

### (一)坚持马克思主义的立场、观点和方法,深入研究全球治理问题

在全球治理视域下发展中国文化软实力,必须旗帜鲜明地坚持马克思主义立

场、观点和方法。马克思关注全球问题,并且致力于全世界人民的解放,是全球治理应该追求的最高价值取向,马克思主义的世界观和方法论更是为全球治理提供了最佳的途径选择。马克思主义从来都不是一成不变的,随着世界的发展,马克思主义也在与时俱进,并且在关注世界的同时发展理论自身,从而更好地指导实践。马克思主义是关注全人类发展的一门科学,它的最终目的是人的自由全面的发展,全球治理只有在马克思主义的指导下,才能抛开一国之狭隘观念,站在全人类的角度思考问题,才能赢得全人类的共同发展。马克思所提供的方法论更是指导全球治理的开展,为全球治理的落实提供了新思路。马克思主义阐述的国家观对我们研究全球治理的主体问题指明了方向;马克思关于帝国主义和殖民主义的阐述揭示了西方国家国际政治的本质,尤其对当今世界少数国家借全球治理之名行霸权主义之实有了更深刻的认识;马克思主义联系的观点阐明世界是相互联系的整体,世界人民休戚与共,让我们对全球性问题治理的紧迫性和现实性认识得更加清楚;马克思主义的历史合力论使我们坚信,全球治理的最终结果只能是个合力,每个国家都可以对全球治理有所贡献。

  2008年国际金融危机使人们更加看重马克思主义对于全球经济治理的价值。中国坚持和发展马克思主义所取得的巨大成功,迫使那些仇视马克思主义的人也不得不重新审视自己的立场。中国的成功就是马克思主义理论实践的成功,是与时俱进不断发展的马克思主义理论的成功。我们应该坚持马克思主义的立场、观点和方法,并依据中国成功实践的实证告诉世人马克思主义理论的科学性。人类发展到今天,随着科学技术的发展进步,人类面临的问题已经不是单一领域的、个别国家和民族的问题,而是全人类共同面临的问题,当代马克思主义者必须从理论上去回答和解决这些问题,诚如习近平总书记指出的:"这是一个需要理论而且一定能够产生理论的时代,这是一个需要思想而且一定能够产生思想的时代。"[①]

**(二)整理挖掘中国优秀传统文化的国际价值**

  中国优秀传统文化是人类历史上唯一经历了五千多年而从未中断过的,这充分体现了其巨大的凝聚力和生命力。然而时移世易,区别于封建的旧中国,传统文化在政治、经济、思想发生巨大变化的中国现代社会,其地位不复往日。人们,尤其是青少年对中国优秀传统文化知之甚少,对其当代价值认识不清,甚至存在对传统文化要么全盘否定,要么不加甄别照单全收的错误倾向。所以,一方面我们需要对中华传统文化进行创造性转化和创新性发展,不断赋予其与新的时代相适应、与社会主义制度相适宜的新内涵,并且对中华优秀传统文化做科学的通俗

---

① 《习近平在哲学社会科学工作座谈会上的讲话》,人民网,http://politics.people.com.cn/n1/2016/0518/c1024-28361421-2.html。

化阐释。另一方面,正如习近平所强调的:"对中国人民和中华民族的优秀文化和光荣历史,要加大正面宣传力度,通过学校教育、历史研究、影视作品、文学作品等多种方式,加强爱国主义、集体主义、社会主义教育,引导我国人民树立和坚持正确的历史观、民族观、国家观、文化观,增强做中国人的骨气和底气。"[①]我们还需要强化对中国优秀传统文化的传播,尤其是要加强对青少年的教育,使他们不但了解而且认同中国优秀传统文化及其价值观念,使传统文化中积极的思想继续推动个人和社会的进步,促进民族和国家的安定团结,从而使我们的民族和国家具有更加伟大的凝聚力和生命力。

革命文化是中国共产党和中国人民的精神和智慧的积淀和凝聚,包括红船精神、井冈山精神、苏区精神、长征精神、延安精神、西柏坡精神、红岩精神、红旗渠精神、雷锋精神、大庆精神、航天精神、特区精神、抗震救灾精神等等。以上这些革命精神都是在中国共产党领导革命、建设和改革开放时期形成的,反映出中国共产党和革命者的崇高思想境界、坚定理想信念、巨大人格力量和浩然革命正气。不管这些革命精神产生的时间、地点、表述有何不同,它们都与马克思主义和中国优秀传统文化既与时俱进又一脉相承。革命文化已深深地融入中华民族的血液,成为中国优秀传统文化的一部分。这些革命文化对于曾经被西方奴役压迫的广大发展中国家如何实现独立自主发展自己具有重要的启示意义。

文化有先进与后进之别却没有优越与落后之分。世界上所有文化都是人类文明的宝贵财富。中国传统文化与世界各种文化都存在着价值共鸣,例如:追求自由平等公正和大同世界。虽然也有分歧和差异,但并非不可调和,关键在于相互交流,彼此包容。我们不只是要向世界展示传统文化的个性和特色,更要寻找与世界各国文化的共性和融通点。尽管中西方文化都主张公平正义,追求人文精神,但由于历史文化传统、风俗习惯、生活方式以及语言思维的不同,使这些理念在表述上有差异,交流起来有困难,加之西方发达国家的文化霸权和浓厚的意识形态色彩,使中国传统文化的国际价值难以让世界人民真正理解和认可。这就需要运用网络、媒体、报纸和杂志等载体,开设一些文化交流栏目,进行文化互动和传播。同时,正如我国古老的格言所说:"国之交在于民相亲,民相亲在于心相通。"文化交流还需要加强各国人民之间的交流和交往,要使孔子学院成为传播中国优秀文化的重要平台,多走出去举办一些文化博览会等文化交流活动,更多地利用影视作品和文学艺术作品传播中国文化的优秀一面,挖掘中国传统文化的国际价值,加深世界人民对中国传统文化的了解和认识,展现中国传统文化的亲和

---

① 《习近平谈治国理政》第 1 卷,外文出版社 2018 年版,第 162 页。

力和感染力。

### (三) 强化"四个意识",切实增强中国文化自信

"己所不欲,勿施于人"是中华民族的古训。中国文化能否对世界和平发展和人类社会发展产生持久永恒的影响,我们首先得对自己的文化充满骄傲和自信,才能让他人接受我们的文化。然而,自近代以来随着西方文化的不断侵蚀,国内一些人也极力贬损自己的文化,我们的文化自信逐渐丧失。新中国成立以后,随着国家独立、民族解放,尤其是改革开放以来我国取得的巨大成就,我们逐渐找回了文化自信,即便如此,国内外敌对势力仍在挖空心思贬损中国文化。习近平同志指出:当今世界,要说哪个政党、哪个国家、哪个民族能够自信的话,那中国共产党、中华人民共和国、中华民族是最有理由自信的。① 他不只强调要有道路自信、制度自信、理论自信,更是反复不断地强调增强文化自信。因此,我们必须不断强化政治意识、大局意识、核心意识和看齐意识,勇于同国内外形形色色的贬损中国文化的现象和行为做斗争,切实增强中国文化自信。

社会主义先进文化是在中国优秀传统文化和革命文化的基础上形成和发展起来的,最能体现时代精神和社会主义本质的文化,是中国文化的重要组成部分,其精髓就是社会主义核心价值观。党的十八大从国家、社会和个人三个层面将社会主义核心价值观概括为:"倡导富强、民主、文明、和谐,倡导自由、平等、公正、法治,倡导爱国、敬业、诚信、友善"。培育和践行社会主义核心价值观,既是中国在改革开放的进程中、在建设社会主义市场经济的浪潮中,抵制历史虚无主义、新自由主义等西方错误社会思潮渗透和影响的有力武器,也是增强中国文化自信的必然要求。同时也是向世界各国人民展示中国追求和平发展和美好幸福生活的良好形象,因此我们必须大力培育和践行社会主义核心价值观。

### (四) 找准突破口,提升中国大国形象

历史虚无主义和"中国威胁论"等是西方敌对势力"妖魔化"中国的主要手法,我们必须以此为突破口不断提升中国国际形象。

2013年6月25日,习近平在主持中共中央政治局第七次集体学习时的讲话中指出:"历史虚无主义的要害,是从根本上否定马克思主义指导地位和中国走向社会主义的历史必然性,否定中国共产党的领导。要警惕和抵制历史虚无主义的影响,坚决抵制、反对党史问题上存在的错误观点和错误倾向"。② 历史虚无主义是对具体历史事件的过分解读,并且扩大到对马克思主义整体的否定和质疑,是

---

① 习近平:《在庆祝中国共产党成立95周年大会上的讲话》,载《习近平谈治国理政》第二卷,外文出版社2018年版,第36页。

② 习近平:《在中共中央政治局第七次集体学习时讲话》,新华网,http://news.xinhuanet.com/politics/2013-06/26/c_116299439.htm。

对历史的主观化诠释和碎片化解读。自第一个社会主义国家苏联建立以来,如何整垮社会主义国家成为西方资本主义国家的共识。当武力达不到它们的目的后,它们就转变了策略,在不放弃武力颠覆手段的同时,更多地把希望寄托在对社会主义国家的"和平演变",而历史虚无主义就是和平演变惯用伎俩。西方敌对势力通过歪曲历史来抹黑共产党领导人,比如它们将矛头对准毛泽东同志,试图通过放大毛泽东同志的错误来否定新中国的成果,以此动摇毛泽东和毛泽东思想在党内的指导地位。因为它们知道,丑化执政党的领导人和英雄人物会弱化执政党的群众基础,攻击执政党是瓦解一个国家的突破口。李志绥的《毛泽东私人医生回忆录》、高文谦的《晚年周恩来》和艾蓓的《叫父亲太沉重》,这些由英美国家资助的所谓文学作品其实质就是故意抹黑、丑化领导人形象,对毛泽东、周恩来等党的老一辈领袖进行人身攻击,从个人品德、生活作风、工作能力等方面给领导人大泼脏水。其他的英雄人物也被屡屡中伤:怀疑雷锋故事的真实性,邱少云、黄继光等英雄事迹被恶搞。为国捐躯的烈士,本应受到后人的敬重,却遭到无端调侃和曲解。如果罔顾史实,用自己的目光剪裁历史,用养尊处优的臆想认识战争,得到的自然是扭曲的结论。以此来降低人民对共产党的信任,降低人们对社会主义的认同,试图从根本上动摇社会主义道路。同时,一些敌对势力也借机来攻击改革开放事业,它们曲解历史、混淆视听,把改革的本质定义为政治制度的改革,定义为西方化的改革。对此,习近平同志鲜明地指出:这是偷换概念,曲解我们的改革,他们是醉翁之意不在酒,我们要洞若观火,保持政治坚定性,明确政治定位。[①]

苏联亡党亡国的丧钟还未远去,我们要以史为鉴。诚然,导致苏联解体的原因复杂多样,但是丢失意识形态阵地、否定革命领袖和抹黑英雄的历史虚无主义思潮,加速了苏共执政地位的瓦解,推动了苏联政权的颠覆这是事实。当前的中国正处于全面深化改革的特殊时期,正处于综合国力再上新台阶、全面建成小康社会的关键时期,既要充分认识我国经济社会取得的伟大成就和存在的问题,又要在意识形态领域防微杜渐,防止历史虚无主义的蔓延。

另一个突破口就是如何破解"中国威胁论"。随着中国经济的快速增长,中国在世界舞台上的分量越来越重,"中国威胁论"的说法也愈演愈烈。在理论上,它们以"修昔底德陷阱""金德尔伯格陷阱"去误导西方民众,把不断强大的中国塑造成国际体系的"不守规矩者",在舆论上,它们以中国在"全世界找油"、中国将成为"铁矿石的定价者""新殖民主义"等陈词滥调解读中国的对外行为。为此,中国应以参与国际维和、亚丁湾护航、对外发展援助、国际减灾救援等为例,以实际行动揭露敌对势力的谎言。以中国对非洲的援助为例,自2000年到2006年间,中国政

---

① 中共中央文献研究室:《习近平关于全面深化改革论述摘编》,中央文献出版社2014年版。

府先后宣布减免对非洲国家的债务,从免除部分非洲重债穷国到与中国有外交关系的所有非洲重债穷国及最不发达国家。至 2005 年年底,共计免除对华到期的 168 笔政府无息贷款债务,首次免除的 31 个非洲重债穷国和最不发达国家部分到期债务高达 109 亿元人民币。中国还与多个非洲国家签订了投资保护协定,中国对非洲国家投资累计达 62.7 亿美元,开展了 800 多个援建和合作项目,与 8 个非洲国家签订避免双重征税协定。在中非论坛的进一步推进下,中国承担了非洲 42 个国家的 176 个成套建设,包括公路、医院、学校、体育馆等。根据美国研究机构的调查数据显示,在 2000 年到 2011 年间,中国援建非洲 51 个国家的 1 673 个项目,援助总金额高达 750 亿美元。而同时期的美国对非洲的援助金额大约为 900 亿美元,但美国的总体经济实力却远超中国好几倍。中国可以用大量事实建构起中国负责任大国的国际形象。

新中国近 70 年来,经济发展迅猛,政治局面稳定,思想解放且文化繁荣,民族团结且社会和谐,这样的欣欣向荣的发展进程无疑堪称独特的"中国经验"。中国的发展为世界上其他国家的发展提供了新的借鉴,同时也意味着将会出现一个更加丰富多彩的世界。西方大国对日益强大的中国感情复杂,当然中国的发展势必会给以美国为首的西方大国带来压力,纷纷担心和猜测中国"是否会向别的国家输出发展模式","是否会本着自己的意愿重新塑造国际体系",以及如果中国真的采行这样的政策取向,那将对世界意味着什么。[①] 对中国形象的妖魔化,归根到底是对中国日益增长的综合实力的担忧,是对中国将如何运用日益增强的实力担忧。找准了突破口,方能彻底揭穿西方敌对势力的谎言,扭转中国国际形象。

**(五)加大投入,全方位多渠道传播中国全球治理声音**

话语权是指舆论主导力,国际话语权是指通过话语传播影响舆论,塑造国家形象和主导国际事务的能力。[②] 由此可见,话语权可以直接反映出一个国家文化软实力的发展水平,拥有话语权就能够更好地参与到国际事务和维护自身的国际形象。因此,拥有话语权,就意味着拥有了媒体舆论的主动权,就可以站在文化传播的制高点,积极地、主动地引导舆论朝着对自身有益的方向发展,从而塑造自身国际形象,获得国际社会的认同和支持。但是我国的文化传播力量薄弱,没有强大的国际竞争力,也不具备被国际社会普遍认同的公信力。尤其是发达国家,对我国的快速发展充满敌意。工业革命率先在欧洲启动并发展了欧洲的精神文明和工业繁荣,相对于发展中国家来说,其文明程度更高,发展模式更为成熟。这就使得其长期霸占了国际话语权。然而,面对日益增多的全球治理问题,西方大国

---

[①] 刘明:《国家形象传播研究论丛》,外文出版社 2008 年版。
[②] 张国祚:《中国文化软实力报告研究(2010)》,社会科学文献出版社 2011 年版,第 164 页。

主导下的全球治理话语体系"画皮"被一一揭开,从环境与气候治理到经济治理,从人道主义灾难到国际反恐合作,从国际减贫发展到疾病防控等,西方大国的虚伪性充分暴露,而以中国等为代表的新兴国家,对国际话语权的需求不断提高,要求重新"制定游戏规则"。可以说,全球治理成堆的问题为中国赢得国际话语权提供了千载难逢的机遇,中国必须加大人力、物力、财力的投入,全方位多样化地把中国声音传播出去。

话语权的较量虽说是软实力的博弈,但归根到底是以硬实力作为基础的一场实力比拼。中国作为一个后发型新兴国家,综合国力与日俱增,经济总量更是跃居世界第二。中国的发展给西方各国带来了压力,更是出现了"中国模式"和"中国威胁论"的说法。对于西方国家而言,中国的发展前景不可预见,中国的发展不仅对西方发达国家的价值观和发展模式形成了挑战,而且也给长期处于劣势的第三世界的发展中国家带来了勇气和榜样。无论西方国家之间存在着怎样的利益冲突,在涉及中国在国际社会的未来发展时都会站在一起,形成一个声音,这就意味着,我国在国际社会声音的传播不是面对一个国家,而是要与发达国家群体争夺话语权。以美国主流媒体为例,有学者曾对美国的主流媒体对中国的报道进行过统计,统计的范围是《纽约时报》《华盛顿邮报》、美联社、CNN等。在一个季度里,就题目来说,负面的占一半,中性的占25%,有一点积极意义的也占了25%;如果按字数或文章长短算,90%以上是负面的。因为负面文章长,正面文章短。这种强大的话语霸权是当今中国刚刚起步的文化软实力所难以应对的。[①] 近年来,在国际话语权的争夺中我国的表现尚且不错,但由于硬实力和软实力都没有处于领先位置,国际视野和战略性思维尚待加强。因此,与西方国家话语权的争夺还是一场持久战。

文化传播是文化软实力的重要方面,对外文化传播是争取国际话语权的重要途径。但是,我国在文化交流和传播的过程中并没有占据主动性,也没有借文化交流的载体来塑造我国的国际形象。近年来,我国的对外文化交流活动增强了与世界各国的联系,也为西方各国加深对中国的了解提供了有效途径。但是,从文化交流的方式来看,主要是文化产品的输出,对制度、意识、文化本身的输出并不多。外国人了解到的中国文化局限于中国功夫、茶叶、丝绸和瓷器等,而真正产生文化产品的"中国故事"并没有被了解。

大国国际形象的树立需要有跨国媒体来作为宣传手段,而我国的文化传播媒体也不够发达。美国能成为世界上的超级大国离不开一批具有超强的国际竞争力的跨国传媒集团的支持。回顾历史可以发现,美国在世界上超级大国的地位与

---

① 刘德定:《当代中国文化软实力研究》,河南大学2012年博士学位论文。

美国传媒国际舆论霸权的确立可以说是同步的。我国的综合国力虽然世界排名前列,但传媒行业的综合竞争力却远远落后于世界其他国家。改革开放以后,我国的传媒行业取得了长足的发展,但总体的国际竞争力还不足,表现为传播力分散、整体实力弱和整体规模小。如何整合我国的传媒资源,使其均衡且有针对性地发展,提升其在国际社会同领域的竞争是当前亟待解决的问题。

我国在对外文化传播的过程中,也要充分考虑到文化背景和语言、语境的差异性。跨国文化的交流不只是文字的相互转化,更是文化背景、生活环境、思维模式的融合与碰撞,要充分考虑到这些因素才能做好文化的对接。在文化对接的过程中,一旦处理不好这些因素,难免会适得其反,不仅没有讲好中国故事,反而让对方产生误解,抹黑了中国的国际形象。国际声音的传播是一个多因素共同作用的结果,只有协调好各方,以硬实力为依托,集中传媒力量,提升国际竞争力,才能"发出中国声音,讲好中国故事"。